U0933477

珍藏本

纪念版

汉译世界学术名著丛书

俄国社会思想史

第二卷

〔俄〕戈·瓦·普列汉诺夫 著

孙静工 译

郭从周 校

2017年·北京

Г.В.ПЛЕХАНОВ
ИСТОРИЯ РУССКОЙ
ОБЩЕСТВЕННОЙ МЫСЛИ
Госудрственное издательство
Москва 1925 Ленинград
根据苏联国家出版社莫斯科-列宁格勒1925年版译出

汉译世界学术名著丛书
（120年纪念版·珍藏本）
出 版 说 明

2017年2月11日，商务印书馆迎来120岁的生日。120年前，商务印书馆前贤怀揣文化救国的理想，抱持“昌明教育，开启民智”的使命，立足本土，放眼寰宇，以出版为津梁，沟通中西，为中国、为世界提供最富智慧的思想文化成果。无论世事白云苍狗，潮流左右激荡，甚至战火硝烟弥漫，始终践行学术报国之志，无改初心。

迻译世界各国学术名著，即其一端。早在20世纪初年便出版《原富》《天演论》等影响至今的代表性著作，1950年代后更致力于外国哲学和社会科学经典的译介，及至1980年代，辑为“汉译世界学术名著丛书”，汇涓为流，蔚为大观。丛书自1981年开始出版，历时三十余年，迄今已推出七百种，是我国现代出版史上规模最大、最为重要的学术翻译工程。

丛书所选之书，立场观点不囿于一派，学科领域不限于一门，皆为文明开启以来，各时代、各国家、各民族的思想与文化精粹，代表着人类已经到达过的精神境界。丛书系统译介世界学术经典，引领时代思想，为本土原创学术的发展提供丰富的文化滋养，为推动中国现代学术和现代化进程做出了突出的贡献。

为纪念商务印书馆成立 120 周年，我们整体推出“汉译世界学术名著丛书”120 年纪念版的珍藏本，寄望既利于文化积累，又便于研读查考，同时向长期支持丛书出版的译者、编者和读者致以敬意。

两甲子后的今天，商务印书馆又站在了一个新的历史时间节点上。我们不仅要铭记先辈的身影和足迹，更须让我们的步伐充满新的时代精神。这是商务人代代相传的事业，更是与国家和民族的命运始终紧密相连的事业。我们责无旁贷，必须做好我们这代人的传承与创造，让我们的努力和成果不仅凝聚成民族文化的记忆，还能成为后来人可以接续的事业。唯此，才能不负前贤，无愧来者。

商务印书馆编辑部

2017 年 10 月

目　　录

第三部分　彼得改革后的俄国社会思想运动

第三部分　彼得改革后的俄国社会思想运动

第一章　改革对俄国社会思想发展过程的直接影响

彼得改革极大地增进了莫斯科人同西欧居民的来往。

这一情况至少对于那些不得不参加改革的俄罗斯人的思想方式，要增加一些新的因素。

对于我们祖先的思想方式增加一些新的因素，我称之为彼得改革对俄国社会思想发展过程的直接影响。

自然，俄国的欧化过程并不仅仅限于这一影响。

与西方往来的增加，逐渐在俄国社会制度中造成比较深刻的变革，这种变革又在社会意识方面引起某些改变。因存在方面的预先变革而引起的意识方面的这些改变，我认为是同一改革的间接影响。

我们下面便可看到，彼得改革的间接影响来得颇为迅速。但间接影响的暴露却不像直接影响那么早，这是完全可以理解的。

我们也确信，直接影响只是，而且只能是随着暴露稍迟、但却深刻得多的间接影响的巩固，而趋于巩固。

一

在彼得前的美好旧时代里，当莫斯科人偶尔跑到先进的西方国家的时候，他们对于那里的比较丰富的文化异彩，纯朴地感到奇怪。阿弗拉米主教曾与伊西多尔总主教一道前往参加佛罗伦萨的教堂集会，他在结束其关于报喜节[①]神秘剧演出的叙述时写道：

"在佛罗伦萨所见极为奇怪，其出品亦极新颖，我们的笨拙头脑不及一一领悟，亦不能一一笔录。今兹所述，不过其小焉者也，许多事迹，当未述及"[②]。

莫斯科国家的思想发展条件如此，其居民实际上很难"容纳"他们在稀少的西方旅行中所看到的东西。这些宽袍长须的旅行家，因无认真观察比较先进国家的生活的素养，只是注意一些无关重要的小事，而对于重要现象，则反淡然置之。对于他们，完全可以说是只见树木，不见森林了。其实，他们不仅在命运将他们送到西方时如此。谁要是因为"头脑笨拙"不能从个别提高到一般，他便不由自主地迷失在个别之中。以下作为例证，从1456年《徒步朝圣苦行僧瓦尔索诺菲的圣城耶路撒冷巡礼》一书中，摘录数段：

"神圣的教堂巍峨雄伟，悬挂着耶稣复活神像，在大门前，在教堂各门前增建的副祭坛呈高大的圆形，筑有石墙。墙上有木架，上

① 耶稣教节日，传说天使于这一天告知圣母，谓将生耶稣。——译者

② 引自《И. С. 吉洪拉沃夫文集》第1卷，第276页：《古代俄国文学》。

面盖着木板，钉着铅板，建有圆形拱门，其状如钵。”

又如：“这一圣地有十字架，长10指尺[①]，周围17指尺，圣石为大理石，颜色分蓝、黑、白不等。”

再如：“通达天主十字架，有两个石砌阶梯，那里神圣女王叶连娜三个十字架，强盗两个十字架，其一宽3俄尺，有30级。”[②]

瓦尔索诺菲僧侣对于他所看到的建筑物的一切细节，都描写得如此详细，他的旅行记在现代考古家看来自是一个颇有价值的材料[③]。但是，这一精细的人虽然准确地测量了阶梯的长度和石墙的高度，却对他所看到的教堂的建筑学特点，无一语道及。固然，他对于外观，不是毫不关心的。关于耶路撒冷复活教堂的钟楼，他说：“极大极好。”但言尽于此。他不谈钟楼的风格，却赶忙指出钟楼建筑所用材料和钟楼的情况：“石料，运自南方国家”[④]。

瓦尔索诺菲在旅行圣地时所具备的一般知识，是极端贫乏的。奉彼得之命到外国去学习“航海”和其他科学的莫斯科军职人员，其思想储备也同样是贫乏的。但如果以为他们当中没有一人超过瓦尔索诺菲的思想水平，那会是一个错误。例外是有的。在17世纪，西欧的概念已开始注入某些莫斯科人的头脑。这一点我们在上面已经看到了。但个别的例外不能推翻一般的常规。而一般的常规则是：彼得一世的供职官员，对于他们面前展开的西欧社会精神生活情景，毫无认真判断的素养。П. 佩卡尔斯基在谈到П. А.

① 每指尺约合9英寸。——译者

② 引自《吉洪拉沃夫文集》第1卷，第284、285和286页。

③ 关于这一点，参阅《吉洪拉沃夫文集》同卷，第283、284页。

④ 同上书，第289页。

托尔斯泰的日记时写道：

"在他的日记里，也像当时俄国人关于欧洲的所有记述一样，最主要的是时详时略地描写途中所见城市，村落、庙宇、教堂，各式各样建筑物及其颜色等等。可以立刻看出，旅行家最注意的是教堂的各种仪式、奇迹、服装以及其他物象。他津津乐道在天主教堂中所见的一切，甚至教堂神职人员的服装，他们的外衣是用什么材料缝制的，是什么颜色，在复活节放几响礼炮，做礼拜时有多少人朗诵福音书，有多少市民参加仪式，神像前点了多少灯等等，无不录入。"

按照佩卡尔斯基的说法，托尔斯泰对途中所见纪念建筑物，也是用特殊的观点去观察的。"他更感兴趣的是建筑物的外观，而不是引起这些建筑物的营造的事件"①。

所有这一切都很与僧侣瓦尔索诺菲相似。但托尔斯泰在出国时已有某些知识，他的眼界也比同代的大多数军职人员更为广阔。

当时的另一莫斯科旅行家——《彼得大帝陛下巡幸记》的不知名作者，更是远远不及托尔斯泰。他真是不曾超出他所描述的现象的外观。这自然是不足为怪的。为要使自己的思想超越现象与事件的外观，莫斯科人必须事先受过一定的教育，而这种教育却正是他们在本国所没有的。上述《巡幸记》的作者到达鹿特丹后指出，他看到"一位名人学者的铜像，手中的书也像人像一样是铜铸的。敲击 12 下，书页便翻转。这名人的名字叫埃拉兹穆斯"②。

读者以为这位莫斯科官员知道《愚昧的颂歌》一书的作者吗？

① 佩卡尔斯基：《彼得大帝时代的俄国科学与文学》第 1 卷，第 146 页。

② 同上。

在到达鹿特丹前，他一定什么也不知道。但到了那里，看到他的铜像以后，他只听说埃拉兹穆斯以博学而负盛名。这是很不多的！因此，很自然，在谈到埃拉兹穆斯时，他“只能描写铸像的外观”。同样不足为奇的是，他在科隆时，写了这样的一些话：“在科隆的市集上，看到两头的婴儿；也是在科隆，在药房里看到两俄丈长的鳄鱼。从科隆骑马溯江而上”等等[①]。这些瓦尔索诺菲的杂记少些宗教气味，但同样是细微末节，同样缺乏任何一般理解。

呆板迟钝的莫斯科思想，是向来就不愿求得这种理解的。此外，还须补充说明：在彼得改革时期，莫斯科罗斯所需要的不是一般思想，——例如 18 世纪的法国感到真正需要的思想——而是技术知识。由于历史的必要而奉沙皇之命去到外国的俄国人，必须获得的，就是这种知识，请看 1697 年初发给出国旅行的御前大臣的训令，提出一些什么要求吧：

“一、熟习绘图或地图，指南针及其他航海标记；二、掌握船舶，包括作战和普通航行中的船舶的知识，熟习一切器具及工具，如船帆、缆绳，以及服役船舶和其他船舶上的桨橹。三、尽可能于作战期间出海，不能出海者每次了解战时动作；无论是否看到作战情况，均须取得所属长官的签字和盖印证书，证明未亏职守；四、谁想往后回国获得大量赏赐，便应学好以上训令的各项规定，知悉他们经受训练的船舶的制造”[②]。

主要的事情是获得一定技术知识。莫斯科军职人员对于这一

① 《祖国杂记》，1846 年，第 8 卷，《科学与艺术》篇，第 136—137 页。

② 佩卡尔斯基：《科学与文学》第 1 卷，第 146 页。

主要事情做得怎样呢？相当坏。

这里，必须承认一种足以减轻他们的责任的情况，即他们在外国的“学习”，时常是一场很艰苦的考验。请看其中一人——请注意他是一个出身显赫门第的人——在1711年写到国内的一封信：“现在报告我的生活。我的生活是极为艰苦和困难的。第一，贫穷，更加别离。我决定学习最深奥的科学：尽管我整天饿着肚皮学习，但无收获。因为我不通语言，也不懂科学。”

彼得向来都是很节俭的。他将官员派到国外，又不肯给他们钱花。同时，他的亲近辅臣还要将他规定的为数很少的旅费，想方设法去削减。彼得最亲近的辅臣之一，费奥凡·普罗科支维奇对于高级僧正臣仆的评语，是人所共知的。他说：他们“通常都像是贪馋的畜牲”，只要可能，便像鞑靼人那样无耻地掠夺。人所尽知，像畜牲那样贪馋的，实在不只是高级僧正臣仆。彼得的辅臣纹丝不动地保存了一切莫斯科的积习，随时盗窃公款。因此，留学外国的俄国军职官员有时真正穷困达于极点。科农·佐托夫有一次报告内阁秘书马卡罗夫：海军学校许多俄国学员因为快要饿死，决意“做奴隶去”。这是脱离贫困的真正莫斯科方式。佐托夫也完全按照莫斯科的方式去取缔饥饿的海校学员的这种罪恶意图。他写道：“我用最严厉的惩罚去吓唬他们。”

莫斯科是善于使用严刑峻罚的。彼得更将这一本领发展到了顶峰。然而在饿着肚子的时候，谁还有心思去歌唱呢！

还有一个原因使莫斯科人在学习技术知识上遇到不少困难。同一佐托夫在1717年上书沙皇：“总管第特里先生请我到他那里，并将俄国学员在土伦的无耻行为通知我：他们时常互斗，恶言相骂，其粗鄙超过此间最下流的人。因此，他们的佩剑已被没收。”一月后，佐托夫又向彼得提出新控告：“海军学校学员格列博夫用佩剑刺伤另一学员巴里亚京斯基，因而被捕。海军中将先生不知如何处理此事。因为在他们那里（法国），类似的事情从未发生，尽管他们也有刺伤，但只是正直地在面对面的决斗时。”1718 年，侨居伦敦的俄国侨民 Ф. 韦谢洛夫斯基报告：“最近派来的工艺学徒不受管束，他们不愿见工长，不愿在合同上签字，而只是无理地要求回莫斯科。”①

在这种条件下，莫斯科人虽欲学得纯粹技术知识，也是很困难的。佛克罗迪说：他们的出国，并未收到任何实效。他说，彼得本人很快就确信，莫斯科人回国时所具备的知识，与出国前并无多大差异②。克柳切夫斯基很同意佛克罗迪的这一意见。他说：“彼得想使贵族成为欧洲军事和航海技术的苗圃，但他很快便发觉技术知识很难灌输到这一等级，俄国贵族很少，也很难成为工程师或船长，而且他们所学到的知识在国内也很难实用。缅希科夫曾同彼得一道在沙尔坦爬横桁，学习制作杠杆，但在本国却成为一名陆地的省长。”③

毫无疑义，这里有很多正确的意见。莫斯科国的以往情况，是一目了然的。克里扎尼奇抱怨过：“我们的思想是迟钝的，手是笨

① 索洛维约夫：《俄国史》第 4 卷，第 230 页。

② 《约翰·高特利·福克洛特和奥托·普里亚笔下的彼得大帝统治下的俄国》，里斯特·赫尔曼博士编，莱比锡 1872 年版，第 102 页。（Russland unter Peter dem Grossen nach den handschriftlichen Berichten Iohann Gottlieb Vockerodt's und Otto. Pleyers, Herausgegeben Von Dr. Ernst Herrmann. Leipzig, 1872, P. 102.）

③ 《俄国史教程》第 4 卷，第 314 页。

拙的。具有迟钝的，也就是不开通的思想和笨拙的手的人们，自难做出比他们先进得多的西欧居民所能轻易做到的事情。”克里扎尼奇虽然强烈反对外国旅行家对莫斯科国居民的轻蔑批评，但他也不得不承认，只有强制才能驱使他们做点好事，他完全正确地解释这是由于莫斯科所特有的“严酷的占有制”。这种占有制已使莫斯科人这样道德堕落，以致他们显然更无比地倾向于消极抵抗改革，而不是倾向于积极促进改革。他们被迫为进步工作，然而如所周知，在被迫为进步工作的条件下，代价是很高的。莫斯科人促进进步的工作，一般说来，是坏到极点，以致国家不得不为了他们的工作，付出非常高的代价[①]。任何社会政治情况，都有其自己的逻辑。

另一方面，也不应夸大克柳切夫斯基所作判断的消极意义。无论如何，应该记住，克柳切夫斯基对于他的判断也附有某种保留。他补充说，莫斯科人留学外国，毕竟是留下了一定痕迹。他说：“强迫教育没有提供很大的科学知识的储备，但无论如何，却教训了贵族去认识学习的过程，刺激他们的知识欲。贵族毕竟学到了一点东西，虽然所学并未达到原来派遣他们的目的。”[②]

读者已经知道，在当时的历史条件下，还谈不上学到本义上的“科学认识”，而只是领悟一些技术知识而已。至于这种技术知识，无论其积储量是多么小，还是提供了由浅入深的可能。克柳切夫斯基虽然批评安娜女皇的外交政策，却对彼得死后留下的军队，仍

① 关于莫斯科罗斯为改革付出多么昂贵的代价，米柳科夫的著作《17世纪头25年的俄国国家经济和彼得大帝的改革》（圣彼得堡1892年版），作了最好的论证。

② 《俄国史教程》第4卷，第314页。

称之为优秀的军队。事实上，这一军队若与以前构成莫斯科君主的武力的无组织的乌合之众相比，也确乎是优秀的。比较优秀的彼得军队，仅就组织一项而言，也是需要具有相当技术知识的。除陆军外，还建立了海军舰队。按照费奥凡·普罗科波维奇的说法，这是“一种我们前所未见的东西”。不要以为，当时只有在俄国供职的外国人，才有技术知识。除了外国人，彼得时期就有一批具有技术知识的俄国人：例如，可以举出阿列克谢·济宾，——公认为有相当水平的工程师和水手；谢明·阿拉别尔杰耶夫，颇为熟悉“航海”科学和地质学；费多尔·萨莫伊洛夫，在荷兰学习航海事务，成绩甚佳；列夫·伊斯梅洛夫，一度服务于丹麦军队；著名的瓦·尼·塔季谢夫，矿学知识极为渊博。缅希科夫本人——顺便指出，按出身，他不属于贵族等级——不仅是一位陆地上的省长：如所周知，他在战场上的指挥也不是没有成绩的。甚至大贵族，他们一般说来是最反对彼得改革的，其中某些代表人物甚至比军职阶级的所有其他阶层，更有学习外洋“巧技”的能力。据说，老戈利岑公爵便是一名很好的将军。德·利里亚公爵称他为俄国的英雄，说他聪明、勇敢、精通兵法，且为部队所爱戴。西班牙的公使推崇他，说他若生长在不野蛮的国度，就会是一个真正的伟人①。我们在下面的某一章里将看到，同西方往来的增加，对于莫斯科的军职人员。特别是对于出身名门的官员的政治观点，也发生一些影

① 必须承认，这位戈利岑就是在国内，也表现出无可置疑的伟大，虽然不是表现在这里所说的范围。他是“少数达官显贵之一，有勇气在1718年拒绝彼得大帝之命，不在处死皇太子阿列克谢·彼得罗维奇的判决书上签字”。（A. 科尔萨科夫：《安娜·约安诺夫娜女皇登极记》，第10页，喀山1880年版）

响。现在看一看问题的另一方面。

二

旧莫斯科的奥勃洛莫夫[①]式人物笨拙地、艰难地、长吁短叹，转向西方。但无论如何，总算是转了。的确，他们依旧不大喜欢外国人，但还是逐渐接受了外国人的一些习俗。莫斯科罗斯的欧化，虽极迟缓，但还是一直向前发展的。长时期中，欧化差不多完全限于最高的军职阶级。可是，在这一阶级之中，欧化的某些结果，在18世纪的最初几十年中即已显然可见。

像任何地方任何时候一样，在类似的情况下，首先发生变化的是外观。佛克罗迪就认为，即使在最有利于反动势力的条件下，俄国人民先进部分也不可能放弃西欧的服装和剃胡须的习惯。他断言，俄国人民的先进部分再也不会恢复闺禁妇女和某种朴素现实的结婚风俗[②]。无论他对于欧化的俄国人抱着多么怀疑的态度，但他却承认由于同外国人交往的日益频繁。上等社会的人物，甚至许多普通的居民（“ja Sogar viele unter der Bürgerschaft”）也都学会了比较礼貌的态度[③]。

对于佛克罗迪的这些意见，可引用一些有趣的人的文件。

著名大贵族阿尔塔蒙·谢尔盖耶维奇的儿子安德烈·阿尔塔

---

① 冈察洛夫小说《奥勃洛莫夫》主角，此处指萎靡不振之人。——校者

② 《彼得大帝统治下的俄国》（Russland unter Peter dem Grossen），第106—107页。

③ 同上书，第107页。

蒙维奇，于1705年到达巴黎，关于法国道德风尚记录了如下的观感："这一民族的最为值得赞扬的制度是，他们的子女不是由于父母或教师的因循守旧和残酷无情，不是由于善意的尖刻言辞责罚，更不是由于毒打，而养成了正直的意志和勇敢的精神。"

他对于法国妇女不是像通常莫斯科国的最高阶级中那样受闺禁，同样愉快地感到惊异。他说："法国的女性在同男性的诚实交往中，绝未发生不体面的事端。男子汉也是仁爱备至、彬彬有礼。特别是名门闺秀，相互间日有来往，他们有音乐，端庄地自弹自唱，不仅法国老爷中的特殊官吏，而且外国人也能自由前往，同她们娱乐，既真诚，又欢快。"①

A. A. 马特韦耶夫儿时便受到良好教育。所以非常自然，他能看到许多不及他文明的同代人所忽略的现象。П. А. 托尔斯泰到波兰后，亦对妇女的道德风尚作过同样的评语。他写道："元老院的议员们领着他们的妻小，穿戴阔绰，遍游城市各处，并不以此为不名誉。"②

也许，妇女界的影响比所有其他影响更能促使那些不得不在某种程度上参加彼得改革的俄国人，即令不在道德风尚上，也在举止态度上，有所软化。一般说来，人们开始认为，学习有礼貌的态度已属必要。大家都知道，1708年起我国非宗教内容的书籍已根据彼得的命令改用新字模，即所谓"民用字模"印行了。用"民用字模"印行的第一部书是《几何学·斯拉夫土地测量制》。这是完全

① 佩卡尔斯基：《马特韦耶夫伯爵1705年巴黎游记》，《同时代人》(*Современник*)杂志，1865年，第57卷，第61页。

② 《П. А. 托尔斯泰旅行日记》，《俄国档案》，1888年，第1卷，第193页。

符合俄国在改革时期所特别需要的知识的性质的[①]。但据克柳切夫斯基指出，用新字模印刷的第二本书，已不是什么技术指南，而是一本名称别致的书：《各种贺词的德文写法举例：即统治者致统治者和亲友之间的问候和道歉信简款式，德译俄》等等。这本尺牍大全的印行，表明彼得急于要将欧洲的礼节与风俗告诉他的“奴隶”。佩卡尔斯基在引述这部尺牍大全中一封信的内容，将其文字与彼得前的莫斯科罗斯文字加以比较时，指出：

“这封信的文字艰深到可笑的地步。每一词组都几乎是日耳曼式的。但信中未提下跪，没有像俄国书信中那样对受信人过分夸张的比喻和捧上天的赞扬，也没有写信人的自我菲薄——这一切都消失了”。请读者注意信例中用了“您”的称呼来代替旧莫斯科的“你”。但是人们对于这种礼貌要求很不习惯，根据这位学者的意见，19 世纪末的莫斯科人谈话和写信时，通常还是把“您”和“你”混用[②]。

信例要求的文字“客套”，在俄国是从德文翻译过来的。德国人又是从法国人那里学到手的，而法国人则学自意大利人。16 世纪时意大利在这方面及其他许多方面给整个其他西欧提供格调[③]。这是必然的，因为意大利城市文化的发展，比其他西欧各国

---

① 这部书的第二个标题准确地规定了该书的实际用途：量度的方式或数学的原则，借此简易和新颖的方法，迅速进行土地测量及由此产生的其他工艺。佩卡尔斯基，同上书，第 2 卷，第 173 页。在过去，研究几何学被看为罪过。笃信宗教的人们说，对几何学的任何爱好，“都是对神和天主的渎犯。……”

② 《П. А. 托尔斯泰旅行日记》，第 182 页。

③ 布克哈德：《文艺复兴时期的意大利文明》（Burklardt, *La civilisation en Italie au temps de la Renaissance*），1885 年，巴黎，第 2 版，第 185 页。

为早。当俄罗斯人认为必须掌握礼节时，他们自然不能满足于一部尺牍大全：食欲是在吃的时候到来的（l'appétit vient en mangeant）。因此，在1717年又遵照彼得的命令，出版了一部新书：《青年的诚实守法镜[①]或生活礼节指南》。这部书教育俄罗斯青年如何走路（不要垂头丧气，目光下垂），如何看人（不要侧目而视，要和颜悦色，文雅专注），遇见朋友时如何打招呼（三步外脱帽），如何围桌而坐（不要以手倚桌，不要修指甲或用刀剔牙），以及如何吐痰（不要吐在身边，而要吐到别处）。在社会学家看来，这部文集（《守法镜》，《不同作家的论文集》）为了强调其对青少年的良好劝告而提出的理由，是很有意义的。例如，吃食物时不要像猪那样吧嗒作响，不要在食物未吞下前说话，因为这是农民的行为。一个受过良好教育的青年首先要注意不去模仿庄稼汉。对于下层阶级的人们，特别是对于男女仆人，《守法镜》是极为轻视的。它主张：

"不要同自己的或别人的仆人过多来往：如果他们是勤奋的，就爱他们，但不要在任何时候都相信他们，因为他们笨拙无知（无头脑），没有分寸，却想在有机会时超过自己的主人。他在离开之后，会把交他办理的事情向全世界宣扬。因此，必须注意谈论他人时，不让男女仆人在场，也不要指名道姓，而要旁敲侧击，暗示，使他们无法知道，因为这种人是会故意无中生有，加油添醋的。……青年人相互间应该用外语交谈，借以养成说外语的习惯，特别是在需要谈些秘密的事情时，绝不可让男女仆人知道，也不可让无知的

① 守法镜（Зерцало）为帝俄官厅陈设品，上面贴有彼得大帝关于守法的谕旨。——译者

饶舌者探悉。因为每一个商人都要夸耀自己的商品，尽可能将它卖掉”[①]。

在莫里哀的剧作《可笑的女才子》里，高尔希白斯认为情人与所爱者结婚，这种行为是正当的。他的女儿玛格德伦却对此感叹说：

“好爸爸，您的话是极端资产阶级的。您这样说使我害臊。您应该学习优雅的礼貌啊！”

17世纪法国贵族认为自己是风度优雅的人，不愿使自己的举止态度同受资产阶级教育的人相似。莫里哀所挖苦嘲笑的著名女才子只不过是把这一点发挥到荒谬绝伦的地步，从而把贵族意图的极端荒谬可笑同资产阶级人士区别开来。玛格德伦完全不是贵族，她是一个十足的资本家的女儿，莫里哀说这个资本家是一个“好资本家”。但她模仿贵族，因此也以资产阶级的举止态度为可耻。

贵族对资产阶级礼节的向往，是客观社会关系的表现，即贵族的特权地位的主观表现。在莫斯科罗斯，由于社会关系的比较不发达，特权者的自然倾向与非特权者的差别，在表现上亦有所不同：那里的军职人员以与“庄稼汉—短工”相似为可耻。佩卡尔斯基保持一种见解，认为我们在这里所涉及的《忠诚的守法镜》是从德文翻译过来的。但值得指出，这本书在说明反面理由时，所举的不是资产阶级，而是农民和仆人。对于俄国青年“小贵族”，这些理由比资产阶级的理由更易于理解。还更易于使俄罗斯人理解的是

① 佩卡尔斯基：《马特韦耶夫伯爵1705年巴黎游记》第2卷，第382—383页。

上述《守法镜》主张在谈话时应注意不使仆役在旁。赫沃罗斯季宁的《逃走曲主题》就已痛苦地抱怨“奴隶”的叛变。热忱的改革家彼得在血腥镇压对他稍有不满的军职阶级代表人物时，丝毫不曾轻视“奴隶”的告密。由于这种不满是易于发作的，所以聪明的人暗示他们在当着仆役说话时，要极端小心，或者……宁可用一种外国语言相互交谈。……莫斯科军职人员在学习外语“生词”时，是很有耐心的。对于他们，苦功是学问的根本，而当他们掌握了某种外文时，鉴于上述情况，他们应该承认，学问的**果实**是甜的，因而法国谚语“不幸对某些事情是有益的”（à quelque chose malheur est bon），可见是正确的。

《忠诚的守法镜》有很多论到仆役的地方。书中主张应使他们诚惶诚恐，凡犯过错两次以上者，应不予宽恕。“如能使家仆诚惶诚恐，则对他便会规规矩矩，殷勤服侍。因为奴隶就其品德而言，是无知固执，倨傲无耻的，所以，对他们应该制服和贬抑。”

由于不懂《守法镜》一书的德文原文，因而对译文是否准确，无从查证。但是可以肯定地说，原文中绝无 Solaven 一词，而只有“Hausknechte”或“Diener”等词。但俄文译文中统做“奴隶”。这是同我国当时的社会制度相适合的。

毛病仅在于“奴隶”一字与原文不符。原文说，仆役于第三次犯错误时应受到驱逐出屋的处罚。许多俄罗斯的“奴隶”一定不反对这一处罚，而他们的主人却相反，完全不愿实行这种处罚；当“奴隶”从家中逃走时，他们倒要设法捕捉回来。《忠诚守法镜》关于奴隶行为的下述意见，也是不完全适合俄国情况的。《守法镜》解释说：“对仆役不应忍耐，听任他们啰啰嗦嗦，或像狗一样乱叫，因为仆役总是想得到比主人更多的权利的，对此不要纵容。没有比贫穷、自傲（贫穷和自傲是不大能结合在一起的。——著者）、厚颜无耻和令人憎恶的仆役更肮脏的东西。”所以俗话才说：“魔鬼以贫穷的自傲为乐。”充塞军职人员门庭的“奴隶”是“厚颜无耻”的，这当然是完全可能的。但说他们想得到比主人更多的权利，则是完全不可思议的。这样的意图，只有雇用仆人（他们并无法律根据害怕主人拳击），才会表现出来——如果真有这种表现的话。

俄国读者是否看出《守法镜》中所说的仆役，并不是俄国仆役。如果知道这一点，那会是很有意义的。然而他们的家庭实践比《守法镜》中所阐述的理论更能符合俄国条件，这大概是无可置疑的。

《守法镜》一书获得很大成功。在彼得朝代，它一连出了三版[①]。

三

这样，先进的俄罗斯人是学会了在社会上守礼节，对妇女“讲赞语”了。他们当中有许多人一定在学习礼节上比学习“航海学”更有兴趣。文学反映社会风俗的变迁。17世纪上半期某些俄国小说的主角，谈吐间所用语言，仍然在很大程度上保持着旧莫斯科的粗鲁笨拙，但这种语言似乎也变得非常讲究，有时夸张甜蜜了。这些老爷们中间有谁谈恋爱，这就意味着他“被爱神的箭射伤了”。他们一经坠入情网，便很快惊喜若狂，也就是失去理性了。

① 佩卡尔斯基：《彼得大帝时代的俄国科学与文学》第2卷，第383页。

如果K.佐托夫向彼得告密，说海军学校中的俄国学员在土伦互斗，并用最卑鄙的恶言相骂，因此他们的佩剑已被没收，那么，小说中的角色的表现却是有教养多了。"骑士"季格纳诺尔生"骑士"亚历山大的气，颇有侠义精神地对他说："你这骗子，来，同我决斗去！"在合适或不合适的时候，这些有教养的"骑士"都用歌唱来抒发他们的柔情。例如，俄罗斯贵族亚历山大爱上了少女埃列奥诺拉，却不望得到她的爱，便出城找到一处凉爽舒适的地方，唱起以下满怀激情的"咏叹调"：

"里勒市啊，我现在看到你的非凡的美丽[①]：城门光耀夺目，在里面，各种复制品精巧瑰丽！可为什么你要同我斗争呢？

最坚固的城墙围绕四周，建筑物绮丽无比，你手持大军刀！我和你同受创伤！

今天教长给了她赞美，我的勇气消失了，悲哀郁积，我把箭矢抛弃！

啊！埃列奥诺拉姑娘呀！你是最珍贵的发光宝石，满腔愤怒和怨气！请帮助我等待吧——我看到命运现在控制了我，不幸向我进袭！我行将死去，搭救我怎来得及？"等等[②]。

埃列奥诺拉方面，也责备自己的冷淡使亚历山大害了重病，因而痛哭流涕地唱道：

---

① 事情发生在里勒市。

② B.B.西波夫斯基：《17—18世纪的俄国小说集》第1卷，1905年版，《俄罗斯贵族亚历山大传记》，第155、132、135页。

“命运，埃列奥诺拉啊，你毁灭了自己，你给自己的青春带来了悲哀！病引起了骄傲的回答，现在却更增添甜蜜！

可怜的骄傲给了你什么好处？你最尊重的又是什么啊！你因何失去了健康，陷于痛苦！

爱人呀！来吧！消除你痛苦，不要枉然死去！快来帮助我呀！展开双臂吧，除了教长，还能把希望寄托于谁？”①

由于我国社会活动的不很发展，俄国知识分子在小组中讨论男女间的合理关系时，要比西欧知识分子显得更为慎重。但这个在法国影响之下产生的问题，其在法国国内，也仅于19世纪才被提出。而在我现在所说的这个时期，就是在西方也未提出。像亚历山大这样的“俄国骑士”只是在这样的意义上注意这个问题，即他们力图尽可能增加他们的“情场奇遇”。上面所说的“贵族亚历山大”只想多遇到一些少女或妇人，“结识他们，然后带走”。他是一个十足的女性玩弄者。

事情不仅在于鄙俗。我们没有任何根据期待当时的俄罗斯“骑士”在学会了某些多愁善感的陈词滥调的同时，完全摆脱其旧时的笨拙。他们的炽烈爱情的特点是讲求原始的实际。当少女季尔罗应亚历山大的邀请来到他的寓所时，他兴高采烈地扑上去迎接她，一句闲话不说，便告诉她：“我希望得到实惠。”②他在争取到她在信中承认爱他以后，便兴冲冲地以为“收到了许以实惠的信”。

① B. B. 西波夫斯基：《17—18世纪的俄国小说集》第1卷，1905年版，《俄罗斯贵族亚历山大传记》，第133页。

② 同上，第151页。

可是同这部小说的另一角色贵族弗拉基米尔相比，亚历山大还不失为一位绅士。弗拉基米尔在对女人的关系上更显得是一个卑鄙的坏蛋和最凶恶的野兽①。他将某一丹麦男爵的见解详告亚历山大。这个男爵断然宣称，我们大家的爱只是为了取乐。至于他怎样理解在爱中“取乐”，这可从他的如下歌词中窥见：“不要给(所爱的妇人——著者)以意志的自由：时常打她耳光，让她像奴隶般站在你的面前，经常不断地诚惶诚恐！”

我同意，当小说的作者要丹麦人唱这首歌的时候，他的诗意更多地表现了他在本国所见，而不是他对西欧道德风尚的理解。将妇女完全看为奴隶，并且用打耳光来对付她，是同旧时代的莫斯科人的概念和习俗相符合的。

这部小说中的角色不但喜欢玩弄女性，而且爱好奢华，俄罗斯水兵华西里·科里奥特斯科伊②到达奥国后，“租了一所部长官邸，装饰富丽，月付租金50金卢布……。他雇用了50名仆人，给他们做了金边制服，衣着阔绰，像这样的制服，就是在奥国宫廷里也是没有的”③。爱好奢华的陈设，同样比学习“航海”学或地质学更为容易。

但是，应该说句公平的话。前述小说所以值得称道，还在于其中的主角确信学问之可贵。例如，小说在记述水兵华西里·科里

① B. B. 西波夫斯基：《17—18世纪的俄国小说集》第1卷，1905年版，《俄罗斯贵族亚历山大传记》，第166、168页。

② 《俄罗斯水兵华西里·科里奥特斯科伊和佛罗伦萨的美丽公主伊拉克丽娅的故事》一书的主人翁。见西波夫斯基：《17—18世纪的俄国小说集》同版。

③ 同上书，第118页。

奥特斯科伊时，说他“由于科学和服务”受过很大的光荣，因为他很熟悉海洋科学，知道海上岛屿的位置，知道海洋的深浅、急流、风向、天上星球，以及气流。由于这种科学知识，他做过船长，所有的老水手都很推崇他。

贵族亚历山大于成年时向他的父母说了以下傲慢，但却有特色的话：

“现在全世界的习惯是教育自己的子女，然后派他们出国学习各种光荣的事物，因此，我，您的奴隶，决心请求您允许我出国旅行。我知道，您的热情和慈爱当然不主张我们分离。但我仍恳求您不要把我等闲看待，因为您如留住我，是会给我造成永远的耻辱的，那样，我怎能称为贵族，又怎能受到赞扬呢？不仅不配受到赞扬，而且不配称为贵族啊！请发发慈悲，不要让我受到永远的耻辱吧！”

最后，《王子阿尔希拉邦传记》一书的作者写道：“德国国王弗里德里克极爱王后玛丽亚·克鲁斯季娜，生一子，生后便命名为阿尔希拉邦。阿尔希拉邦于 5 岁时被送到学院学习各种语文和工具，在学院待到 16 岁。”[①]这第三部小说所写的可能是 18 世纪中期的事情。但小说所表现的却纯粹是彼得的科学观：学习科学就是要学习各种语文和“工具”。阿尔希拉邦自 5 岁至 16 岁都在学习，而在“相当学好了各种语文和工具”的时候，却参军服役。这又是完全符合彼得改革所形成的习惯。

根据其他资料，可以看出小说文学正确地反映了当时业已开始的学习观的改变。在“伊·波索什科夫文集”第 1 卷里，收入一

① B. B. 西波夫斯基：《17—18 世纪的俄国小说集》，第 90、109、123 页。

篇《父亲对出国留学的青年儿子的训词》[1]。显然，波索什科夫不是这篇训词的作者，但在这里，这对我们没有任何意义。重要的是这篇训词的内容。训词的无名作者是这样教训他的儿子的：

"由于在知与不知之间有巨大和艰难的间隔，因此要珍惜你青年时代的时间。出于父母的关怀，我劝你不要把任何一点钟浪费在徒劳无益的、不需要的事情或玩乐上。要知道，时间是最可宝贵的，时间的每个部分、一点钟或一天，都是一去永不复返的。谁不浪费时间，谁就不仅会有光彩的世界，而且会达到未来的永久幸福。为此，必须不虚掷任何一天或一点钟，而尽可能规规矩矩地把它花在学习科学上"。

在儿子的学科选择上，父亲所写的训词，也是完全站在他的时代的观点上的。他说：

"为了便于迅速获得科学知识，我劝你学德文，否则学纯粹的法文，开始时用你所选学的语文学算术，以及数学，入了门径和基础后，便学几何学、建筑学、筑城学、地理学、海陆绘画学、指南针以及太阳和主要行星的运行"[2]。

为什么要学数学、建筑学等等的理由，也是值得注意的。所以要学这些科学，并不是为了使自己"当工程师或舰长"，而是为了能够监督外籍官员。"如果接受某种工程委托的外籍官员要对伟大君主的城市进行危害……，那你就能够用你胸中这些科学知识……去了解实况……从而取得伟大国王和君主的赞赏，获得光

① М. П. 波戈金出版。

② 《伊·波索什科夫文集》第1卷，第207—208页，莫斯科，1842年。

荣；而这些外国人亦将由于害怕你而不敢为所欲为”[①]。

在《瓦拉穆术士的谈话》里，业已看到对外籍官员的不信任。随着外籍官员来俄者日众，这种不信任势必增加。这对我国社会生活和思想的进一步发展过程，是有其影响的。

彼得改革不仅教会了先进俄国人尊重科学和“工具”。它也在他们面前展开了一个他们前此几乎完全不知道的新世界。莫斯科国的居民历来就不是什么株守家园、不肯出门的人；相反，他们情愿去到“新的地方”，——他们的这种意愿是如此强烈，以致不得不将他们固定在原来的住处。尽管有些住在距离立陶宛边境不远的军职人员和农民，有时离开立陶宛罗斯，想在西方找一栖身之所，但一般说来，他们是宁愿去东方的。他们的思想意境也是倾向东方的。我希望读者还记得，16 世纪的莫斯科政论家佩列斯韦托夫屡次把土耳其当作模范。《瓦拉穆术士的谈话》的作者本来想说：“在别的国家”，却失误(Lapsus linguae)地说：“在别的汗国。”彼得改革时起，情况改变了。先进俄罗斯人的眼界是转向西方了。我们熟识的俄国水兵华西里·科里奥特斯科伊出生于“俄罗斯欧洲”。他在旅行荷兰、英国和法国后，仍旧扬帆回到“俄罗斯欧洲”。美丽的佛罗伦萨国公主伊拉克丽娅在向他谈到她的不幸时，告诉他曾有“俄国商人乘船从欧洲”怎样来到她的国家。由此可见，俄国似乎已主要地被看为“欧洲”了[②]。

华西里·科里奥特斯科伊也不放过机会告诉公主，他就出生

① 《伊·波索什科夫文集》第 1 卷，第 208 页。

② B. B. 西波夫斯基：《17—18 世纪的俄国小说集》，第 108、110、115 页。

于“俄罗斯欧洲”。同时，他在谈到他的旅行时，造成一种印象，似乎他这位贵族水兵在西方感到非常舒适，而且一切人对他都很敬重：

“我奉派到荷兰学科学，在那里受到荷兰商人的敬重，荷兰商人将商品交到船上，从那里运到英、法，再从英、法回国，获利甚丰，所受敬重超出名门子弟”①。

在彼得改革的直接影响下产生的小说，其中的角色大部分都不懂地理，而将西欧城市和国家的名称肆意歪曲。但这绝不妨碍他们怡然自得地相信，整个欧洲都对他们的功绩发生了强烈的兴趣。“俄罗斯的骑士”亚历山大由于受到一名英国高级海军军官的侮辱，高傲自信地向英国国王说：“我希望，而且您也已经知道，整个欧洲将支持愤怒和胜利的骑士。”②这自然是可笑的。但这却值得注意，因为这是那一过渡时期的象征。

最后，我还要指出小说中新人物的两个性格特征：

这些先生们虽然热中研究恋爱学，虽然时常使人感到“惊奇”，而且频繁地唱出感人的情歌，但却有时表现出非常残酷。我在上面已多次提到的贵族海员科里奥特斯科伊先生，便曾命令对偶然落在他的手中的佛罗伦萨海军将官，施加“暴君式的酷刑”，因为这位将官有一次想将他溺死海中：他“命令将这位将官吊在皇军面前，活活剥皮”③。这很适合伊凡雷帝的胃口，但可惜，这同伟大改

① B. B. 西波夫斯基：《17—18 世纪的俄国小说集》，第 116 页。

② 《17—18 世纪的俄国小说集》，第 160 页。“愤怒和胜利的骑士”就是我国的贵族海员亚历山大。

③ 同上书，第 128 页。

革家的习惯也相去不很远。

第一,"骑士们"继续用旧眼光看待臣民对君主的关系。当奥国皇帝请水兵华西里·科里奥特斯科伊与他同席就餐时,他"恭敬地"回答说:

"伟大的皇帝,看来我不应坐下,因为我是您的奴隶,我不应同陛下一道坐下,而只应站在陛下的面前。"

这位皇帝反驳说:

"您干吗推辞呢?因为我看您很聪明,才真心赏识您;就令是我的臣民,只要我赏识他,命令他坐下,他便得听话;而您却是来我这儿做客的,请坐下吧!"

水兵华西里·科里奥特斯科伊完全是按照旧莫斯科方式表达其对奥皇的敬重的。

阿凡纳西·弗拉西耶夫被伪君季米特里派往克拉科夫,代表沙皇参加玛琳娜·姆尼舍克的订婚礼。在请他同皇帝同桌吃饭时他不肯吃,因为在这样高贵人物面前,奴隶吃饭是不礼貌的,他只要恭敬地站着,看他们吃就行了。午宴时,他坐在皇帝的未婚妻旁,不停地当心别让自己的衣服碰到她的衣裙。在行订婚礼时、他同玛琳娜握手之前,先将自己的手包着。

读者会同意,可爱的水兵华西里·科里奥特斯科伊很像阿凡纳西·弗拉西耶夫。他在同奥国皇帝谈话时,自称为皇帝的奴隶,纯朴地以为这是对皇室大人物应有的礼貌。他毫不理解,奴隶是一回事,而臣民则是另一回事。但我们知道,彼得也禁止俄罗斯人用自卑的名称——如万卡、先卡等等向他写呈文,然而他的**臣民**却仍旧是他的**奴隶**。因此,关于水兵华西里·科里奥特斯科伊的小说，在这里也是忠于它的时代精神的。

彼得改革没有消除莫斯科“世袭君主制”的基础。它在相当长时期内更加扩大和巩固了这些基础。因此，军职阶级对最高当局的态度不仅保持了旧的性质，而且更加突出了它。但是西方的榜样对于军职人员——特别是对于最高级的军职人员——的思想，在这里也不是完全没有影响的。这在彼得死后不过几年工夫，便相当明显地表露出来了。然而这是后话。

四

帕夫洛夫-西尔万斯基公正地指出：彼得及其亲近的辅臣，并不像有些人根据伊·波索什科夫的话（波索什科夫说过“他〔改革家〕在山上连同自己不过十人往上拉，而山下则有成百万人往下拉，他的事业怎能顺利进行呢？”）所想象的那样孤独。现在已很难有人会反对帕夫洛夫-西尔万斯基的这一见解了。对于那些仍然怀疑这一见解的正确性的人们，可请他们看看我刚刚提过的已故学者的极为详尽的著作《彼得同代人关于改革方案的记述》（圣彼得堡1897年版）。这部著作很明显地表明，彼得的许多改革计划都是从他的辅臣那里得来的。可是，在帕夫洛夫-西尔万斯基以前，П. Н. 米柳科夫在前引著作《18世纪头25年的俄国国家经济和彼得大帝的改革》中，表示了同一思想。П. Н. 米柳科夫断言，在彼得改革中，皇帝个人的创举，其范围之狭小远远超过一般假定。他说：“问题是由生活提出，而由多少有些学问的人表述的；皇帝有时抓住这种表述的主要思想，或者——也许，更常见的是——

抓住其实用的结论；至于在实行过程中关于业已提出、表述和批准的主张的各种细节的必要讨论，则由皇帝交给政府和提出倡议的顾问负责，结果制成命令。”[①]这一结论无论对于史学家或社会学家，都是很重要的[②]。但是毕竟最有意义的还是看看改革时期在命令制成以后所发生的事情。

彼得的命令几乎经常要求人民作出巨大牺牲[③]。这一情况在人民中引起了巨大不满。此外，这些命令还破坏了许多旧的习惯，牵涉到许多根深蒂固的成见。这更加剧了彼得命令所引起的不满。甚至军职阶级，他们同莫斯科居民的其他阶级相比，对改革虽是较少敌意的，但也怨声载道，进行抵抗。固然，他们的抵抗经常是消极的。贵族不曾像哥萨克那样实行变乱。然而就是消极抵抗也对这一改革危害很多。彼得和那些向他提出改革计划或同他一道制定其所设想的计划的同代人，经常都是少数。波索什科夫的话不是完全不对的。愿意“在山下”往下拉的人是比“在山上”往上拉的人，多得不可比拟[④]。我们假定彼得有无限的权力，而且很乐于非常广泛地使用这一权力：对于暴乱者，“竭尽”杀戮之能事，对于消极抵抗者，处以残酷的拷打和苦役。他的命令满篇都是威胁。

① B. B. 西波夫斯基：《17—18世纪的俄国小说集》，第514、587、588页。

② 特别是对于那些研究“个人在历史中的作用”的人们。

③ 正是П. И. 米柳科夫比所有其他人更有说服力地对此作了证明。

④ 帕夫洛夫-西尔万斯基自己说过：甚至彼得的最亲近辅臣也不经常像他本人那样热衷于改革。在他死后，新政府保存了全部最主要的新政，但在支持许多新政方面和进一步发展，却既无力量，也乏热诚。（见《枢密院对彼得大帝改革的评议》一文，载《往事回忆》论文集，圣彼得堡1909年版，第3页。另参阅他的论文《枢密院成员对彼得改革的意见》，载《全集》第2卷，第373—404页。）

一位外国作家公正地说：他的命令是用鞭子写的。然而皇帝和他的辅臣无论多么坚信刑罚的挽救能力，却不能不认识到为了改造俄国，只靠绞死暴乱者和鞭打折磨或放逐“工厂缺勤者”是不行的。他们力图使国内的舆论站到自己方面来。改革的敌人不仅口头上埋怨，而且写出了大量“暗中传递的书信”和其他书面抗议。彼得不愿在文字上向敌人屈服，因此他的命令不仅用屠杀和无情惩罚进行威胁，而且除此之外，还进行了说服。就这方面说，命令不愧是一种不寻常的政论家著作。

尤其不寻常的是1702年颁布的关于号召外国人前来俄国的命令。这一命令长篇大论地谈到改革的意义和利益。命令写道：“所有在我们的最高当局管辖下的国土都知道，我自即位以来，一切努力与意图都是要使国家的管理能够增进全体臣民的福利，使他们能够更好、更幸福地生活。直到现在，我都在尽力保持国内的安宁，保卫国家不受外来侵犯，竭尽所能改善和扩大贸易。为了达到这一目的，我不得不在管理上实行某些必要的和符合国家利益的改革，以期我国臣民能够更方便地学习迄今所不知道的知识，从而能够更技巧地进行商业事务。我为了增进对外贸易，业已发布必要的命令，成立各种皇家机关，而且往后还决意这样做。由于目前的情况未能符合我的愿望，我国臣民还未能完全安静地享受其劳动的成果，所以我还想用其他办法来保证我国边境不受敌人侵犯，保全我国的权利和财产，并像一个基督教君主所应做的那样维护基督教的安宁。为要达成这些善良的目的，我特别要努力建立最好的军队，使其成为国家的支柱，这个军队不仅要由训练有素的人员组成，而且要有良好的制度和纪律。为使这件事做得完善，应

敦请外国人士前来我国。凡能有助于实行这一目标，能对此有所贡献，具有有益技艺者。无论在我国服务或留居我国，都无不可。本文告及其下列条款，应到处宣布，印刷后公布全欧。”①

另一例子。彼得在颁布关于贵族领地不可分割的命令（即所谓长子继承制命令，虽然这一名称是不正确的）时，对于这一命令的好处解释说：

“如果把不动产总是留给一个儿子，而把动产留给其他儿子，则国家收入更易整顿，因为就令收得少，从一个大户收税也更为满意；而且这时只有一户，而不是五户，这使所属臣民得到益处，而不是使他们破产。第二个理由是：门第不致衰落，它将通过荣耀的高大房屋而显得不可动摇。第三个理由是：其他儿子不致游手好闲，因为他们将不得不通过服公职，学习、经商及其他途径赚得面包。这一切他们是为了生存而做的，但对国家亦有益处”②。

又如《宗教规程》。这不只是一个规程。这同样是一篇政论家的著作，政论家表现出显著的辩论爱好与才能。在关于僧侣和寺院的命令里（这篇命令部分地补充了《宗教规程》），政论因素属于主导地位。命令包含着自古代犹太人以来的整个僧侣史：

“犹太人就曾有官，像僧侣那样的官，表面上很讨厌（《俄国史》第 4 章），但根据誓约，他们都是暂时的，而不是永久的”。基督教徒也提到僧侣的官职，认为他们的产生原是出于良好的目的，但后来却“给社会带来危害”。在非斯拉夫人之间造成迷惑。命令的作

① 录自索洛维约夫：《俄国史》第 3 卷，第 1344 页。

② 同上书，第 4 卷，第 151 页。

者说:这显然是正确的。“我们将在这里予以证明”。他们事实上也尽力作了证明。

彼得对于僧侣的看法,一如他对所有其他事情的看法,是从国家利益出发的。但他认为僧侣利少而害则很多。彼得引述拜占庭在某一时期的历史,认为当时一些希腊皇帝“在放弃其称号以后,开始伪善”,屈服于“某些骗子”的影响。骗子们逃避劳动,力图兼“别人的劳动”而生活。他们在从黑海甚至到查尔-戈罗德(帝王城)这一条全长不过30俄里的运河沿岸,就建造了庙宇300余座;至于其他各处,庙宇的数目更多,而且“都有巨额收入”。这些“坏疽”完全削弱了拜占庭帝国的军事力量。“由于其他疏忽和这一原因,导致了巨大灾难:当土耳其人包围查尔-戈罗德时,能找到的战士,不到6 000人”。

如果相信命令的作者,则庙宇给俄罗斯国家带来的利益,不比它们带给拜占庭的多。“因为现时僧侣的生活是兼其他章程得来的收入来维持的,为害殊为不少。他们大部分都是不劳而食的人。游手好闲是一切罪恶的根源,许多分裂教派的迷信和扰乱治安的歹徒由此产生,这是人所共见的。”

彼得对于游手好闲和僧侣迷信,尤为不能容忍,因为僧侣在我国都是来自农民,而农民当然应该工作,而不应该夸夸其谈。农民在获得僧侣称号后并不放弃世俗福利;相反,却比以前享受得更多。“因为房屋是既属于他自己,又属于国家和地主,成为三重贡品,在庙宇里,一切都是现成的;而自由的农民工作着,只有三分之一的收成归农民自己。”同时,他们既不学习,又不读圣经。结果,他们对社会完全没有任何“利益”。旧谚语说得好:“他们对神、对人都一无是处”。彼得禁止农奴剃度为僧,只有取得地主的“放行证”者除外。然而就是在这种情形下,也规定必须审查姓名,年龄,为何剃度,地主为何解放了他,是否识字等等。不识字的农民,庙宇是不收容的[①]。

这一命令是由彼得会同费奥凡·普罗科波维奇制定的[②]。由此可见,就在以政论家的姿态出现时,彼得也不孤独。1714 年的命令,即所谓关于长子继承制的命令,我在上面已经略有摘录,其论点也不完全属于彼得一人。据 П. Н. 米柳科夫的最令人信服的证明,其最主要论点都是彼得从费奥多尔·萨尔特科夫的一部著作中抄来的[③]。毫无疑问,彼得在政论方面的最积极助手是费奥凡·普罗科波维奇,这人可称为改革时期的最多产和最有天才的政论家。

普罗科波维奇的说教,从各方面为彼得改革进行了广泛的、不懈的辩护。例如,莫斯科的呆板思维,对于彼得及其军职人员的出国,是不能苟同的。因此,普罗科波维奇认为必须论述出国旅行的益处。在“1717 年 10 月 23 日的演讲词”里,他说:“如河之流,其行愈远,愈能汇集百川而愈益波澜壮阔,力量雄伟。同样,聪明的人亦可于旅行中获益至大。所获何益呢?是体力吗?否,体力因旅途艰苦反易减弱。是财富吗?否,除商人外,他人旅行都须花

① 《宗教规程》,莫斯科版,第 117 页。

② 这一命令的全文,见 П. 奇斯托维奇:《费奥凡·普罗科波维奇及其时代》附录,圣彼得堡 1808 年版,第 709—718 页。

③ 关于从英、法、德及其他欧洲君主专制国家法制局挑选出的若干章程的报告(参阅《彼得大帝时期的俄国国家经济》,第 536 页)。

钱。然则是什么收获呢？是个人及社会的共同财富，即艺术。光荣的诗人叶林斯基·奥米尔在《奥德赛》一书的篇首，对小说中长篇歌颂的希腊英雄奥德赛作了简短的赞扬不是徒然的。赞扬虽短，但伟大，内容虽简，但益处很多。”①

按照普罗科波维奇的说法，旅行一般地增进旅行者的智力，特别是提高旅行者的政治思想。“勇敢的河便是最好，最生动和正直的政治学校。”但是，如果普罗科波维奇不同时从军事的观点来观察旅行的益处问题，那他就不是彼得的辅臣了。他以为根据这一观点，彼得的旅行甚至是最有益处的。

“特别是军事，虽说困难，在旅行中也可学得很多。地图是行军时用得很多的，但总不及亲眼看到国家、城市和人民那样便于进行考虑。在地图上看不到什么样的堡垒，也不知道何处有希望，何处有危险，不知道人民有何技艺，人民心境如何。地图上看不出何处便于进军，何处对通过、渡河、扎营、交战等等有困难之处。只有旅行才能对这一切了如指掌，在自己的记忆里绘成活的地图。所以，一个人对于一个国家，除非高飞远眺，是不能有所认识的”②。

五

最珍贵的新政之一是海军，海军建设引起了强烈反对。普罗

① 《奥德赛》相传为荷马所作古希腊史诗，记述特洛伊战争中一名战士奥德赛的游历和奇遇。这里引来比喻和赞颂彼得的国外旅行。——译者

② 费奥凡·普罗科波维奇：《言论与训词、颂词和祝词》第1卷，圣彼得堡1760年版，第207—208页。

科波维奇认为必须挺身而出，拥护海军。1720年9月8日在彼得堡的《颂扬俄罗斯海军、颂扬俄罗斯兵船击败瑞典舰队7月27日取得的胜利的演说词》里，他把航海问题提到哲学和历史的高度。

这篇演说词把航海当作上帝为了对人类进行文明教育而选择的一种手段，是完全同他的宗教宇宙观相符合的。

"圣明的创世主认为人类是彼此友爱的，所以不喜欢世界上所有各国都生产一切生活必需的果实，因为那时这些居民对那些居民，那些居民对这些居民，都注意下面情况，即是彼此无互助的要求。创世主将世界分为不同的国家以后，原期望彼此之间能够互助，能够友爱联合。但是因为人类不能在陆路交通上远近相接，所以伟大的上帝便创造了水上交通工具，使所有国家能够相互往来。由此可见，海上船舰是多么需要。由此可见，不爱船舰就是不爱自身的幸福。那样，上帝也就对我们的幸福不再关心了"。

不过，普罗科波维奇认为不必对海军的一般利益多所发挥，因为任何"通情达理的人"对此都能理解。他迅即转而考察海军对俄罗斯国家的利益问题。按照他的说法，在一个毗连许多海洋的国家里，没有海军是可耻的。"我们从海上举目远眺，只见客人来来往往，而自己却于此道一窍不通。"因此，我们的海域并不属于我们。此外，一个没有海军的国家，是没有足够的力量抵御外侮的。

"尼罗河上的陆地动物是很难对付鳄鱼的。同样，俄罗斯呀！如果你不按照上帝的仁慈意旨、唤起建设海军的奋起精神，你就很难在你的海域里对付敌人！"[①]这样，海军的建设，归根到底也是上

① 费奥凡·普罗科波维奇：《言论与训词、颂词和祝词》第2卷，第52、53、54、56页。

帝的意旨了。所以，费奥凡·普罗科波维奇自然要请他的听众为俄国海军的产生，为俄国海员的胜利而感谢上帝了：

“我们颂扬给我们光荣的上帝，感谢给我们欢乐的上帝：他的事业就是俄罗斯舰队，他的仁慈就是俄罗斯海军巨大的力量和战果，他使我们的国王蔑视小船小舰，他使沙皇的心灵热衷于舰队的建造，他决定恢复和扩大我们的海域，他预示用海军武装起来的海域的强大和胜利。让我们感谢上帝，现在感谢，永远感谢”①。

如所周知，彼得于1709年初向戈利岑公爵询问：“在僧侣中有无从兄弟寺院来的可疑人物？”他得到的答复是：“我在整个基辅找到一人，他就是从兄弟寺院来的一名官员，但他对我们都很体谅。”这个官员就是费奥凡·普罗科波维奇。他同彼得接近以前，就已对改革抱着“体谅”的态度，值得注意的是，他于1705年在学生时代写的“悲喜剧”，也是以改革、即以在俄国实行基督教为主题的。“悲喜剧”的名称是：《弗拉基米尔，斯拉夫俄罗斯各国公爵和国王从不信教的黑暗到圣灵带来福音的光明》。后来，Н. И. 格涅季奇发现，在这一悲喜剧里有一些在那个时代连窃窃私语都不敢表述的思想。事实上，许多人觉得《悲喜剧》是过于勇敢的，是充满了反对僧侣的尖刻议论的。彼得死后，马克尔·拉德舍夫斯基密告费奥凡·普罗科波维奇“把东正教的主教、司祭称为术士和法利赛人（伪善者），……把俄罗斯的神甫称为伪善者和笨拙的术士，把修道士称为黑衣庄稼汉和蛆虫。他想把僧侣和修道士尽行消灭。”费奥凡·普罗科波维奇不得不为自己辩护了。他说，他所攻击的不是所有整个

① 费奥凡·普罗科波维奇：《言论与训词、颂词和祝词》第2卷，第59页。

神甫，而只是他们当中的一大部分，因为这些人用不着，也不配有这种称号，他们在道德上是堕落的①。彼得在世时，普罗科波维奇可以不怕告密，因为彼得大帝本人也讨厌“寄生虫”，在他的眼光里，对改革的同情不能不是一个大的功绩。彼得死后，时代就不同了。

但不要以为普罗科波维奇对彼得改革表示拥护，在当时的俄国僧侣界是一个例外。颇多出生于小俄罗斯的僧侣也都对改革抱着“体谅”的态度。他们当中有些人一般拥护改革，特别是拥护海军的，可以说他们很内行(Ex Professo)。我现在引用几句加夫里尔·布任斯基的话，他是1719年被任命为海军总修士祭司的。他在布道时说，没有海军的国家仿佛是一只想单翼而飞的鸟。他还热烈地描绘了商人给国家带来的“非言辞所能表达”的利益。他说“任何一个王国不能没有商业而自足”。海军另一修士祭司揭发了彼得改革的主要敌人——分裂教派，并把《尤斯特·李普西伊从历史学家著作中收集的拉丁文政治训词和例证》译成俄文②。

总主教职地方视导斯特凡·亚沃尔斯基，对彼得的许多措施是不同意的。太子阿列克谢把他当作自己的同党，不是没有理由的。但是我国当时的神权完全屈从于俗权，所以亚沃尔斯基也不得不勉强按照自己的方式维护“皇帝的意志”。就热诚拥护海军而言，他并不亚于普罗科波维奇。他在这里，似乎并不虚伪。

他将彼得比作诺亚，他觉得诺亚是第一个海上能手和海军将

① 参阅《H.C.吉洪拉沃夫文集》第2卷，第152页的论文《费奥凡·普罗科波维奇的悲喜剧弗拉基米尔》。

② 关于这本书，请参阅佩卡尔斯基：《彼得大帝时期的俄国科学与文学》第1卷，第218、219、492—494页。

才。俄国因为有了一位新诺亚，比以前无可比拟地居于更有利地位。以前“俄罗斯人不知道任何地方的消息，别国的道德风俗和政治，都一无所知，因而不得不忍受别国的辱骂责备和许多使人苦恼的事，像无知的婴孩和少年一般，除家中事外别无所见”。现在上帝用彼得的钥匙打开了俄国的大门，俄国可以通过这个大门而与世界其他部分交往了。海军不仅在教育的意义上，而且在发财致富的意义上，也大有益处。“有了海军，可以了解世界上发生的事情，看到各国，看到各国的政治形势，城市的美丽，以及各阶层人士的道德风尚的不同和许多前所未见的奇怪现象。有了海船，可以迅速增加财富。一个孤零的城市（彼得堡）只有亏空，有了海船和码头，它就可以弥补亏空了。你的大篷车队要到中华帝国去吗？小事情：一艘海船就比得上一个车队，而且海船不用马，不要饲料，没有损失，不折车轮，也不用很多仆役”[①]。

所有这些政府的政论家的出发点，就是要迫使俄罗斯人的行为适合他们的利益的需要。彼得在他的各种命令里不断重复了这一观点。在1723年的命令里，他说：“我们的人民如像儿童，不曾学习，不懂字母，当教师强迫他们学习的时候，最初觉得苦恼，但在后来学成之后，才知感激，才知现在的一切事情不都是强迫做成的吗？从此听到许多感激之声，从此产生了效果。”[②]

然而只有对服从的人，才可强迫。尽管俄罗斯人本来就没有抗拒最高政权的习惯，但政府的政论家却都异口同声、向他们反复

① 录自П.莫罗佐夫：《作家费奥凡·普罗科波维奇》，第86页。

② 索洛维约夫：《俄国史》第4卷，第782—783页。

强调不服从的害处。传教师在指出不服从的害处时，总要强调不服从地上政权是坚决不允许的，而且是会受到天上政权的严厉惩罚的。天主教的神甫在论及不服从世俗政权的害处时，还不时附带说明，而在这里却连附带说明的影子也看不到。

西欧的开明专制理论家时常表示他们深信“强迫”的必要。人们也把我们的彼得称为开明的专制君主。这自然也是正确的。但在谈到彼得的开明专制时，任何时候都不要忘记我已多次指出的特点，这个特点使东方君主专制国家的专制同西欧国家的专制有所区别。东方的专制君主有权任意处理其臣民的财产，而在西欧的君主专制下，国王则只能在法律或习惯规定的范围内处理其臣民的财产。在这里无须重复说明，这一差别的产生完全不是由于西欧君主在道德方面优于东方君主，而只是由于两处社会力量对比的悬殊。但事实仍旧是事实：彼得在完成其改革的过程中取得了东方专制君主的无限权力，而且广泛地使用了这一权力。他力图发展俄罗斯的生产力，一开始便使俄罗斯的一切现有力量完全受制于国家。他在第一次出国旅行时，便雇用了许多外国采矿技师。回国后，他继续大力关怀欧俄和西伯利亚的矿业发展。为了保证其发展采矿事业的各项措施的成功，他在1700年便已授权每人在全国范围内，不顾土地所有者的意向而找矿。那些在自己的土地上发现矿石的地主，有权申请在这些土地上设厂。如果他们不愿或无力行使这一权力，则将这一权力授予任何愿意创办新事

业并具有必要资本的人，“务使上帝赐予的地下宝藏不致白白留下。”凡隐匿矿床或阻碍他人建厂者，处以肉刑和死刑。无论莫斯科国家的居民对于最高当局肆无忌惮地处置他们的财产是多么习以为常，但是对于彼得因关怀矿业的发展而对他们的产权实行新的侵犯，毕竟最少引起了他们的消极抵抗。由于没有公开反抗沙皇命令的可能，土地所有者便迁怒于采矿师。彼得“获悉采矿师在找矿石和矿藏中受到重大侮辱和干扰”。因此，他于 1722 年命令贝格委员会对此进行调查。彼得为了发展俄国采珠事业而采取的措施，也是值得注意的。1716 年的命令要求无论何人都不得妨碍韦利亚舍夫船长和他所派出的人员采珠。韦利亚舍夫有权雇用熟悉这一业务的任何人。如果这种人不愿受雇，他可强迫他们工作，每人每月发给三卢布，同时严格监督他们，使其勤奋工作。

因为建造军舰需用优质木材，彼得事实上将森林变为国家财产。当时有许多禁林，虽业主亦不得侵犯。凡砍伐造船所用树木者，规定处以死刑。但后来彼得认为必须减轻这一刑罚。对于砍伐柞木者，只是……割其鼻，并流放服苦役。最后，这一刑罚也觉得——您应同意，不是毫无理由啊！——过于残酷，便用货币罚款来代替：砍伐柞木一株，罚款 15 卢布，砍伐其他树木，罚款 10 卢布。但对于累犯者则仍保留鼻刑及苦役。

私人的渔业所有权，也为了国家利益予以剥夺。

1722 年 5 月命令将以前由国有牧场饲养的细毛绵羊，按照村庄的数目，分发给世袭领地的领主。甚至不愿接受这种绵羊的人们，也必须接受。换句话说，为了发展呢绒生产，照管细毛绵羊也成为加给居民的一种实物贡赋。

为了这一同新建军队的需要密切相关的事业的利益，不仅将绵羊，而且将牧工也都发给许多领地所有人。对于牧工，不问其愿否为某一领主工作，一如对于采珠工，不问其愿否接受韦利亚舍夫船长的雇用。国内的劳动居民视同国家的私产。研究工艺也成为一种义务，而且也是为了“国家的利益”。1712 年命令全国各省从铁工、木工中选择精于业务的青年 315 人，教他们制作枪身、枪机及枪托。此外，每省应派出两人学习制鞍工艺，以备军用。凡熟悉某项工艺者均应于接到政府要求后立即前往参加国家工作。1709 年派到彼得堡从事城市建筑者达 4 万人，石匠及制砖工人尚不在内。1711 年又要求从各省派出技工，从事军舰制造工程等等。

彼得对于劳动居民的观点，从下文可以最明显地看出。他在 1702 年 9 月命令舍列梅捷夫“购买一批里夫兰农民，将他们送到俄国，在粮食歉收地区落户，以便通过他们，教育俄国人更好地耕耘土地”。这一办法获得了意外的良好结果。在有了大量俘虏的情况下，购买“芬兰人”已无必要。舍列梅捷夫答复沙皇说：“陛下命令购买发送芬兰人和拉脱维亚人，托陛下宏福，无须购买。可以发送的不只 1000，但运输困难。”然而尽管困难，还是向莫斯科发送了男女共 600 人①。

为了欧化俄国，彼得使居民在对国家关系上的无权地位，达到逻辑的极端，而这正是东方专制的特点。沙皇——改革家一方面对劳动居民（“对国王的孤儿”）不讲客气，同时也认为对军职人员

---

① 见《同代人》杂志（1847 年，第 4 卷）中的论文《彼得大帝时期的国家经济》，第 90、91 页。我所引用的其他这类例子，也都是从这里摘录的。

(“对皇帝的奴仆”)没有客气的必要。学习各种技术知识(研究“航海”学和“工具”)也成为多如牛毛的实物贡赋之一,即成为贵族的实物贡赋。我们已经知道,贵族对于这一义务是执行得很坏的。但毕竟还在一定程度上(尽管不是在很大的程度上)执行了。国家元首对贵族的器重,也是按照他们对自己的义务的执行程度和他们对本职的修养程度而定的。彼得不断教诲贵族,他们只有通过服役才能成为“高贵”,而有别于“卑贱”,即有别于普通人民。然而如果只有服务才能使贵族成为“高贵”,则将贵族的权利授予任何服役有功的人,也是完全自然的了。彼得便是这样作的。根据1721年1月16日命令,凡服役到尉官职称的人,都为世袭贵族。彼得在次年一月制定著名的“官阶表”时解释说:出身高贵门第的人,在其对国家和祖国立功以前,不得到任何官阶。前此数年,——1714年2月——规定出身“贵族门第”的军职人员,凡未在近卫军中通过士兵服役,“不通晓士兵基础知识者”。均禁止晋升为军官。1716年军事章程规定,“俄国贵族除在近卫军服役外。不得以其他方式留任军官”。因此,近卫军部队主要为贵族部队。在完全由“贵族子弟”组成的近卫军团队里[1],有300名列兵具有公爵爵位。克柳切夫斯基说:“贵族近卫军军人像士兵一样住在营房里,领取士兵的口粮、执行一切列兵的工作。”[2]同时,贵族列兵时常由服役有功而出身“最卑贱”的人指挥。这样,门第在官阶面前是瞠乎其后了。这是完全符合莫斯科国家的社会政治发展过程

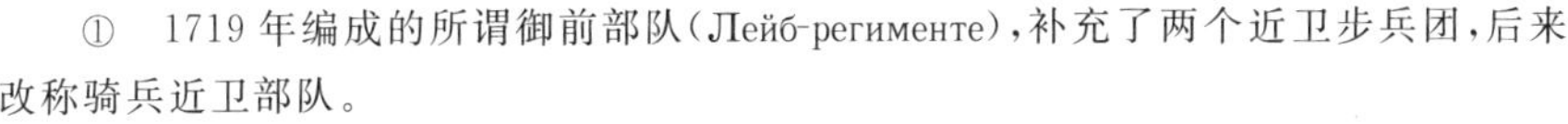

① 1719年编成的所谓御前部队(Лейб-регименте),补充了两个近卫步兵团,后来改称骑兵近卫部队。

② 《俄国史教程》第4卷,第105、106页。

的，这个过程至少自伊凡雷帝以来即已明确：近卫军的建立，就是为了迫使门第退到功绩的后面去。在使俄罗斯欧化的时候，彼得在这里也把那种使俄国接近东方专制的特点，发展到了极端。由于误解，人们有时将这一特点看为民主的象征。例如，在 M. П. 波戈金的某些历史见解里，在库科利尼克的某些“文艺”作品里，便是如此。事实上，这一特点同民主没有任何共同之处。这一特点占优势的制度，是与民主制度直接对立的：在这种制度里，除一人外，所有的人都被奴役；而在民主制度里，则所有人都自由，最少在法律上（de jure）都自由。一切宪法，凡以比较多的特权者自由为其特征的，则均处于这两个极端之间。

彼得使近卫军在成分上变为贵族的团队，从而使有军职的贵族获得了一个前所未有的组织。根据克柳切夫斯基的意见，近卫军在强有力的控制之下是当局的一种盲目工具，而在控制薄弱时，便成为罗马式的禁卫军或土耳其式的亲兵[①]。事实上，在彼得的几个继位者时期，近卫军时常起了禁卫军或亲兵的作用。但是发挥这种作用并不妨碍他们仍旧成为剥削被奴役的农民劳动的地主。他们以这种地主的身份提出某些要求，虽专制皇帝亦不能不予考虑。这些要求的实现在一定程度上逐渐破坏了俄罗斯居民所

① 罗马的禁卫军（Praetorian）最初为罗马军队总司令的护兵，后来在奥加斯丁皇帝时改编为皇室禁卫军，人数达九千。其成分为上层小地主，其投军的目的是要借军籍以巩固其本身地位。他们获得了很多特权。一世纪中叶，他们对政治有特殊影响，开始造成各种政变，推翻某一皇帝而立另一皇帝。君士坦丁一世即位后，将其解散。

土耳其的亲兵（janizary）（亦称近卫军）为土耳其的陆军常备军，士兵的给养不是靠薪水，而是靠劫掠畜业和手工业。他们最初是苏丹的盲目工具，后亦干涉政治，参加宫廷政变。1826 年改革后解散。——译者

特有的无权平等。贵族逐渐变为特权等级。而由于近卫军的组织无疑地促进了所提要求的实现，所以我们得出结论：彼得通过军队的改革促进了军职阶级的等级特权的发展。同时，不应忘记，在彼得的继位者时期，扮演禁卫军或亲兵角色的贵族，由中央政权本身坚决促使其与西欧人作某些接近的。毫不足怪，在安娜·伊凡诺夫娜即位时，禁卫军或亲兵对西方各种政治概念的认识，是彼得改革前罗斯军职人员所从未有过的。

贵族根据沙皇的命令而获得的知识，从来就不广泛。他们自10岁到15岁必须学算术，初级几何学和神学。15岁以后，停止强迫教育，开始强制服兵役。政府一方面关心军职人员不要荒废学业，同时又一样关心不使学业妨碍服役。1723年10月17日的命令禁止官员子弟在15岁后留在学校，“使他们不致用学习的名义而逃避兵役”。不过，当时的贵族虽然喜欢逃避兵役，却不习惯在学校里逃避它。在应当学习的时候，他们的代表情愿说“不知下落”，正如在必须将他们送去服兵役时一样。

有时他们向某一学校报名，避免进入他们觉得比较困难的另一学校。某次，许多贵族不愿进入数理学校而向莫斯科神学院报名，“彼得命令将神学爱好者送到彼得堡进海军学校，强迫他们在莫伊克打钉子，以示惩罚”①。

当然，情况只能是这样。在这种前此几乎没有教育的社会环境里，怎能有对教育的强烈爱好呢？尽管在那时的俄罗斯，彼得不算孤立，然而就以许多在他的庇荫下的“小学生”而论，史学家的下

① 克柳切夫斯基：《俄国史教程》第4卷，第104页。

列严格批评也是适用的：

“改革的助手并非出于自愿。这些人并不是从心里真诚拥护改革的。与其说他们是拥护改革，不如说他们是攀附改革，因为改革给他们以有利的地位……效忠彼得并不就是效忠俄罗斯。祖国的概念对于他的臣仆还太高深，不符合他们的文明程度。最接近彼得的人们不是改革事业的活动家，而是彼得个人的宫廷仆役……他们是在这个横征暴敛的警察国家教育出来的真正儿女，这个国家充满了彼得的专横独断，对法律和人的个性的蔑视，充满了道德情操的衰退……”[①]

更正确地说：在莫斯科的世袭君主专制国家，个人比在西方横征暴敛的警察国家更少受到尊重，而法律则更多地受到蔑视。世袭君主专制这块土壤，是完全不适宜于发展教育的。但是，如果在彼得前的时期，我们在莫斯科看到个别人真诚倾慕西方的习俗和西方的科学，那么自然应该期待，在彼得和彼得以后的时期里，这种人即便是例外，也应成为更常见的例外了。事实上，自彼得改革以来，我们看到在罗斯不断出现西方启蒙运动的拥护者。俄国的社会思想就是在这种人中发展起来的。彼得的最亲密辅臣之一，即我在上文多次引述过的费奥凡·普罗科波维奇本人就是这种人，他把这种人称为“学术侍从”[②]。

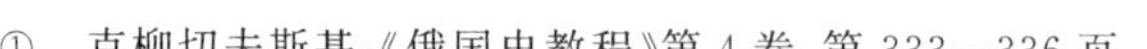

① 克柳切夫斯基：《俄国史教程》第4卷，第333—336页。

② 普罗科波维奇在写给A.坎捷米尔的一首诗中写道：

而你突然开始走上光荣的道路，
巨著便如水般涌流；
勇敢的笔横扫邪恶，
指向不爱学术侍从的人们等等。

“学术侍从”的成员在许多方面都是很值得注意的，甚至是非常卓越的。现在对他们当中的**某些人**，作些进一步研究。

第二章 “学术侍从”和君主专制

莫斯科使彼得前的西方派——赫沃罗斯季宁、B.奥尔丁-纳晓金,甚至科托希欣感到“厌恶”。厌恶是一种折磨人的感觉。为了从这种感觉中解脱出来,有些人逃往外国,另外一些人削发为僧,这是一种真正“孤独的灵魂”(“Einsame Geister”)。他们不得不将一切希望寄托在周围的人们的同情上。他们同样不能设想,政府会用严刑的威胁来迫使俄国人学习西方风俗和西方知识的时候到来了。他们没有理由去相信莫斯科君主的启蒙意图。因此,他们“不仅出于恐惧,而且出于良心”,不想为君主服务。他们很少考虑政治问题,而且不大懂这些问题。但他们的情绪都不是,也不可能是莫斯科君主专制的积极拥护者的情绪。也许读者没有忘记,在给赫沃罗斯季宁的一份圣旨里,责备他用“专制君主”一词而不用“沙皇”一词。我在谈到这一圣旨事件时指出,圣旨的作者未必正确地了解为什么赫沃罗斯季宁要称莫斯科沙皇为专制君主。他们以为——或最低限度傲慢地装腔作势,以为赫沃罗斯季宁所以这样说,似乎是由于单纯的无知,而不了解“专制君主”一词的意义。所以,他们责备他贬低了沙皇的尊称。但是,很可能赫沃罗斯季宁使用“专制君主”一词,是为了通过它表达他自己对漫无限制的沙皇权力的否定态度。泛斯拉夫主义者尤里·克里扎尼奇将他在西方形成的信念带到莫斯科，认为臣民是一回事，而奴隶又是一回事，他对无限制权力也是反对的。克里扎尼奇激烈攻击了在莫斯科国家建立起来的“严酷占有制”。但我们知道，同一克里扎尼奇将莫斯科君主的广泛权力看为改造罗斯的一切可能方法中最强有力的一种。他赞叹道：“啊！沙皇，你手里拿着创造奇迹的摩西权杖，可用它创造最好的奇迹。”克里扎尼奇命中注定不能看到莫斯科土地上的“最好奇迹”。相反，他自己却成为“严酷的占有制”的牺牲者。但在彼得时期，克里扎尼奇的遗言是在某种程度上实现了，沙皇利用“摩西权杖”开始一个又一个地创造奇迹。现在冒着受迫害的危险的，不是那些对旧莫斯科秩序感到“厌恶”的人，而是那些在看到西欧秩序和习俗感到“厌恶”的人了。这就是说，我国西方派的地位有了重大变化。他们已无须逃亡外国或在庙宇中求一栖身之所：在他们面前展开了祖国进行卓有成效的实际活动的可能。在他们的眼光里，俄罗斯是再生了，是同具有他们所高度珍爱的文化的西方接近了。我们知道，现在俄罗斯的改造过程很久不曾触动，甚至在某些方面还巩固了旧社会政治制度的基础。我们同样知道，俄罗斯的欧化很久都是极端表面的。但是，在彼得的同代人看来，事情却显得完全不同。在当时的俄国人中，谁都不曾提出社会政治生活的根本问题。至于次要的、派生的社会生活特点，则无论彼得改革的敌人或拥护者，都认为已改变到不能认识的程度了。他们都将这种改变归功于国王。彼得改革活动的一贯拥护者费奥凡·普罗科波维奇说，俄罗斯是彼得的塑像。他称第一个俄国皇帝为俄国无数幸福和欢乐的创造者，为使本国起死回生的恩人。这完全不是虚伪之词。他在彼得葬礼时发表的著名悼词，当然有许多浮夸：俄国的僧侣界辩才向来就少不了浮

夸，现在也少不了它。例如，普罗科波维奇说，彼得既是俄国的沙皇、雅非特和所罗门，又是俄国教会的大卫和君士坦丁。这都属于浮夸。有些浮夸的习惯完全是由于不恰当地文字游戏。例如说彼得在俄国所看到的是弱小的力量，而留下的却是“金刚石般”的力量。然而当布道者发挥其以浮夸的方式表达的思想时，我们感觉他是完全真诚地歌颂彼得事业的伟大的。

按照他的说法，彼得“看到军队在国内为害，在战场上不坚强，深受敌人痛骂，因而建立了对祖国有益，使敌人丧胆的声威赫赫的光荣军队。这种军队保卫祖国，光复失地，并以所获的土地扩大和增添了新的省份。当叛乱者对我们进行破坏时，它歼灭歹徒，摧毁其灵魂，从而堵塞嫉妒之口，使关于自己的光荣的宣传，遍及世界”。对于这些话，他的听众是不能不表示同意的。

当他为了证明称呼已故沙皇为俄罗斯所罗门是正确的，说彼得的“各式各样哲学艺术，他的行为对许多臣民的影响，他所创导的各种前所未闻的学说，技巧和技能，以及他所建立的官阶层次，民事制度，诚实的生活方式，优良的风尚及道德规章，都使祖国的外貌发生了明显变化，从里到外都非往昔可比，我们耳目为之一新，感到惊奇。这一切岂不足以证明这一称呼？”[①]等等的时候，他们——最少是同情彼得改革的听众——也不能不对他表示同意。

为了估计彼得改革的某些最直接后果对俄国人的影响力量，必须追溯莫斯科人在17世纪下半期用什么眼光来看待自己。他们将本国的力量同西欧各国的力量进行比较时，总是苦笑着说：莫

① 《言论集》第2卷，第129和130页。

斯科的“可怜虫”是难望取胜的。纳尔瓦[①]表明，莫斯科人对自己的这种鄙视该有多么正确。但是波尔塔瓦[②]及其以前的各次胜利却给他们以可喜的根据，认为“可怜虫”时代业已一去不复返了，从今以后，俄罗斯能够同任何西欧国家胜利地战斗了。对于这一改变的认识，提高了他们的自尊心，使他们的民族骄傲感得到满足。

在皇太子彼得·彼得罗维奇的生日发表的颂词里，费奥凡·普罗科波维奇很鲜明地表达了当时俄国西方派的这种心情。

他在这篇颂词里回忆了“外国人过去怎样看待俄罗斯”；不过声明，这“不是羞辱”。他说：“过去在政治上被想象为野蛮人，在高傲自大者面前受蔑视，在聪明人面前是愚昧汉，在掠夺者面前是鱼肉，在所有人面前是懒汉，受所有人的辱骂。”彼得迫使外国人尊重俄罗斯，“现在，我们圣明的皇帝不仅使自己，而且使整个俄罗斯民族变得勇敢、智慧、酷爱正义，使祖国改变旧习，讲述新知识了。以前厌恶我们笨拙的，现在却渴求同我们和好了。以前侮辱我们的，现在却颂扬我们了。以前威胁我们的，现在却害怕我们了，担心我们了。以前轻视我们的，现在却不惜为我们效劳了。”

在陶醉于改变其对俄国态度的外国人给予俄国的光荣时，普罗科波维奇是表现得相当天真。他说：

“许多欧洲王室的元首不仅自愿同彼得皇帝结盟，而且不以向皇帝陛下伸出右手感到耻辱。”

---

① 纳尔瓦在爱沙尼亚境内，曾几度为俄国与瑞典交战战场，1558—1581 年属俄国，1700 年俄国战败，遂归瑞典。但在 1704 年夏为俄国夺回。——译者

② 波尔塔瓦在乌克兰境内。查理十二世的军队曾与彼得的军队在此处交战。结果瑞军大败。——译者

这种几乎为现时所不能理解的天真表明，普罗科波维奇虽然很以改革后的俄罗斯为骄傲，——满怀激情地称之为“光明、美好、强大、亲者爱、仇者怕的”俄罗斯[①]——但他仍旧认为俄罗斯比开明的西方国家低得不可计量。

为了提高到同这些国家一样的水平，俄罗斯必须完全同它们一样开明。普罗科波维奇和他的朋友都是满怀信心的启蒙学者。然而由于他们把俄罗斯推广启蒙之功，完全归于彼得，所以，很自然，他们对于沙皇——改造者是抱着真诚的敬仰态度的。《学术侍从》的另一成员，Б. Н. 塔季谢夫断言，“彼得大帝在自己祖国疆域内找到启蒙运动的方式，为人民开拓了道路”，关于他自己，他是这样说：

“我所有的一切，我的官阶、荣誉、财产以及凌驾于一切之上的智慧，都是皇帝陛下赐予的。因为假如他不把我送到外国，不在重要职务上使用我，不鼓励我，那我便不能得到这一切。我对皇帝陛下的感激与尊崇虽然不过是所罗门庙堂宝库中的两枚希腊辅币，或投进大海中的两滴水，但我的感激和尊崇的愿望，却是漫无涯际，大于所罗门的宝库，大于流水滔滔的鄂毕河”[②]。

“学术侍从”的一名“有角的先知者”安季奥赫·坎捷米尔在所写《彼得颂》中，同样热烈赞颂彼得：

“彼得！当我这样称呼您的时候，

这称呼本身便有不足：

① 《言论集》第1卷，第114—115页。

② 《俄国史》第1卷，第1篇，莫斯科1768年版，第14页(序言)。

它没有包括您的智慧、勇敢、偶尔愤怒，
安详、谨慎、仁爱、热心、欢快可亲，
审判公正、规章严谨，
对友人忠诚。
一切颂扬当之无愧，
总之，可以称为十全十美”。

18 世纪上半期的俄国西方派对彼得就是抱着这种态度的。我们下文还可看到，在西方派的阵营里，这个态度直到不久以前，仍未改变。为了了解俄国社会思想的发展过程，这一点是必须记住的。因此，我现在便从 19 世纪俄国社会思想中略举二三例。

别林斯基于 1847 年 11 月 22 日致 K. Д. 加维林书中说：

“就我而言，彼得是我的哲学，我的宗教，我的一切有关俄罗斯的启示。他是愿意做点事业，成为多少有用的人的大大小小人物的榜样”[①]。

在他临死以前，他还向他的“信仰宗教的友人”（M. A. 巴枯宁）证明，——这一点可从他在 1848 年 2 月 15 日写给 П. B. 安年科夫的信中看出，——“俄国需要一个新的彼得大帝”[②]。

H. Г. 车尔尼雪夫斯基在其写作生活的初期，是完全赞同别林斯基对彼得的那一观点的。在其所著《俄国文学的果戈理时期》第四篇里，我们看到以下很有意义的一段：

---

① 同年，在《对1847 年俄国文学的看法》一文中，他对俄国文学的起源，提出如下见解：“像在现代俄国所有一切生动、美好和合理的东西一样，我国文学也是彼得大帝改革的结果。”

② 别林斯基：《书信集》第 3 卷，圣彼得堡 1914 年版，第 300、339 页。

“对我们来说，爱国主义者的理想——彼得大帝；最崇高的爱国主义，——造福祖国的热烈和无限的愿望，鼓舞了这位伟人的一生，指挥了他的全部活动。”

车尔尼雪夫斯基所以拿彼得作例子，部分地可能是为了应付书报检查机关。如果不是为了对付检查机关，他也许或选择别的例子。他本来是要说，直到现在，先进俄国人的任务在于将更文明的民族所得到的知识传播于祖国，而不在于独立地谋取这些知识。但是，第一，任何书报检查机关都没有强迫他对彼得用上面摘录的那种颂扬之词进行评价。第二，他将同代俄国启蒙学者的任务与彼得改革直接地密切联系起来，认为“当我们还不能同最有成就的民族在教育上并驾齐驱以前，我们每人都有另一(即在‘纯科学’范围以外的)更加深入人心的工作，这就是竭尽所能，促进彼得大帝业已开创的事业的继续发展”，这些话显然不是为了对付检查机关的。

对彼得的向往，在西方派营垒中促使以下观点的传播：即我国的伟大改革只能从上而下地进行。别林斯基便曾同意这一观点，而且在这一观点的影响下倾向于承认斯拉夫派关于俄国历史发展过程完全特殊性的理论。我们可以看到，别林斯基和他的信徒不可能将这种概念同他们从当时欧洲先进作家那里抄袭来的其他社会观点，结成一个严密的整体。这种概念使我国19世纪启蒙学者的社会政治信念(Credo)陷于矛盾。

18世纪上半期的启蒙学者的情况与此不同。《学术侍从》的社会政治信念要简单得多。在他们的社会政治信念里，没有不能在逻辑上同“俄国的一切伟大事业都须从上而下”的信念相协调的成分。因此，当他们不仅毫无保留地颂扬彼得个人和活动，又顽固地维护君主专制的观念时他们是完全忠实于自己的。普罗科波维奇、塔季谢夫和坎捷米尔可说是俄国君主专制制度的最早思想的代表。

1. 普罗科波维奇

作为一个神职人员，普罗科波维奇是精通经文的。他引述使徒彼得的话：“任何人都应服从主的创造：服从沙皇，服从公爵，因为他们是主派来的。恶行应受报复，善行应受表扬。这是上帝的意旨：要由行善的人去制服狂徒的无知。”当然，他也没有忘记使徒帕维尔（“各族人民的教师”）的话：“任何人都应服从现存政权，没有一个政权不是受命于上帝，现在的政权自亦定命于上帝。”①

为了对使徒所要求的服从政权不致发生任何怀疑，普罗科波维奇解释说：“服从不应由于畏惧，而应本乎良心。”接着，他请听众注意使徒帕维尔如何努力维护沙皇的权力：“仿佛是沙皇亲自派帕维尔来布道的，他竭力地反复进行规劝。”但基督教徒不要以为帕维尔想讨好当局：“这不是徒劳无益的老生常谈，应该凭着自己的智慧去学习；这不是逢迎谄媚，也不是讨好别人；而是宣扬耶稣的良好工具，使敏感的勇敢基督教徒从事创造；所有的人都不要消极无所作为，而要反复努力。我祝祷任何人判断，沙皇的最忠诚大臣

① “在复活节前一周发表的演说：论沙皇的权力和光荣受命于上帝，人人都应尊重沙皇，服从沙皇，作恶者应予抵制。”（见《言论集》第1卷，第249—250页）

能够决定什么是伟大?”①

原来,沙皇的最忠诚的大臣也能决定其他事物。显然,普罗科波维奇本人是这样想的,因为他不满足于圣书的论点,还提出一些自然法则的论点来为沙皇权力辩护。值得指出,彼得时代的最优秀政治家先引证了自然法则,然后引证圣书;所以热衷于东正教的人们认为他是一个没有希望的神学家,并非偶然。

他说:“首先问问我们的自然本身,它关于这一点对我们说些什么:因为除圣书外,在自然本身还有上帝规定的法则。”自然法则要求我们敬畏上帝,保护自己的生命,己所不欲勿施于人,尊敬父母等等,我们的良心证明这些法则的存在。但是,还有一个法则规定我们服从现存政权,它也属于自然法则。此外,还有一个最主要的法则:“由于一方面,自然要求我们爱自己,并且要求己所不欲勿施于人,另一方面,又须使破坏法律的恶行不致贸然发生,所以任何时候,任何地方都必须有法律的守卫者、保护者和强有力的捍卫者,而这就是统治权。”②

这并不很有说服力,因为它需要“法律的守卫者、保护者和强有力的捍卫者”,尚远非需要一个由历代莫斯科沙皇传给第一任全俄罗斯皇帝,并由后者进一步加强的专制君主制。普罗科波维奇说,任何人如果失去法律守卫者和捍卫者的保护,都会很快懂得没有政权的生活,是多么不好。对这一点也是可以反驳的:因为政权不一样,而且政权带来的利益并不能证明君主专制的优点。普罗

① 《言论集》第1卷,第250—251页。

② 《言论集》,第245、246页。

科波维奇这个人，无疑是很聪明的；他也可能多少有些不安地意识到这一论点的薄弱。所以他觉得必须用他的威第乌德（第一个普鲁士和瑞士统治者）轶事来加强这一论点。人民在未受威第乌德统治以前，深受外侮和内乱的痛苦，遂向他请教怎么办。威第乌德对他们说：“如果你们不比自己的蜜蜂傻，你们便可好好生活。”当然，人民不理解他的话，所以他解释说：“蜜蜂是一种不能言语的小动物，尚有自己的皇帝，而你们是人却没有。”现在大家都明白了。人民非常喜欢威第乌德的意思，立即请他做国王。这一幼稚的故事，也是完全没有说服力的。但是这一善于辞令的布道者以这一故事为满足，略加说明后，便赶忙回头重复说：整个世界都证明政权是多么必要。此后他认为问题完全解决了。他宣布：“大家都知道，伊玛目[①]是自然授予的最高权力，却开始犯过错了。”至此，他只有从自然权力转到神学上去。他从一个范围转到另一范围的理由是：自然法则是自然的创造者，即上帝写在人们心坎上的。而上帝的意旨则应用我上面指出的圣书来解释。

普罗科波维奇从教会史中举出一些例子，指出基督教徒认为他们甚至必须服从异教的皇帝。对于基督教皇帝，那就更应该服从了。但他觉得彼得的世俗臣民比僧侣更愿服从。所以，他认为必须讨论宗教当局和世俗当局的关系问题。

有些人——按照普罗科波维奇的说法，这种人为数不少——以为神职人员或僧侣不一定要服从沙皇。我们的布道者坚决反对这种意见。他大声疾呼：“这是刺，更多地是硬刺，但蛇有信子，教

① 伊玛目为某些伊斯兰教国家元首或伊斯兰教教长。——译者

皇则有灵魂。"[1]

普罗科波维奇坚决主张,——而且这是他的得意见解之一——僧侣界不应成为国中之国。他们有自己的特殊事业,一如军人、文官、医生以及各种艺人各有专业。由于有其特殊事业,僧侣遂成为国家的特殊官员。但像其他所有官员一样,他们必须服从"最高政权"。这一点可用以下圣书为证:"上帝派摩西到以色列,经常要他去见法老,又要艾伦去帮助他……以色列教士总是服从以色列皇帝的;主自己(即耶稣)甚至向当局纳贡"等等[2]。

僧侣的极大多数,特别是大俄罗斯的僧侣,都是反对彼得改革的。彼得及其同道者担心僧侣会驱使人民公开抵抗改革。他们还不知道,我国宗教当局完全没有可能,因而也完全不愿意同世俗政权作坚决斗争。僧侣在其反对改革中没有超过总主教地方视导有时在其布道中偶发怨言的范围。我国僧侣对政治当局没有,也不可能有"教皇"的观点。实际上,他们早就不过是国家的一种特殊官员,即"国王的祈祷官"。但是由于彼得的活动比以前历代皇帝的活动更鲜明地表现了俄国皇帝尽力使"祈祷官"完全服从的意图,所以很自然,在他的统治下,心怀不满的"大胡子"(彼得用语)是比以前更多了。对于这些不满分子,不仅在坚决果断的彼得朝代,就在不及他坚决果断的以后各朝代,也都轻而易举地收拾了。然而很有意义的是:就"学术侍从"而言,他们不仅以普罗科波维奇为代表,而是都无条件地谴责了"大胡子"的任何反抗活动。

---

① 《言论集》,第257页。

② 同上书,第258页。

这种“侍从”的“学问”同莫斯科教会栋梁的学问，是根本不同的。大胡子顶好不过是一些有知识的书呆子，即不过是在宗教文献方面具有某些渊博的知识。至于比较重要的科学或哲学教育，他们是完全谈不上的。但普罗科波维奇、塔季谢夫、坎捷米尔这类人则是学识渊博的。如所周知，普罗科波维奇曾在罗马研究政治、历史和哲学。一位丹麦旅行家冯-加文在普罗科维奇死前数月与他相识，对他作了如下有意义的评价：

“这个优秀人物，就其学识而言，几乎没有人及得上他，特别是在俄国宗教界更无人及得上他。他除历史、神学、哲学外，还精通数学，而且对这门科学有无法形容的爱好。他通晓各种欧洲语言，而且能用两种欧洲语言谈话，但在俄国，他除俄语外，不愿说任何外语，只是在万不得已时才用拉丁文，而他的拉丁文是不亚于任何科学院的院士的。他对所有外国文学家，乃至一般外国人，都很有礼貌和谦虚。由于他的死，许多极为有益的事业一定要停止了”①。

另一外国人里白尔——天主教僧侣，按理他对于屡次在布道和著作中猛烈批评天主教的普罗科波维奇，是应有成见的——说：“如果对他要有什么指责，那就要指责他的宗教信仰，假如他真有宗教信仰的话。他的图书馆可供学者使用，比皇家图书馆和托罗伊茨修道院图书馆优越很多，按其藏书之丰富，在俄罗斯这个书籍

---

① 录自 П. 莫罗佐夫：《当作作家的费奥凡·普罗科波维奇》，第 393 页。（参阅 П. 奇斯托维奇：《普罗科波维奇及其时代》，第 627、628 页。）莫罗佐夫改正了冯-加文的一处证词，指出普罗科波维奇只懂意大利文和波兰文。

贫乏的国家里，实无与伦比。”①

我们看到，西班牙僧侣里白尔不相信普罗科波维奇是有任何宗教信仰的。而俄国僧侣们亦责备他对新教徒的不可宽恕地软弱。无论如何，有一点是无可怀疑的：普罗科波维奇的宇宙观在极大程度上摆脱了莫斯科“书呆子”所高度重视的拜占庭色彩。在他的宇宙观里有强烈的世俗因素，就是这种因素引起了“大胡子”的不满。曾经流传一个笑话，说有一个主教向彼得揭发了普罗科波维奇对音乐的罪恶爱好。

根据主教的密报，普罗科波维奇不仅本人欣赏音乐，而且用它来邀请外国部长（“非基督徒”）。彼得对密报人说：“好吧，神甫，我们一道到他那儿去，看看是否真是这样。”他们到了犯戒人的寓所，确实听到音乐之声。欲知后事如何，请听保留这一笑话的人的叙述吧：

“皇帝同主教一道走进集会场所。恰好主人这时手里拿着酒杯，但是看到皇上驾到，便示意音乐停奏，举手大声说，这个新郎深夜驾临，很看得起奴臣。彻夜打扮他，而垂头丧气打扮是不该的。最仁慈的皇帝万岁！立时，所有在座的人都端起酒杯，恭祝皇帝陛下健康。皇帝向随从的主教说，‘你如愿意，可以留下，如不愿意，可乘车回家。至于我，则决定同这伙可爱的人们逗留一会儿’”②。

告密的主教，将彼得留在费奥凡·普罗科波维奇和他的外国客人（“这伙可爱的人们”）中间，自己回家。他一定是怪可怜相的。

---

① 莫罗佐夫：同前书，第393页。

② 戈利科夫：《彼得大帝的事业》第15卷，第212页；录自奇斯托维奇：见前书，第628—629页。

普罗科波维奇亦曾做到高级神职。他最初做过普斯科夫的主教，后来又任诺夫戈罗德的主教。但是由于教育和习惯，毫无疑问，他在宗教的环境里是感到很不舒服的。仅这一点，已足使他在彼得同僧侣反对派的斗争中，站到彼得方面。

在“学术侍从”的其他成员的观点里，世俗因素比在普罗科波维奇的观点里更为强烈。我们马上便可看到，塔季谢夫对僧侣是抱有强烈成见的。有些人怀疑他相信“无神论”。同他保有友好关系的普罗科波维奇，也常常对他恶言攻击某些圣书，感到为难[①]。在对僧侣保持这种态度的情况下，“学术侍从”不愿把僧侣看为高于其他国家官员，这是非常可以理解的。

较难理解的是：普罗科波维奇虽然学识渊博，却只能提出很少有说服力的理由来为君主专制辩护。我在这里不再说他所写的《论沙皇的权力和光荣》以及其他言论，而只提出他维护专制的一个见解。这个见解包含着所有其他见解的本质。

这个见解是普罗科波维奇在彼得死后发表的，要点如下：“俄国人民的本性就是如此，他们只能保持君主专制，如果接受其他任何统治制度，也完全不能维持完整和善良。”[②]

这个见解之缺乏理论内容，同莫斯科人17世纪初在波兰人马斯克维奇面前坚持专制的优越性时所举理由，毫无二致。然

---

① 同塔季谢夫的一次争论，给予普罗科波维奇论据，写了《论所罗门的、王后的歌中之歌的书》（奇斯托维奇：引文集见前，第613—614页）。

② 这个见解原是普罗科波维奇在叙述枢密院成员的“儿戏”时说的。我们下文在论及这个“儿戏”时还将回到这一叙述。这篇叙述文载亚济科夫所译《杜克·利里伊斯基和别尔维克斯基的札记》一书（圣彼得堡1848年版）的附录里。我引的普罗科波维奇见解，见该书第919页。

而这个见解正因为极端缺乏理论内容，才能大有教益。它的内容贫乏表明，推动普罗科波维奇去维护君主专制的，不是西方的科学，而是当时的俄国实际。这个实际使"学术侍从"深信，他们的启蒙活动的最可靠支柱，是具有启蒙倾向的君主的援助。从这种君主手中夺去创造奇迹的权杖，是不符合"学术侍从"的利益的。

当然，这里的问题不仅在于启蒙意图。彼得一世时，"门第"向功绩（"官阶"）让步。在彼得二世时，门第企图恢复其业已丧失的若干阵地。当时，"学术侍从"的处境是非常困难的。普罗科波维奇的诗——更确切地说，只在某种程度上是诗——《牧人在连绵阴雨中哭泣》，便是这时写的。不错，这首诗表达了我国启蒙学者当时的心情。普罗科波维奇抱怨说：

我能够等到晴朗的美好的日子吗？

我能得到明朗天空的最厚的恩赐吗？

到处都看不见光明，

到处都是阴雨连绵。

没有希望，没有我的幸福，

多么可怜！①

哪怕出现一点点欢乐，

---

① 作为一个小俄罗斯人，普罗科波维奇发出"多么可怜"的呼声。"牧人"一词当时似乎是我国神职人员用来表示教会的牧师的。佩卡尔斯基（见《科学与文学》第1卷，第368、370页）引用了瓦尔戴市的一位神甫米海伊尔献给彼得一世的颂诗，其署名为"瓦尔戴的牧人米海伊尔"。这位学者指出，普沃尔斯基在写给彼得的信里所用签名都是"斯捷凡——梁赞的牧人"。

哪怕是挥手示意，

也仿佛是对羊群的一种恩典，

不过欺骗……

在这种情况之下，就只有希望将来有一个善于适当使用“权杖”的人重新登极了。因此，完全可以理解，普罗科波维奇和他的同道必然要用一切力量来抵制任何截短这一创造奇迹的“权杖”的企图。

甚至18世纪下半期的法国启蒙思想家，在同俄国很不相同的历史环境中受到教育，也都对“权杖”寄予很大希望。在整个这一世纪里，对开明专制的信仰都是很强烈、很广泛的。伏尔泰是善于向国王——“哲学家”说些漂亮的恭维话的。甚至生来就不肯同皇帝交朋友的狄德罗，也会说这种话。

但是我们知道，俄国的专制制度同西欧的专制制度大不相同。由于彼得改革不仅不曾消灭俄国社会政治制度的特点，而且相反，把这种特点发展到了极端，所以俄国的开明专制制度拥护者不得不同那些与启蒙运动毫无共同之处的统治方法，实行妥协。彼得说：“我们是全面的新人。”但在统治上，他都保留了许多旧事物，而且是最旧的事物！如果凶残的罗莫达诺夫斯基，用他自己的话说，曾在普列奥布拉任斯基衙门进行血洗①，这是完全按照彼得朝代的精神去做的。费奥凡·普罗科波维奇非常了解沙皇的血腥镇压，但却如莫罗佐夫所出色地指出，“听之任之”。俄国“权杖”崇拜者不仅必须与血腥镇压妥协。镇压前有告密；镇压过程中又产生

① 普列奥布拉任斯基衙门为彼得第一的秘密警察机关。——校者

新的告密。由于任何情况都有其内部逻辑，所以“学术侍从”的领袖自己，也不得不实行告密，在刑拷室里进行审理。我们的“牧人”在旧教会党派斗争中，特别在季林的黑暗时代，表明他不仅有一条毛茸茸的狐狸尾巴，而且有一口极为锋利的狼牙。一位晚近的传教士在回忆那个时代时说道：“神甫和僧侣像苍蝇般被镇压、被杀害、被革职。水陆交通，川流不息，——驶向何处，又为什么呢？原来是将神甫、僧侣和笃信宗教的人们运往鄂霍次克、堪察加、奥伦堡……那是一个黑暗的年代！”这段晚近的传教士的话，我是从莫罗佐夫那里抄录的。莫罗佐夫补充说：“这一黑暗年代的主要活动家是普罗科波维奇。”[1]莫罗佐夫认为普罗科波维奇是主角，无疑地是指教会管理范围。但是，为了说明“学术侍从”的领袖的特性，只要指出他在这个范围里起过放逐和残酷镇压的主导作用，也就够了。

当然，受到开明“牧人”强烈迫害的“笃信宗教人士”，如果能够利用放逐和刑拷来达到他们自己的目的，他们无论对于放逐和刑拷，都是完全不会反对的。他们不仅完全不反对，而且事实上也采用过这些手段来同一个普罗科波维奇进行斗争。他们又迫使他度过许多艰苦的时光。然而他们是**停滞派**，而普罗科波维奇及其“学术侍从”则是企求**前进**，是想推广**启蒙运动**的啊！

莫罗佐夫很好地解释说：普罗科波维奇的恶劣举动，是他的地位的严格逻辑指使他干的。

“普罗科波维奇认为，俄国的进一步发展，只有按照他为之鞠

① 莫罗佐夫：《当作作家的费奥凡·普罗科波维奇》，第 357 页。

躬尽瘁和彼得所亲自规定的方向，才有可能，因而这种发展是从政府出发的。普罗科波维奇是政府的绝对拥护者，哪怕是一个比龙的政府。他在这一时期的一切议论都显然是三段论法的发挥：彼得大帝的措施以人民的福利为目的，这些措施未被取消，相反，为政府所保持；因此，俄国才能昌盛。只有“狂徒”才能作相反的议论，这种“狂徒”是国家之敌，应予消灭。普罗科波维奇所担任的官方政论家的角色，——这个角色他至死都未放弃，——不许可有其他的推理方式。只要想想，在他的活动的最顺利时代，他没有一篇文章不是奉最高当局之命发表的，除了官方宣传之外，什么别的宣传都谈不到；至于“交流思想”也只是在普列奥布拉任斯基衙门以内才有，——只要想想这些，就可理解为什么普罗科波维奇不能有其他的议论了。”[①]

我现在请读者研究一下普罗科波维奇的敌人斯捷潘·亚沃尔斯基在1708年发表的言论中的一段。

我在前面已经引证过这一言论。亚沃尔斯基正是以彼得改革的辩护人的身份发言的。但我们在这里注意的是，亚沃尔斯基虽然不同意彼得的许多做法，但坚决按照自己的方式防止俄国出现任何反抗国王政权的思想。

他向俄罗斯大声疾呼：“将各种各样商品装上船，去各国买卖发财吧！只是我的母亲，要保护我的美丽的天堂，要当心那些爬行的化身为大蛇的恶魔，即叛乱分子，他们会像天堂的恶魔教唆作恶在大意人的耳边低声说你们没有什么死亡，但仿佛会生病，正如你

① 莫罗佐夫：《当作作家的费奥凡·普罗科波维奇》，第360页。

们希望最高政权那样。美丽的天堂，要当心这种蛇蝎，不要听信这种丧尽天良的人，不管他们说些什么。谎言就是谎言。迷惑人的蛇终将灭亡，受迷惑的人亦将坠入陷阱。但你，我的天堂，再要听信他们，就会带来巨大灾祸。像对待家仆那样对待外人，就可免于这种灾祸了。”①

这段话无论在形式上或内容上都同普罗科波维奇对沙皇政权的敌人。同那些批评彼得这个“舌头发痒的暴君”的人，具有完全一样的价值。这就是说，“学术侍从”的领袖在政治方面一步也未超越他的死敌亚沃尔斯基的观点，而亚沃尔斯基是倾向于保守的，他赞同改革是附有重大保留的。

也可以说：我们的开明西方派在政治方面一步也未超过佩列斯韦托夫。读者记得，佩列斯韦托夫也是东方的无限制君主专制的坚决拥护者。但佩列斯韦托夫提出了解放奴隶问题。他叙述在拜占庭的君士坦丁皇帝统治下，最好的人都被奴役而丧失自由，因此他们在对敌的顽强战斗中遭到失败，及至获得自由，他们便都成为勇敢的战士。普罗科波维奇面前从未提出这种社会问题。显然，他对为俄国改造付出重大代价的人民群众的地位，当不及枢密院的某些设计人或成员来得注意，这些人对农民的极度贫困感到不安，尽管所持的理由是“没有农民，就没有士兵”。

① 录自莫罗佐夫：《当作作家的费奥凡·普罗科波维奇》，第36—38页。

2. 瓦西里·尼基季奇·塔季谢夫[①]

普罗科波维奇虽与塔季谢夫保持着友好关系，但对他关于《歌中之歌》一书的尖刻、勇敢指责[②]，却是极为恼怒的。“非凡的”“第一神甫”关于这书的评论，是为了反对“不学无术和缺乏理性的有识之士对该书的轻率批评”（普罗科波维奇的原话）而作的。这话很使人气愤，但用来评论瓦西里·尼基季奇·塔季谢夫却是不公正的。

非常可能，塔季谢夫在神学上是“不学无术”。但任何时候、任何地方，他都不是“缺乏理性”的。“理性”是他的思维的主要特点。这里有他的长处，也有他的弱点。此外，像普罗科波维奇一样，他是当时最有学问的人物之一。在他的大量藏书里，有霍布斯的利维坦，洛克的《论民政管理》和马基雅维利、笛卡尔、牛顿、伽利略等的著作[③]。他熟悉培尔的著作[④]。在俄国历史、地理和俄国法学方面，他作过独立的研究。他一般地对当时的哲学和政治学著作，甚为通晓[⑤]。正因为如此，他也许对神学是“不学无术”，但他的宇宙

① 生于1680年，卒于1750年。

② 指责所罗门写了上述的书，“沉溺于同未婚妻埃及公主的淫欲”，因此书中只是谈论“肉体的恩情”。

③ H. 波波夫：《塔季谢夫及其时代》，1861年，第433页。

④ 同上书，464页。

⑤ 固然，塔季谢夫说他“不懂哲学”。但这无疑地是一种过分的谦虚。在哲学家中，他恐怕是最尊敬基督徒沃尔夫的了。在有关“社会、制度、政府及统治者和臣民职责等问题上”，他是信奉沃尔夫的。对于马基雅维利、霍布斯和洛克的政治学说，他的态度是否定的。

观与普罗科波维奇相比，却有极大的优点：即完全没有经院哲学的糟粕，并且有完全世俗的性质。

他的观点的这一方面，使他成为在彼得改革直接影响下成长的那种人物的一个最堪瞩目的代表。

在莫斯科罗斯，教育具有“宗教的”特性，除极少数外，概为僧侣等级所垄断，而僧侣是不常、不愿和很少读书的[①]。彼得改革无论如何使一个新的社会阶级参加学习，强迫他们学得属于人世，而不属于天堂生活的知识，迫使他左右的优秀活动家坚信必须经常热烈地多多学习。“学术侍从”热情地坚持这一信念，把精力主要用在世俗科学上。就这一点说，所有通晓西方教育的改革派的意见，都是一致的。萨尔特科夫建议彼得在初级教育时用“世界通史和各国史”来代替神学书籍，并把这些史书译成俄文[②]。

塔季谢夫在所著《两个友人关于科学与学校利益的诗话》（写于 1733 年，其后又进一步修改）中是从“儿童的真正乐趣是智慧”这一原理出发的。而为使儿童有智慧，他们就得先学习。我们在《谈话》里看到塔季谢夫坚决认为必须学到手的那些知识的整个广泛纲要。塔季谢夫虽然是“彼得的小学生”，主要是——不说完全

① “我国彼得前的旧知识，可以用它本身确定的那些话极其真实地说明就是书本知识。即在博览群书意义上的书本知识。这种书本知识的主要性质是‘宗教的’、‘教会的’，因为书字在古代仅指圣书和一般教会的书籍。随后，特别在 17 世纪末期。书本知识则包括某些别的科目，如历史（年表）、地理（宇宙志）著作，中世纪小说；但这不足以改变书本知识的一般方向。因为这不是科学，而是些没有联系的片段，充满中世纪传说的资料。”И. 扎别林：《俄国古代教育的性质》，《祖国札记》，1858 年，第 2 卷，第 12—18 页。

② 帕夫洛夫-西尔万斯基：《改革方案》，第 21 页。

是——从“利益”的观点看待科学的[①]。但其所提出的纲要，仅就范围广泛一点而论，已可使人了解彼得时代的知识分子和莫斯科罗斯的食古不化的人们之间，该有多么大的距离。这一纲要的另一同样值得注意的地方是，它最明显不过地表现出对科学和教育的**纯粹世俗观点**。塔季谢夫的榜样表明，彼得改革结束了神学成分在俄国最有学识的人们的宇宙观中的主导地位。

不妨指出，塔季谢夫一般说来，对于僧侣是没有好感的。他认为这一阶层对社会发展过程的影响，与其说是有益，不如说是有害。例如，他断言罗斯自从基督教传播以来，就有许多学校甚至教授希腊文和拉丁文。但鞑靼人的压迫，一方面削弱了国王的权力，同时却增加了僧侣们的重要性，而僧侣“为了获得巨额收入和巨大权力，宁愿使人民愚昧无知并保持迷信；他们为此将学校和教会里的所有学习中断或放弃了”[②]。他在另一地方驳斥了以为科学破坏信仰的意见，认为只有愚昧无知和不知“真正哲学为何物”的人，或“凶恶狡猾的教会执事人员”，为了本阶级的利益，力图“使人民不受教育，不识任何真理，而只是盲目地、奴颜婢膝地信仰他们的

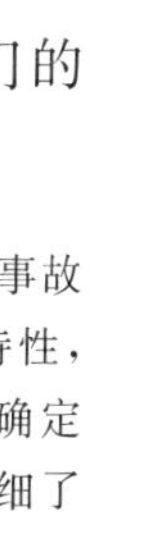

① 为什么要学地理呢？“地理学不仅指明地理位置，以便在战争或其他意外事故时了解国家的一切险要地区和通道，而且指明人民的风俗习惯及气候与土地的特性，物产及财富，何者丰余，何者缺乏。首先研究本国，然后研究常与往来的外国，以确定其能否给我们以援助和他们对我们有无侵略的危险。至于国家管理，必须非常仔细了解，必须通晓一切，而不应如盲人论色，盲加推断，”……应否知道物理呢？应当。“了解物的自然特性，是非常有益的。知道它们的构成，据以探讨其产生和变化，从而预断其未来发展，以利于避免危害，”等等。（《关于科学和学校的利益的谈话》，波波夫序言和注释，莫斯科 1887 年版，第 81—82 页。）

② 波波夫：《塔季谢夫及其时代》，第 514 页。

神话和命令”[1]。塔季谢夫在这里，也许部分地出于慎重小心，补充说道：“特别是罗马天主教僧侣强烈地敌视教育：罗马的主教比所有的人都更为突出，更加努力使人民处于愚昧和迷信之中。”[2]

对僧侣的这些指责是值得深切注意的。我们在本书第1卷已经看到，莫斯科罗斯即已存在军职人员为一方和僧侣为另一方的对立。对立的根源是土地问题。这在当时的莫斯科国家是一个最重要的经济问题，因而也是一个最紧迫的政治问题。僧侣力图保持并扩大其地产。相反，军职人员则渴望将这种地产转交国王支配，因为国王以大片土地赏赐其“臣奴”。这一对立也传到了彼得罗斯。人们从这个罗斯军职人员积极支持政府一切限制教会政治影响，特别是限制教会财产权利的措施中，可以一目了然地看出这一对立。但这一对立在“彼得的小学生们”的情绪中，却表现得最为明显。

我们的作者很注意寺院收入的使用问题。他高度赞扬彼得责令各省以及各州县市开办学校，由寺院出钱维持其开支的命令。用他的话说，各寺院都有不少“超过教会需要的”收入。将这种收入用来维持学校开支，是完全足够的，而且“将这种无用的收入用来表示尊敬上帝和谋取全国的利益，上帝亦将引以为快”[3]。

伊凡三世就已欣赏“将寺院土地收归莫斯科国王，上帝亦将引以为快”的见解，他未能实现这一崇敬上帝的见解。以他为代表的国家被迫与僧侣妥协。这个国家暂时放弃了插手寺院地产的意

① 《谈话》，第58页。

② 同上书，第58页。

③ 《谈话》，第154页及第243页，《俄国史》第2卷注解，第425页。

图，但对教会的财产事务进行了有计划的更积极的干涉，从而充分补偿了这一意图的教案。在彼得及其以后时期，中央政权对教会财产事务的干涉，达到了威胁的地步。但在彼得时期，事情也远未达到最后的决裂。彼得虽不反对为了“表示尊敬上帝”而剥夺僧侣，但只是在叶卡捷琳娜二世时期，这件事才有可能。僧侣是中央政权的极为有用的工具，就是像彼得一世这样中央政权专制的代表人物，也不能完全忽视其利益和情绪。贵族也不愿同他们完全决裂。只有法国的革命资产阶级，才能实行这种决裂——然亦不过在很短时期内。因此，就是最憎恶僧侣的有学识的俄国贵族代表人物，当他们还保持着他们的等级观点时，也不曾在国家和教会的关系问题上超过新教的观点。我们在塔季谢夫著作中也看到这种新教观点。

塔季谢夫完全承认“圣书的论断是无可怀疑的”。他毫不怀疑，人是由两种“属性”，即灵魂和肉体构成的。他根据灵魂本质论，证明灵魂不死：“灵魂的本质是精神，精神无体，亦无各个部分，因此，是不可分割的；而既然不可分割，便是不死。”[①]下面我们便可看到，塔季谢夫是由于力图摆脱 18 世纪法国解放哲学的极端结论，而作出这一论点的。直到 18 世纪末，一切倾向于同神学妥协的思想家，都认为这一论点是颠扑不破的，而这种思想家，特别在德国，占大多数。

如果要在这里确定这一论点的理论价值，那是不适当的。但是为了说明塔季谢夫的宇宙观，必须指出：所谓人有两种“属性”的

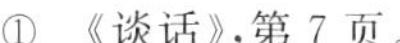

① 《谈话》，第 7 页。

见解，是他同样接受的两种科学分类之一的基础。他说："哲学家根据上述属性，将科学严格分为精神的神学和物质的哲学。"[①]因此，"神学"是有其特殊范围的。塔季谢夫竭力避免涉猎这一范围。但他更努力防止"物质的"哲学范围受"神学的"侵犯。甚至他的伦理学也不以宗教规定为依据，而是依据"自然法则，这个法则在创造亚当时即已深入我们所有人的心中"[②]。自然法则在"一切方面，特别在最主要方面都是与成文法相适合的；成文法由上帝责成先知者公布，后来更由耶稣救世主加以补充和阐释"[③]。为了对此作出证明，塔季谢夫将自然法则的基本原理同成文法的基本原则进行比较。他说："自然法则的基础是合理地自爱，这同成文法的原理是非常符合的。因为一切善行都是从合理地自爱产生的；而一切恶行则都是从不合理的自爱或自尊中产生的。"[④]塔季谢夫企图将整个伦理学建筑在合理的自爱的基础上。在我们面前表现为一个典型的 18 世纪"启蒙思想家"，即德国人所说的启蒙者(Aufklärer)。不过，就这方面说，18 世纪的启蒙思想家是同其他各世纪的启蒙思想家没有任何差别的。按照赛诺芬的说法，苏格拉底也是以合理的利己主义作为道德的基础的。我国 19 世纪 60 年代的启蒙思想家车尔尼雪夫斯基·杜勃罗留波夫·皮萨列夫亦莫不如此。

按照塔季谢夫的意见，我们也应该根据合理利己主义的考

① 《谈话》，第 76 页。
② 同上书，第 20 页。
③ 同上书，第 20—21 页。
④ 同上书，第 22 页。

虑来爱上帝。他说:“我虽然只敬重宇宙中很少的东西,但必须承认,我是上帝创造的,我的一切都是上帝所赐予,所以,我必须像爱父亲、爱最大的善人那样尽力爱上帝。我愿望永远增加我的幸福。既然知道,除了上帝,任何人都不能给我幸福,所以为此,我为了合理地自爱,必须像贷款那样(Sic! 原文如此!)预先爱上帝”[①]。

应该承认,这几乎是可笑的。但是只有社会学才能为伦理学提供正确的根据,而启蒙思想家却很少能够运用社会学的观点来说明人与人之间的相互关系问题。我们将不责备塔季谢夫不是社会学者,而应注意他的观点的重点。

他由于竭力保护“物质”哲学范围不受神学的侵犯,所以对于宗教界的无知粗人长期以来加于科学和思想界人物的种种迫害,是从心里感到愤慨的。苏格拉底曾被诽谤为异教徒和无神论者,并被判处死刑,但后来不仅异教徒推崇他是全希腊的最大哲人,而且基督教的传教师也赞颂他……而且“毫不怀疑应该营救他”[②]。尤其使他愤慨的是一些来自基督教徒的攻击和迫害。他写道:“尤其可怕的是看到科学和思想界人物无辜地受到罗马教皇的诽谤和诅咒,如维吉尔主教由于发表地圆说;哥白尼由于写了地球绕着太阳,月亮绕着地球运行;笛卡尔由于反对亚里士多德的哲学,主张一切要由存在来证明而不能用空洞的三段论法来推断;普芬杜尔弗由于解释自然法则而多少亵渎了教皇的规律,或大主教的法规

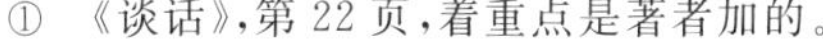

① 《谈话》,第22页,着重点是著者加的。

② 同上书,第48页。

(canonicus),他们被诅咒,被宣布为骗子,他们的书被禁止使用,但后来,罗马教皇自己却承认所有这些书不仅是有益的,而且是正确的"[①]。

塔季谢夫是坚决主张信仰自由的。他猛烈抨击对分裂派教徒的迫害,虽然他也认为他们是"狂妄的"。他信守对知识和社会生活问题的功利主义观点,证明宗教纠纷给国家带来巨大危害,并且警告说,这种纠纷都是野心勃勃的神甫和一味迷信的伪善者造成的;至于"聪明人之间,则不会发生,因为聪明人是不会过问别人的信仰的。路德也罢,喀尔文也罢,对于他们都一样,就是异教徒同他们同住一个城市,或同他们进行交易,也是一样,因为他们所要看的不是信仰,而是商品,是举止和道德"。[②]

这些话虽伏尔泰亦当同意!不过,这并不足怪。塔季谢夫不是随便读了比埃尔·培尔的著作的,培尔是信仰自由的既坚决又有才干的宣传家。如所周知,培尔曾证明,如果一国之内,居民保持不同的宗教观点,这对国家不仅无害,甚至是有益的;社会甚至完全无宗教而存在(无神论者的社会)。塔季谢夫也许对于后一论点是不同意的,因为他在"精神"方面在我们面前表现为一个信仰上帝的基督徒,而基督徒必须变为培尔,才会没有反对无神论者的偏见。我们刚刚看到,塔季谢夫距离根本统一宗教信仰必要性的思想是多么遥远。

在塔季谢夫的时代,人类的伟大任务——按照费尔巴哈的说

---

① 《谈话》,第 49 页。

② 同上书,第 71 页。

法，——是理解伦理学对宗教的独立性[①]。不能不承认，塔季谢夫对这一独立性的理解，是颇有修养的。不过这里必须指出以下情况：

从《谈话》中可以看出，不是一些“死守迷信的伪善者”对新学说的传播者进行了诽谤。我们在《谈话》中读道：“伊壁鸠鲁生活在纪元前450年，由于他否认偶像崇拜、否认对偶像的希望，由于他认为地球不是像别家所说的为上帝所创造，而是产生于不可见的力量或合理的原因，由于他从斯多噶派[②]学习通过体力的支持取得精神的满足，所以许多人狂热地诽谤他，仿佛他宣扬生物是独立发展起来的，因而称他为无神论者。”[③]

关于伊壁鸠鲁的生平，塔季谢夫搞错了：伊壁鸠鲁生于纪元前342年或341年，死于纪元前272或270年。此外，伊壁鸠鲁虽然不是无神论者，但在他的宇宙体系里给予上帝的地位，却是微不足道的，而且在一定的意义上，他也“宣扬生物是独立发展起来的”。然而这些不确切的地方在这里并不重要。的确，甚至一些有学问的、在一定程度上没有迷信的人们，也都对伊壁鸠鲁多所诽谤。研究哲学思想史的作家在多数情形下，对他一如对其他唯物主义者，也都抱着不公正的态度。塔季谢夫虽然不是唯物主义者，但他却

① L. Feuerbach's Sämmtliche Werk. Fünfter Band (Pierre Bayle), Stuttgart, 1905, S. 910。另参阅319：Bayle's Bedeutung für die Philosophie liegt hauptsächlich in Seinem negativen Verhältnis zur Theologie。《费尔巴赫全集》第5卷（比埃尔·培尔），斯图加特，第905、910页。另参阅第319页《培尔对于哲学的意义主要在于他对神学的态度》。

② 在另一抄本里，“从斯多噶派”为“从历史学家”。

③ 《谈话》，第48页。

认为必须为伊壁鸠鲁进行辩护，这是不能不加以赞扬的。这一值得赞扬的公正态度，也许是由于他在欧洲启蒙事业中是一个崭新的人物，当来不及学会尊重文明世界的惯常谎言。而现时的俄国唯物主义的敌人，对于这种谎言，却是相当重视的。

很有意义的是，塔季谢夫一方面宣扬信仰自由，同时又坚决主张政府对游手好闲，浪费时间的人们，采取严厉措施。问题是他除了按照《精神》和"物质"两个范围来划分知识之外，还将学问分为下列五个部分：(1)必要的，(2)有益的，(3)讲究时髦或娱乐的，(4)猎奇或徒劳无益的，(5)有害的。他认为有害的学问包括各种法术：(1)尸卜术，(2)气卜术，(3)火卜术，(4)水卜术等等。他称为俄国的最著名的法术是阴谋和批判、解梦、"魔法"、占卜等。关于这些有害的学问，他写道：

"这种坏学问虽然没有任何完整的内容，而且根据许多哲学家的见解，对于醉心于这种学问的精神错乱的人们。处以死刑亦不为过，但由于他们抛弃有益的东西，浪费时间，欺骗别人，所以必须处以体刑"①。

对浪费时间处以体刑！在这一要求里，彼得的忠实学生跃然纸上，因为彼得愿意甚至使尼姑在拯救自己的灵魂时，同时做某种手工活。

塔季谢夫认为，在人民信仰问题上着魔似地大喊大叫的善男信女，都是骗子。他幸灾乐祸地提及同一彼得，挖苦他"用残酷的肉刑驱逐了所有这些魔鬼，所以现在，尤其在碰到有理性的官长的

① 《谈话》，第85页。

地方，这种大喊大叫大概是听不到了”[①]。

塔季谢夫的《谈话》所涉猎的范围，比它的标题要广泛得多。这几乎是一部百科全书。书中阐述了这一卓越人物的整个宇宙观。但《谈话》的极大部分还是用来证明一个看来极为简单和明显的真理：即学习是必要和有益的。现在要将这一长篇累牍的证明一一列举，是未免有些枯燥了。但如为此责备塔季谢夫，却是不公正的。像整个“学术侍从”一样，他不得不同那些狂呼学术的害处的坚决老顽固进行残酷斗争。坎捷米尔在他的第一篇讽刺作品里不是对那些“诽谤学习”的人们力予抨击吗！

老顽固们提出了各式各样反对学问的理由。理由之一是：学问不但破坏对宗教当局，而且破坏对政治当局的尊重。由于完全明白的原因，塔季谢夫认为必须对政治方面的理由仔细分析。

他断定：“从来没有任何暴乱是由有理性的人们发动的，暴乱一如邪说，都是由野心勃勃的狡黠之徒，在虚伪的笃信上帝的掩饰之下发动的，这种掩饰是卑鄙无耻的。”为了证明这一点，他指出我国的暴徒如博洛特尼科夫，拉津弓箭手和“平民”，他们都是“最卑贱”和无知的。不错，在外国，叛乱分子中也有克伦威尔这样有学问的人，但他也接受了“现有的天真和笃信宗教的方式”，所以当他夺取了政权的时候，他便摧残了学校，驱散了教师和学生，因为“没

① 《谈话》，第 85 页。尽人皆知，在我国尽管“有理性的长官”多所努力，但是大喊大叫的善男信女却仍然没有敛迹。卡拉姆金便命令他所指派的村长：“向我的领地的胡喊乱叫的人们宣告，他们必须安分守己，停止叫喊，否则就命令你用树条将他们赤身抽打：因为他们的行为是欺骗和作伪。”(П. 斯米尔诺夫斯基：《19 世纪俄国文学史》第 2 卷，圣彼得堡 1899 年，第 90 页。)

有学者,他更易于遮盖他的野心"。明智的君主所以关怀臣民的教育,是因为在科学昌明的地方,没有暴乱。[①]

第一次英国革命把无特权群众的社会政治要求,体现在宗教的形式上。仅此一端就足以使17世纪的启蒙学者把它看为一种可能危害他们事业的运动。例如,结集在霍尔巴赫周围并代表第三等级革命要求的法国启蒙思想家,对它便是这样看待的。塔季谢夫除了像许多启蒙思想家一样对于在宗教旗帜下进行的社会运动极不信任外,还坚决认为任何革命运动都是有害的。毫不奇怪,在他看来,克伦威尔是一个道道地地的恶人。"学术侍从"对于君主专制,是无限忠诚的。我们完全可以说塔季谢夫是他们推举出来拥护专制制度的主要理论家。

关于哪种政体方可称为最好政体问题,他答复说,须视环境而定。"小的"和不受敌人侵略的国家,适于采行民主制度(《правиться общенародно》)。"大的"但没有别国侵略危险的国家,可实行贵族政体。"至于大的和有外患的国家,如无大权独揽的君主,势必不能保持完整"[②]。

俄国的一切成就都应归功于君主专制。俄国只是在有了"大权独揽的专制制度"的时候,才繁荣起来。在采邑分封时代,贵族的势力增强了,俄国便为鞑靼人和立陶宛人所征服。俄国地位的改善,只是由于"缔造了君主制度"的伊凡三世及其子侄的统治。但在混乱时代,大贵族给舒伊斯基制定了"某些有害于国家的法

① 《谈话》,第65—66页。

② 《谈话》,第137—138页。参阅波波夫的《塔季谢夫及其时代》,第116—117页。

律”，及至舒伊斯基退位，又建立了“所谓民主政体”。这一情况使俄国趋于破产，“更有甚于鞑靼人的入侵”。只是由于选出了大权独揽和世袭的君主，才结束了这一混乱，恢复了“以前的适当秩序”[①]。

费奥凡·普罗科波维奇也说：“俄国人的本性就是如此：只有君主专制制度才能维持，如果采行任何其他制度，便不能保持其完整和幸福。”[②]我还必须说：“学术侍从”曾经多么激烈地反对枢密院成员企图限制安娜·伊凡诺夫娜女皇的权力。他们以为君主的无限制权力是俄国启蒙过程的最可靠保证，从而成为这种权力的自觉的和彻底的拥护者。塔季谢夫完全真诚地劝诫他的儿子：“要流尽最后一滴血来保卫君主的权力和荣誉，任何时候都不要听信那些吹嘘别国的自由和设法降低君主权力的人们，因为这会给国家带来极大灾害”[③]。

这样看来，塔季谢夫在政治上是不容许任何“破坏”倾向的。在社会关系方面，他也坚决反对这种倾向。显然，他既是**地主**，又是一个受过彼得一世的严格教育的人，对于犯有任何过错的农奴是处置得颇为严峻的。他给他的管家写道：“对于犯了错误的人，有的是监狱。”他还要求他的农民不要浪费时间——这也使我们想起“彼得小学生”的气质。由于农民在冬天不下地劳动，所以他规

① 《谈话》，第138—139页。波波夫：《塔季谢夫及其时代》，第118页。

② 请参阅他关于枢密院成员的阴谋的记述，这篇记述载在《杜克·利里伊斯基和别尔维克斯基札记》的附录里。亚济科夫译自法文。圣彼得堡1845年版。

③ 见《塔季谢夫遗嘱》，由“喀山考古、历史、民族学会”会员安德烈·奥斯特罗夫斯基审定出版，喀山1885年版，第15页。

定他们学习各式各样“工艺”：打铁、造车、制木桶、养羊、制造陶器、养马、弹毛、成衣、制鞋等等，农民必须有所事事[①]。他说明这一规定的理由是：“他的农民学了这些‘工艺’，可以在冬天不从事繁重工作时获得利益。”但是，他当然这时也不曾忘记他本身的地主利益。他命令：“五岁至十岁的农民子女——请注意男女两性都在内——都必须学习写读。”一般说来，他是主张向人民传播知识的，指出这是国家，特别是军事的需要。他的这些指示是很有头脑的。《谈话》中关于这一问题的有关部分，现在我国蒙昧主义者时常反复阅读也是有益的。但这里他像过去一样仍旧是一个“贵族”。他当然要使贵族学生同“卑贱者”隔离。在他看来，贵族子弟与仆役及“奴隶子弟”来往，在道德方面是很有害的[②]。

按照他的说法，彼得创办的科学院所以不很能教育贵族子弟，原因之一在于贵族子弟同“卑贱者”子弟在学院里混杂不分，“同卑贱者相处而不鄙视其父母的态度，最能损害礼貌和品行。”他还责备学院缺少“许多贵族需要的学科如：击剑、骑马、跳舞、绘画等等”。因此，他认为“应该为贵族子弟另建学校”，并对安娜女皇创办“中等武备学校”，特表赞赏[③]。

在“论人口调查”一文里，塔季谢夫抱怨我国对于贵族和“卑贱者”不作任何区分。由于缺乏一种规定最高等级的权利和优越地

① 见他的《农村经济札记》，谢列布里亚科夫汇编，载《俄罗斯皇家莫斯科历史和古物学会年鉴》第12卷，莫斯科1852年版。

② 见《谈话》，第154及109页。我们看到，我国19世纪的知识分子却相反地认为这种混杂大有好处（如赫尔岑、波博雷金等等）。

③ 《谈话》，第112页。

位的法律，所以“一切领有乡村、市镇、具有书吏、牧师、奴隶、购得或用其他方式获得领地的人们，都被尊为贵族，想要徽章就拿徽章，并按财富而受尊重。这是任何地方都不行的”。塔季谢夫认为，这一情况将给社会道德带来可悲的后果。“当看到我国只是尊重财富和豪奢生活的时候，任何人便会只要不择手段地发财，一旦发了财便不难获得官阶、荣誉和收入，傲慢自大，竞相效尤，而不知这对自己和祖国都是破坏。此理尽人皆知”[①]。

塔季谢夫说，彼得一世准备结束这一泛滥现象，甚至颁布了一些法律，在供职方面给贵族等级以某种特权；但在他以后，由于“负有执行和监督之责的人们的愚昧无知和怨恨心理，一切都被淡然忘却了。”

这是非常值得注意的。一般贵族在同大贵族的斗争中反对门阀，而倾向于一种思想，认为官宦在社会等级中的地位只应取决于他的功绩。彼得一世当然是赞成贵族的这一倾向的。他按照自己的方式支持了这一倾向，迫使门阀向官职让步。彼得的小学生们也不能不同情贵族的这一倾向。我们下文就可看到，他们的同情甚至在文艺作品中也有表现（如坎捷米尔的第二篇讽刺作品）。但是由于贵族本身也已成为特权等级，所以在他们中间必然在争取颁布法律、规定贵族等级和“卑贱者”的差别方面，要出现，而且实际上已经出现对立的倾向。由于彼得的小学生们是属于贵族等级的。他们自亦不能没有本阶级的这一倾向。从这里便产生了塔季谢夫的见解和概念的非常显著的两重性。

① 波波夫：《塔季谢夫和他的时代》，第771—772页。

我们的满怀信心的启蒙学者仍然是一个不少信心的"贵族阶级"思想代表。但是构成他的宇宙观的基础的理论，乃是西欧启蒙学者的理论，它代表了第三等级的解放意图，因而在一定程度上对于"旧的秩序"是敌视的。理论之一便是自然法则和自然宗教的理论——即一般"自然法则"的理论；我们已经看到，我们的作者是坚持了这一理论的。怎样解决这一矛盾呢？必须注意，上述理论只是逐渐达到其极端的逻辑结论，即在实践上的革命结论的。因此，就在西欧，也常有许多毫无革命意向的人接受并传播了这种理论。这种人在德国特别多，而当时的德国是远远落后于法国和英国的。例如普芬杜尔弗（塔季谢夫曾大量引用其著作）便是富于保守情绪的。他是君主专制的坚决拥护者。也许由于这一缘故。他才喜欢彼得。的确，甚至18世纪下半期的法国启蒙思想家都欣然将希望寄托于君主(《les princes èclairés》)。然而普芬杜尔弗不仅是一个君主专制的拥护者。他甚至甘心同法国启蒙思想家所强烈谴责，而且事实上怎样也不能用自然法则来维护的制度，相妥协。例如，奴隶制度问题：普芬杜尔弗认为它是从契约中产生的。他说："奴隶制是从契约中产生的"("nam perpetua illa obligatio compensatur perpetua alimantorum certitubine")。对于这一见解，一个彻底的"自然法则"拥护者会反驳说：即使说，一个人可以终身把自己的自由给个别人，那他也断然无权牺牲其子孙后代的自由。普芬杜尔弗只要不放弃自然法则的观点，对于这种反驳是怎样也无法应付的。

但不管普芬杜尔弗怎样应付，无疑的是，只有像他这样的不彻底的启蒙理论拥护者才适宜于充任我国欧化贵族思想代表的教师，因为彻底的拥护者会要极为迅速而明确地发觉俄国的社会政治制度是多么不符合在西欧同“旧秩序”斗争中产生的自然法则的要求的。

法国第三等级的解放运动要比德国强烈得多。因此，法国的启蒙思想家要比德国的勇敢得多，彻底得多。至于俄国的启蒙学者，如在19世纪所表现，他们是追随法国的还是德国的启蒙思想家，则视其对俄国实际的态度而互有不同。如果他们是同俄国实际的基础相妥协的，他们便比较倾向于德国人：而如果他们想反对这一基础，他们便开始倒向法国人。这一通则的表面例外，只是证实这一通则(如伏尔泰对俄国比较开明人士的影响)。甚至某些个别人物(如拉季谢夫、别林斯基)也是在其情绪急进时期倾向法国人，而在同“实际”妥协时(如别林斯基)，或最低限度在同“实际”的斗争中感到厌倦时(如拉季谢夫)，则是倾向德国人的。但这在下文再说。

现在且看塔季谢夫是怎样对待“自然规律”的。

他是这样论断的：“只有自然的意志才是必需的和有益的，别的幸福都不能与它相比。”这几乎是一个革命的号召。但是他的这一几乎革命的论点，却附有极重要的保留条件。意志只能在人们合理地使用它时，才能给人们带来利益。然而这却不是所有人都能做到的。儿童为了自己的利益必须服从父母。君权是从父权产生的，对于君主的权力，臣民必须服从。最后，仆役也是受着不自由的约束的，他必须服从自己主人。但君权和父权是自然所创造的，而主人对仆役的权力，则是从契约产生的：“例如，某人想求得衣食和住所，或无力抵御敌人，而另一人则富有这一切……，这时两人协商，某人同意为另一人服务并服从其意志，而另一人则相应地允许供应衣食和住所，并保护其不受凌辱，经过这种协商，那人便受另一人的支配，而丧失其自由了。”①

塔季谢夫在这里有许多地方同普芬杜尔弗相接近。但在君权起源问题上，他的观点却与普芬杜尔弗有所不同。德国作家认为君权是从契约产生的，而俄国作家则宣布君权一如父权，是自然所创造的制度。这个差别是从哪里来的呢？显然，塔季谢夫觉得契约论不能成为俄国君主权力的理论根据。不能不同意，在某种情形下，这一理论是不足以作为依据的：因为它包含着法国革命家后来作出的一些非常极端的结论。可是，根据“自然规律”的观点，这一理论也不能用来证明仆役世世代代成为主人奴隶的正确。然而塔季谢夫却正是把它用于这一目的的。我们的作家在草拟契约提要，规定“某人”必须服役，“另一人”必须为这人提供衣食和保护时，补充说道：“从这种契约产生了奴隶或仆役的不自由。”从历史观点说，他是正确的。卖身的奴隶制是以这种“契约”为基础的。然而问题在于启蒙思想家如果是彻底的，便不应满足于对这种依附性作出历史的解释，而应或者谴责它，或者作出理智的结论为它辩护。

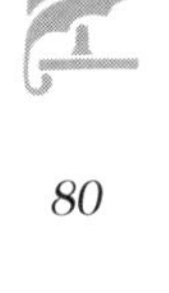

特别值得注意的是，塔季谢夫虽然在《谈话》中散布“奴隶约束”的必要，却无一语提及农民对地主的农奴依附。他仿佛意识到，甚至这种依附的历史起源也不能完全用契约来解释。不仅如此，他一般地否认——我重复指出，是在《谈话》里——“奴隶制或

① 《谈话》，第139—141页。

奴隶地位”的合理性，尽管他也把农奴的子弟称为“奴隶子弟”（见前）。奴隶制或奴隶地位是暴力的结果，而暴力却没有创造权利。塔季谢夫断言：“由于人类按照自然有自卫和自保的自由，所以只要有解放的机会，他便不能再忍受其自由的被剥夺。”[①]从这里应该得出的逻辑结论是：如果社会上的低贱阶级是被高贵阶级用暴力置于不自由地位，那他们便有起来反对他们的奴役者的自然权利。当然，塔季谢夫在这里也附有条件：“这里也要有理智。如果我被强盗掳去或做了敌人的俘虏，冒失地用自己的小到无比的力量去进行报复和解放自己，那我就是自趋灭亡。”这当然又是正确的。但是我们关切的问题不是要阐明在什么条件下被奴役的人们才适宜于进行暴动反对他们的奴隶主，而是要阐明应否承认这种暴动为合理。对于这个问题，塔季谢夫已经给了我们一个断然肯定的答复。

请不要以为他哪怕在理论上是反对农奴制度的。在另一地方，他坚决表示拥护农奴制。但是不善于利用“自然规律”来证明农奴制度的正确，便将问题转到另一领域。他求助于政治。他说：“农民和奴隶的‘自由’，在其他国家是有益的。这种‘自由’在伊凡雷帝时，特别是在放荡的领主压迫自己的农民时，亦曾在我国带来益处是可能的。但它同我国的君主专制的政体是不相适合的，而且改变这一根深蒂固的不自由习俗，也不无危险。”

塔季谢夫的例子向我们表明，彼得改革在大罗斯所创造的，虽是相当了解西方各国社会政治秩序的开明贵族，怎样在理论上将

① 《谈话》，第141页。

自己的地主利益和君主专制的利益统一起来。

尽管对于他们所说的国家安全，无论是他们自己或是中央政权的代表人物都长期深信不疑，但是这毕竟未能使他们在逻辑上根据“自然规律”的观点证明农奴制的正确。塔季谢夫结结巴巴谈到的困难，仍旧没有消除。何况他的困难还不只是一端。

俄国贵族的欧化思想家们为了解释和证明其等级特权地位的正确，不得不利用一些并不适合于这一目的学说，因为这些学说就其起源而言乃是反对现状的。当然，可以说，在西方也有一些比“自然规律”论更为保守的学说。但是，第一，西方的保守学说同解放运动过程中产生的学说相比，是过于软弱了；第二，主要的是，当时有一个重要的社会政治条件，妨碍彼得的小学生们去掌握西欧保守派的学说。这个条件是：这些保守派所拥护的一些最高阶级的政治要求，是俄国中央政权，特别是像伊凡四世和彼得一世这样的代表人物连听都不愿听的。由于西欧资产阶级同世俗贵族和宗教贵族斗争中，在某一时期支持君主专制制度，所以他们的思想代表提出的理论——只要这种理论内部所包含的可怕结论尚未为法国革命所暴露出来——便显得更为适合俄国政治制度了。

然而这种理论虽然暂时可能显得更加适合俄国的政治条件，但是毕竟无论如何不能从其中提出多少重大的逻辑理由来支持像我国农奴制度那样的“独特的”制度。这就是说，我国贵族的开明思想代表的地位，归根到底，还是很不利的。正以此故，他们后来同那些自觉地拥护——虽然常常都在青年时代——西方革命学说的人们的斗争，殊少成效。

我们现在回到塔季谢夫的观点上来。如果不指出他对农民的关切，这种关切几乎在他的《经济杂记》的每一页上都有表露，那我们对于他作为俄国贵族思想代表的评论，就是不完全的。他吩咐给他的农民不仅要设立监狱，而且要设立学校和浴室[①]。他的管家和领班必须严格监督，“务使每一农民夫妇有两匹耕马，两头犍牛，五只牡绵羊，十只山羊，两头猪，两对老鹅，十对老鸡，愿多养者亦可，但不得少于上列数目”。对于农民老年者及病人，设有慈善堂，由“贵族出资”供养。地主的关怀甚至推广到他的农民的家常用具。每一农民必须有“盆、碟、刀、叉、锅、匙，盐碟、茶杯、桌布、手巾、橱柜或小桌，铁锅铲和铁桶”。农民因本身懈怠而没有这一切用具，应当严厉处分：应将他送到认真的户主那里做雇农，户主有权无偿地使用他们的劳力和土地，为此缴纳赋税。“懒汉”未得到“好评”以前，将继续处于这一状态。

不用说：从塔季谢夫对他的农民的这种关怀里，可以看出，“贵族”—奴隶主是知道这种“经过洗礼的财产”的价值，而且是善于使用他们的劳动力的。他严格命令他的管家注意“在夏季工作时，使农民不能丝毫懒怠和远离休息”[②]。但他至少使他的农奴得到经济上的满足，而这却是许许多多奴隶主所未能做到的。

然而最值得注意的是塔季谢夫对妇女的态度。他的态度的特点已从他主张他的男女两性农奴都须学习文化中部分地表现出来。但这一态度最明显地表现在他对他的儿子瓦西利亚·尼基季

① “两座男女浴室，每星期六午餐后轮流烧水。”《年鉴》，第20页。

② 同上。

奇的下述训词中:“必须记住,妻子不是你的奴隶,而是你的伴侣和助手,她在一切事情上不应对你虚伪,你对她也应如此。”①

塔季谢夫虽然努力执行国家职务,但对宫内官员却不愿“侍候”,而且很不信任。他不主张他的儿子去找“宫内差事”,因为“在那里,虚伪、野心、谄媚、嫉妒和仇恨几乎超越了所有的德行,有些人不顾一切地寻求自己的幸福,殊不知残害无辜,自己也将因受到上帝的审判而灭亡”②。

大贵族别尔先·别克列米舍夫对马克西姆·格列克说:“改变自己的习俗的国家,必不能长久存在”。这就是莫斯科罗斯的观点。“彼得的小学生们”为自己制定了另一观点。他们在有关俄国社会政治生活的基础问题上,虽然仍旧是保守派,但同意改变本国的习俗。塔季谢夫甚至有一套完整的进化论。就令他也不曾期待将来会有一个黄金时代,但想必同意圣西门的观点,认为无论如何不应妨碍我们后面的那个时代。他说:“至于过去各国人民的科学和智慧,我们试看古代人的行为,便可同样说他们像单个人一样,如果幼年不怎么样,在青年时期又很少作为,则在成年时期就很难显得有用了。”③

18 世纪的法国启蒙思想家时常将社会发展过程比拟于“单个人”的发展过程。这种比拟法从他们那里传到 19 世纪上半期的空想社会主义者。圣西门喜欢使用这一方法,他企图利用它来证明

---

① 《精神》,第 13 页。

② 同上书,第 20 页。

③ 《谈话》,第 38 页。

他的人类智力发展三阶段的规律[①]。因此，就其思想方法而言，塔季谢夫在这里，一如其在“自然规律”的议论中，在我们面前表现为启蒙思想家[②]。

最后，他在对历史运动的主要原因的一般观点上，也是一个启蒙思想家。他用“思想的启蒙”来解释这一运动。什么叫思想的启蒙呢？这就是知识的积累和传播。对于这一问题，18 世纪上半期的俄国启蒙思想家的答案，是同法国启蒙学者的答案不尽相同的，尤其是在这一世纪的下半期。

法国启蒙思想家对宗教是持否定态度的。因此，在他们的眼光里，宗教观念同科学认识是没有任何共同之处的。按照他们的说法，启蒙的成就应该动摇宗教信仰，并缩小其范围。塔季谢夫的看法却与此不同。我们已经看到，他是尊重宗教权利的。他的历史哲学曾以大量篇幅论及宗教观念的发展是一种启蒙的手段。他说：“第一次思想启蒙是文字的出现；另一次是耶稣的降临和耶稣教义的出现；第三次是印书的发明。”[③]塔季谢夫在写完这一段话后，仿佛想起了教会关于新约和旧约关系的理论，所以赶忙补充说：“我这样想，因为它便于将文字出现和摩西定律以前的时期，比

---

① 关于这个问题的更详细说明，请参阅我所著《一元论历史观的发展问题》。

② 按年代顺序说，他是第一个俄国启蒙学思想家。

③ 参阅他的《俄国史》《绪论》，第Ⅰ卷，第一篇，莫斯科 1768 年版。“我体会，全世界的思想启蒙有三个最重大的方法。第一，文字的发明，通过文字可将写下的东西永远保存记忆，并将我们的意见传播远方；第二，耶稣救世主降临人间，因而打开了对创世主的认识和有生之物对上帝，对自己和对近亲的责任的认识；第三，通过印书的发明和所有人对书的自由使用，获得了世界的非常重大启蒙，因为有了书，科学便自由地发展了，有用的书也增加了”（第 28 页）。

拟于人类幼年时期。”[①]

按照列尔赫博士的证明，塔季谢夫对宗教有特殊的见解，因而许多人不承认他为东正教教徒[②]。在其《遗嘱》中，我们的作者轻蔑地推脱了说他是无神论者和异教徒的指责。我上面说过，他的观点的世俗因素占有绝对优势，这使他的观点同彼得时代前的俄国饱读经卷的书呆子的宇宙观，大相径庭，但他毕竟未同宗教决裂。现在我们看到，塔季谢夫在历史哲学方面也是倾向同宗教妥协的。我们的开明贵族思想代表在这方面是信从把宗教看为“教育人类”为神圣工具的德国启蒙思想家的，而不是信从把宗教看为人类理性成就的最主要障碍之一的极端法国启蒙思想家的。

不过，这两种启蒙思想家之间的差别，只是在谈到公开的宗教时，才感觉到。至于对多神教的起源的观点，18 世纪的温和启蒙思想家却是同极端启蒙思想家相接近的。例如，塔季谢夫在谈到皮法戈尔的“灵魂转移论”时说，就是狄德罗本人也不难表示同意。他说：“皮法戈尔为了阻止人们做坏事，使人行善并过笃信宗教的生活，才想出灵魂是根据每人的情况而自一人转移于另一人。”[③]宗教的信条多半是由有权势的人物想出来的，其目的是为了剥削，有时又是为了“约束”同部族的人们。这一观点的实质，甚至 19 世纪的某些优秀空想社会主义者也从 18 世纪的启蒙学者那里学会

① 《谈话》，第 38 页。参阅别斯图热夫—留明的论文：《瓦西里·尼基季奇·塔季谢夫》，见《古代和近代俄罗斯》一书，1875 年，第 2 卷，第 261 页。塔季谢夫认为，直到近代，四分之一的成年人都未接触到印刷的书。

② 《古代和近代俄罗斯》第 2 卷，第 261 页。

③ 《俄国史》第 2 卷，第 383 页。他在这里是以瓦尔赫的哲学词典为依据的。

了。圣西门的“新基督教”和卡贝的“真正基督教”都是由此产生的。

“摩西定律的发现”和“基督的降临”，无论如何是一个“神奇”的现象，即特殊的现象。而在正常的历史过程中，起主要作用的是知识的积累和传播。在知识的积累和传播过程中，有许多事情取决于人民的“勤奋”，以及统治者的关怀——塔季谢夫如果不想到这后一点，那他就不是18世纪的启蒙思想家了。“因为一个人，除由于懒惰（自然有其不可能性），自己的玩忽，特别是父母不加管教外，其能勤奋求学者，必可比别人多所收获。同样，在社会方面，一个民族或国家由于自身的努力，在许多时候更由于当局建立学校，而获得更多成就”。例如，科学在英国便是“通过亨利八世和伊丽莎白的工作和劳力”而繁荣起来的。而在法国，则是通过亨利四世和路易十四的努力和工作而繁荣起来的[①]。

就其思维方法而言——请读者注意，这里所指的是思维方法，而不是个别的观点——塔季谢夫仿佛是我国许多启蒙思想家的领袖，在我国著述界曾长期起过权威性的和富有成果的作用。如果说他是这种启蒙思想家的第一个卓越代表，则车尔尼

① 《谈话》，第121页。塔季谢夫在另一地方断然说：“所有的行为，其发生都是由于智或愚。”但他补充说：不能将愚“看为独特的实体”。（原文如此！）这个词仅仅表示智力的不足或贫乏，“一如凝冻物主要是由于缺少热，而不是一种独特的实体或物质”。塔季谢夫称智力为一种“主要的自然行为，或灵魂的力量”。他把开明的智力称为理智。他说“智力的可贵，有如天体或地球上物体的光，照亮整个可见的世界。同样，学习以及我们对事物就其想象中的特性作努力的考验，使思想概念和推理的眼界开明起来。”（《俄国史》第1卷，第1篇，绪论，第26—27页）。这里说到“行为”，因为“历史”一词“就是指我们的活动和行为”。（《俄国史》，第1页。）

雪夫斯基和杜勃罗留波夫便是他们的最先进、最伟大和最优秀的代表了。在他们以后，这类启蒙思想家便开始迅速地庸俗化和趋于衰落了。

至于塔季谢夫的专门著作，权威的专家索洛维约夫早就对它们作了评价。下面便是他对作为史学家的塔季谢夫的评语：

“塔季谢夫的功绩在于他是以应有态度开始工作的第一人：他收集材料，批判这些材料，综合编年史资料，为这些资料作地理、民族志和年代先后的注释，指出许多可供下面研究的重要问题，收集古代和近代作家关于我国在取得俄罗斯国名以后的古代国势的资料。总之，为本国同胞研究俄国历史指出了方法和途径……更不用说，我们必须归功于塔季谢夫的，是他保存了从这些编年史摘录中取得的资料，没有他，这些资料是可能永远遗失的。而这些资料对于科学研究的重要性，是一天比一天地显著了”①。

塔季谢夫同样为俄国法学史作了不少贡献。根据索洛维约夫的意见，他在这方面也是古代文献的第一个出版者和阐释者。他曾筹备出版俄国《司法判例汇编》、《伊凡雷帝法典》并附论文。索洛维约夫认为塔季谢夫对《法典》的注释，是解释我国古代法律名词的第一次尝试。

最后，这一卓越的人物还是俄国地理学早期著作的作者②。

由于这一切，索洛维约夫“在早期的俄国科学史著作中”把塔

---

① 《索洛维约夫全集》，第1346—1347页，《18世纪的俄国史学家》。参阅Н. Н. 米柳科夫：《俄国历史思想的主要流派》，莫斯科1897年版，第15—23页。

② А. Н. 佩平指出，塔季谢夫最早认为，为了史料研究的目的，必须研究“民族生活及其特点、道德风尚和传说等等”。（《俄国文学史》第3卷，第336页。）

季谢夫与罗蒙诺索夫并列，给予最荣誉的地位[1]。

像所有“彼得的小学生们”一样，塔季谢夫参加过各式各样的实际活动：他做过采矿工程师，又当过炮兵和行政官员。他聪明、勤奋地任职，但如上所述，他不喜欢奉承别人。他在安娜朝代，因不见容于比龙而受审判，受尽法院拖延之苦，几至丧失生命。他是否像他自己所想象的那样在职务上毫无过失，这不是我们所要研究的事情。那时，先进人物对于实际活动的看法，是完全和现在不同的……

3. 安·季·坎捷米尔

塔季谢夫除了注意许多其他问题外，也不忽视俄国语文的纯洁问题。塔季谢夫懂得，无论如何不能不借用他国文字。他警告说：“但是，引用一些为我国文字所已有和以我国文字为更易理解的词汇，并加以使用，却是非常无益的。”[2]这是一条神圣的真理，可惜它常常为俄国作家，甚至属于民主阵营的作家所忘记。这些作家应该记住：无论在我国或全世界，劳动群众是不学外文的。

但是对于文学本身，塔季谢夫是没有兴趣的。在“学术侍从”中，在文学方面，安·季·坎捷米尔公爵是专家。

他的讽刺作品，我们在学校里就已读过，在这个意义上，可称为古典之作。但他所写的，不只是讽刺作品。他还写“歌”、“信”、

① 《索洛维约夫全集》，第1350页。

② 《谈话》，第95—96页。

各种小诗，有时甚至不合适地写了一些像我在上面所引录的作品，如《彼得颂》和《献给全俄罗斯最信仰上帝的女皇和专制女君安娜·约安诺夫娜的祝词》等[①]。此外，他还曾努力译诗（阿纳克里昂、戈拉茨[②]）和散文（芳腾尼尔和孟德斯鸠）。最后，流传到我们手里的还有他的11封论及自然与人的哲学的信——尽管都是很坏的抄本。在这一切作品中，可以找到许多对俄国社会思想史极有意义的材料。

像塔季谢夫一样，坎捷米尔在开始时不仅写作，而且做过官。几乎所有俄国作家，在他以后很久，都是如此：无怪乎他们都出身于官宦阶层。也许，坎捷米尔因为是一个对文学抱有巨大兴趣的人，所以他更喜爱写他的那些艰深沉闷的诗和翻译外国著作，而不喜欢书写公文。但是，如果真是那样，那他想必不只一次暗地责备他的弱点。在这些以余暇从事"著述"的官宦人员的眼里，公务比写作重要。坎捷米尔在其写于1743年——那时他准备出版他的诗试作——的一封信《关于我的诗》里，毫不掩饰地表明了这种观点。为了防止人们攻击他从事这种既不适合他的官职，又不适合他的年龄的工作，我们的官僚讽刺家说（我重复指出，他在这里也是用诗）：

……徒劳
您尽管劝导和用您的文章明确地通报，
说什么——

① 唉！这也是诗！
② Гораций 戈拉茨，拉丁文为Horatius或译贺拉斯，霍拉蒂乌斯。——校者

青年时代的成果您不曾伤害分毫；

对于我——

一小时对付应办的要务不算少，

我的职务总能给我余暇逍遥。……

坎捷米尔确乎是进行过徒劳的劝导，而且通报过那些不曾领略文学善恶的认识成果的正式官吏。但所有担任过索然无味的公职的俄国作家，都经常感到他们处于不能不照料重大公务的窘境，他们每每由于无聊的欢娱而忘记公务的利益。他们的上司一有机会便暗示他们辜负了他的信任，时常要他们在公职和“著述”之间作出选择。俄国文学和俄国社会思想发展的幸运是，这些人们当中的才华杰出之士在内心里对文学的嗜好，不无成就地抵制了他们的高官厚爵的威风，有时甚至使他们对文学采取了完全不同的看法。这一点，我们在坎捷米尔那里亦将看到。

大家知道，他原籍不是“俄国”。此外，他很年轻时（22岁）便离开俄国并客死在国外，那里的社会环境是同当时的俄国不同的。但是早年的印象是很有力量的，他还是完全理解和保持了当时俄国贵族的概念，——当然，是在这一阶层的开明部分里所形成的概念。例如，坎捷米尔所重视的西方文明，就没有在他的心灵里引起对农民的奴隶依附的正确性的任何怀疑。他认为这种依附是一种完全自然的事情。有时，他甚至用牧歌式的眼光来看待它。

他在酬答普罗科波维奇的诗《牧人为阴雨连绵哭泣》时，这样描写他的损失：

我的山羊为数不多，

你知道：
这是我的牧业的萌芽
　并不贪多求大。
但就是这些，
叶戈尔和他的朋友也把它撵走①。

叶戈尔是罗斯托夫的大主教格奥尔吉·达什科夫，是属于同普罗科波维奇和坎捷米尔敌对的派系的；而小山羊则是农奴。这些小山羊事实上不是由达什科夫，而是由枢密院成员从我们的诗人那里"撵走"的，因为是枢密院决定将老公爵德·坎捷米尔遗留的庄园交给次子君士坦丁·坎捷米尔的②。

当然，从成文法的观点看来，"小山羊"的奴隶依附是完全合法的。但是青年的坎捷米尔对于"自然规律"是有很明确的了解的。他在其第一篇讽刺作品的某一注释里说："自然规律是自然本身给我们规定的法则，这种法则是经常必需的；没有它，任何社会都站不住脚。"似乎对于"小山羊"的奴隶依附问题，也应从这一"自然本身给我们规定的""经常必需的法则"的观点来观察。可是在坎捷米尔的著作里，却看不出这种观察的任何比较深刻迹象。就这方面说，他的宇宙观几乎没有受到批评。我说"几乎没有受到批评"，因为在他的著作中，还是可以看到批评的若干影响的。在他的第二篇讽刺作品(《道德败坏的贵族的妒忌和傲慢》)里，他奋起反对虐待仆役，甚至说过"仆役的肉体同你是一样的"。但是，承认农奴

① Epodos Consolatoria(慰问式的长短句抒情诗)。

② 当时所谓(不正确的)长子继承法依然有效。德·坎捷米尔公爵请政府决定究竟他的哪一个儿子应该领有他的庄园。

的肉体同贵族的肉体一样，并不曾使坎捷米尔怀疑农奴制的在道德上的不正当。他甚至不反对主人对仆役实行肉刑，而只是要求肉刑用得适当和非出恶意。他在前述讽刺作品的290行的注释里写道：“对犯了罪过的人，也应慈悲对待，就令必须加以惩罚，必须不怀恶意，而是要被惩罚者改恶从善，并通过他的范例阻止他人作恶，而不是要满足自己对那些没有防御的人们实行伤害的愿望。”

当然，作者主张这样实行惩罚，要比绝大多数农奴主较为人道一些。然而就是这位人道主义的作者，对于占有农奴的事实，也是完全迁就的。对于他想添进一缕人道气质的那种权利的非人道基础，他并没有起来反对。

为了就坎捷米尔对“小山羊”的态度问题作一结束，我补充指出，在他不认为必须用牧歌式的语言来写作的地方，他总是把这些“小山羊”描绘为很笨拙和粗暴的生物。他在一篇讨论自然和人的书简里谈到智慧对躯体的控制的时候，指出这种控制“不仅是普遍的”，而且是自然的，因为一个简单的没有想象力的（原文如此！）庄稼汉，其转动本身躯体的能力，并不亚于精于解剖术的哲学家[①]。在另一地方，他说，在人民当中产生的古罗马喜剧，最初也是像我们的农村歌舞一样粗野和丑恶[②]。他并且解释为什么这种喜剧不能不是粗野和丑恶的原因：“不难看出：那些由于自然的运动在毫无艺术素养和毫无事前思考的庄稼汉中产生的诗作，该是多么

① 《德·坎捷米尔公爵的著作，书简和译文选》，П. А. 叶弗列莫夫编辑出版，圣彼得堡1868年版，第2卷，第61页。

② 同上书，第1卷，第529页，注解。

粗野。”[1]

已故 B. 斯托尤宁不承认坎捷米尔是任何一个派系的特殊拥护者。他写道:“我们只能称他是科学的拥护者,我们正是在这里看到他与彼得大帝时代的密切联系。”[2]这不正确。坎捷米尔以及整个“学术侍从”就从政治观点说,也是属于一定派系的:否则他便不能同彼得时代发生联系。即令抛开他的政治观点不说,也应看到这位作者无论多么重视科学的利益,而他的宇宙观却经常带有他的时代所特有的社会关系的深刻痕迹。坎捷米尔事实上很重视教育的利益。这位重要的外交家[3]公开表示同意一个严肃认真的人只宜于在“公余之暇”研究文学,同时却只是在临死之前两三天才失去了读书的兴趣,并且在失去了这一兴趣之后,才完全自觉地决定准备后事。在这方面,他同塔季谢夫一样,直到生命的最后一息,都是俄国欧化贵族的思想代表。正因为如此,他的宇宙观才对俄国社会思想史家具有意义。坎捷米尔的例子也许比塔季谢夫的例子更明确地表明了俄国特权等级的开明思

---

① 《德·坎捷米尔公爵的著作,书简和译文选》第 1 卷,第 528 页。他在这里补充说:“我们也有许多这样的诗,它们都是我国平民的虚构。”作为一例,他引用了一篇关于伊凡一世的民歌的头几句如下:

感怀旧岁月,
犹忆老时光,
在光荣的老沙皇
伊凡·瓦西里耶维奇的朝代,
君主多随和,
恩准结鸳鸯……等等。

读者也许会同意,坎捷米尔的“歌”如能同类似的“平民虚构”相仿佛,那就更为易读,更为悦耳了。

② 见他为坎捷米尔文集所写绪论,第 1 卷,第 45 页。

③ 他死于 1744 年 3 月 31 日,终年 35 岁,其时任机密顾问。

想代表怎样适应本国的条件把西方非特权人民在同那里的宗教贵族和世俗贵族斗争过程中逐步制定的思想，加以使用。

我在谈到塔季谢夫时，已请读者注意在这位改革时代的优秀人物的观点里，世俗成分远远超过神学的成分。对于坎捷米尔，也应这样说。他非常欢喜谈论道德问题。但他在谈论这一问题时，不是像莫斯科罗斯的道德家那样求助于圣徒的生活，而是求助于世俗的甚至多神教的作家，例如戈拉茨。但他的同代人，有些因为看到在他的观点里世俗因素压倒神学因素，便怀疑他是无神论者，这却是大错特错。他的无神论观点远远不及塔季谢夫。显然，他在幼年曾受宗教情绪的控制：他的第一篇公开发表的创作，便是《朴沙突尔交响曲》(1727 年)。直到盖棺之前，他还不断研究基本宗教问题。他所写的关于自然和人的信笺，是一种维护宗教信仰的尝试，而这种信仰当时在解放哲学的影响下在西方业已开始强烈动摇①。问题仅

① 顺便一提：这些信简是坎捷米尔单独一人住在矿泉时为某一俄国妇人写的。俄国作家在叙述自己的哲学观点时，总喜欢以妇女为对方，后来也是如此。

过早逝世的Д.韦涅维季诺夫的哲学论文，便用了《致某伯爵夫人》的标题。恰达耶夫的《哲学书简》也是写给一位夫人的。姑且假定，这里少不了模仿。最少，坎捷米尔的《巴黎研究院秘书芳腾尼尔先生谈宇宙的多样性》(我们的作者是在 1730 年翻译的，并且作了注解)所勾画的是一位任何科学修养也没有(我们在坎捷米尔的译文中读道：“这样的事情一点也未听说过”)，却禀赋着天然才智的妇女。然而，模仿在这里也是一种颇有特色的现象。俄国贵族中欧化阶层的开明思想代表人物所模仿的，不是德国学究的陈腔滥调，而是掌握了法国贵族文化精华的世俗语调。老巴尔扎克(即让—路易・巴尔扎克)以“使教义摆脱教团和学究们的控制而文明走来”(de civiliser la doctrine en la depaysant des Colleges et la deliverant des mains des Pédants)为己任。形势的逻辑早已在俄国的欧化贵族思想代表人物面前提出了同样的任务。可是，第一步总是艰难的。就是俄国的欧化贵族，论优雅，也远逊于法国贵族。这在文学上也有表现。在芳腾尼尔那里，有学问的对话人当然是称好学的然而没有学问的妇人为“您”的，而在坎捷米尔的译文里却称她为“你”。

仅在于他在这里，如像在道德问题上一样，所求助的不是僧侣作家，而是世俗作家。他虽坚持自己的宗教信仰，却不曾求助于神学和圣书，而是求助于哲学。

在当时的俄国，论述哲学问题的著作有多么困难，可从坎捷米尔为芳腾尼尔的著作所写序言和注解中窥见一斑。他说："我们直到现在还缺少哲学书籍，因此，在谈话中必须对这种科学加以解释。"他完全可以说得更严重些：我们甚至没有一本为读者所理解的较好哲学词典。坎捷米尔必须从解释何谓哲学开始。他耐心勤恳地实行了一个不得不从基本知识开始的启蒙思想家的劳动。

他解释说："哲学为希腊名词。俄文为 любомудрие（哲学之旧称）。这个一般名称所指的是对自然及超自然事物的切实和明确知识，这种知识是通过对这些事物的努力探讨而获得的。"接着，他说，哲学分为逻辑学、伦理学、物理学（原文如此！）和形而上学。对此，不出所料，他作了一些新的解释：

"逻辑学或名学，教导正确地探讨事物，并将已知的真理正确地向别人论证。"

"伦理学教导有良好的道德，也就是使人知道善恶，它是使人行善去恶的规范。"

"物理学或自然学，教导认识一切自然行为和事物的原因及条件。"

"形而上学或超自然学给我们以关于社会中（——著者）的存在和无形的存在的知识，这无形的存在便是灵魂、精神和神"[①]。

① 《全集》第2卷，第392—393页。着重点是坎捷米尔加的。总的说，坎捷米尔的散文，比诗好些。

斯托尤宁指出，芳腾尼尔著作的翻译可说是我国哲学文字发展中的第一步。如这位学者所指出，坎捷米尔常常非常妥当地处理了术语困难，尤足证明此语的正确。他已开始使用始基(元素)和中点(他解释说，“中点即中心”)这样的名词。他把希腊文的观念译为俄文的概念等等。可怜的坎捷米尔啊！他不仅要告诉读者何谓体系或物质，而且要告诉他们，巴黎是法国的首都，“феатр”(“剧院”)为希腊字，意思是“喜剧演员站着表演的地方”。读者如需要类似的解释，当然更需要这样的注解，使他们知道，比方说，毕达哥拉斯“为意大利派的首脑，是纪元前586年末代罗马皇帝塔克文尼朝代的一位希腊哲学家”，而亚里士多德则是逍遥派的“领袖”，“纪元前384年生于斯塔吉尔的马其顿市”。这些注释中，有一些现在对于我们仍有价值，因为借此可以了解坎捷米尔自己的一些哲学观点。现代的读者听到他对毕达哥拉斯哲学的下述评语是会感到兴趣的：“这种哲学是过分混乱的，由于这种哲学，他迷信魔法，把它看作某种不可理解的算术问题，认为它是许多自然行为的原因。”在古代希腊哲学家中，我们的作者显然对亚里士多德最为赞赏，说他在哲学上“成就最大”，是“使这一科学取得相当地位，为之奠定基础并区分为不同部分”的第一人。坎捷米尔也像芳腾尼尔一样，指出了亚里士多德方法的弱点：“虽然如此，不可能将一切事物的力量和行为归因于单一因素，在一事的原因尚未了解以前，便说它是由某一内在的力量引起的。”

在新时代的思想家中，他在一条注释里特别称赞笛卡尔，说他“对古代亚里士多德的哲学多所修正，我们根据他和他以后的著作，更明白地理解了全部有生之物”。坎捷米尔认为笛卡尔的最大

功绩，是他“在其哲学著作中使用了数理证明，即可靠的证明，对于一切事物的作用或作明白的解释，或竟承认其原因尚未理解”[①]。这是他在注释里的说法。但坎捷米尔在给科学院“院长”科尔弗男爵的一封信里，却请求改正其对芳腾尼尔的论笛卡尔一文译文的第36条注释的错误[②]。科尔弗男爵显然没有履行坎捷米尔的要求，因为论笛卡尔一文未经任何修正便印行了。最少，在叶夫列莫夫的版本里是如此。

坎捷米尔能够对笛卡尔的哲学写出一种按照他的说法，更适合于牛顿哲学的评语，似乎表明在他为芳腾尼尔的著作写注释时，他对哲学概念和方法的历史的观点，尚未完全形成和明确。不过，这是不足为奇的，因为他的哲学知识远远不及他的文学知识来得渊博。从一切方面都可看出，他同哲学理论的接触是通过第二手材料的。坎捷米尔也不自命为哲学专家。尽管论笛卡尔“一文”更适合于牛顿先生，但这一论文并不因此丧失其意义。坎捷米尔对哲学家所提的要求，就是明确解释一切事物的作用，或者直率地承认这种作用的原因不明，对于像坎捷米尔那样的启蒙思想家是一个重大特点。

然而最堪注意的是，坎捷米尔在谈到他用以维护其宗教信仰的理论主张时，却完全忘记了这一要求。他在这方面所不断采用的，正是他所说的构成亚里士多德方法的弱点的那种方法：“在一事的原因尚未了解以前，便说它是由内在的原因分出来的。”

他的论自然与人的书简，除了引述特种的“内在力量”之外，实

① 《全集》第2卷，第405页。

② 同上书，第327页。这封信是用法文写的，转译过来是：“论笛卡尔一文，其哲学概述应予删除，因为这一概述更适合于牛顿先生。”

质上别无见地。然而这也是可以理解的。就是在18世纪后半期的先进法国启蒙学者之间——甚至在法国大革命的活动家之间，也很少人有足够的勇气把这种“内在的力量”完全排除在他们的宇宙观之外。假如要求18世纪初期的俄国启蒙思想家具备这样的勇气，那便完全不公正了。

如所周知，牛顿是很会使用数理论证的，也是坚决不肯在科学研究上采用假说的，但终其一生仍然是一个宗教信徒。在宇宙观上，他未能摆脱“上帝的假设”。坎捷米尔并没有以此为伟大英国自然科学家的过错，相反！他自己也是相信上帝的，而且当他看到最开明的欧洲国家的最开明人物对上帝的信仰开始动摇时，更是特别重视那些维护上帝存在的哲学论点。他所认为最有说服力的论点，几乎就是最为脆弱的论点：即所谓物理神学的论点。坎捷米尔在其哲学书简中不断对此做过各式各样的叙述[①]。

① 不过，在谈到上帝存在的物理神学证明时，必须记住，一般说来，这种证明在18世纪流行一时。而这是有其原因的。温德尔班得说：“科学严格要求对自然作因果的考察，这种证明似乎是从最高的观点调和了科学的要求和宗教情感的需要。”（见所著《新哲学史》第1卷，圣彼得堡1908年版，第248页。）他还正确地补充说：“为了将历史的发现摆在自然的位置上，从而用科学理性的论据来消除宗教宣传，这种观点比所有其他观点都更有用处”（同上书）。根据旧概念的观点，甚至这一不彻底的观点也是骇人听闻的。我们知道，坎捷米尔曾被怀疑为无神论者。1757年伊丽莎白女皇接到一份“关于反对信仰和伦理的书籍的报告”。在这份报告里，东正教最高宗教事务管理局请求明令取缔这种书籍，“以期无人再写作和出版这种谈论宇宙无情和一切违反宗教信仰以及触犯道德原则的书籍，如胆敢违犯，定严惩不贷。至于现时在许多人手中流传的坎捷米尔公爵所译芳腾尼尔论宇宙无情的书籍，亦请明令各地予以没收，送交最高宗教事务管理局”（《坎捷米尔文集》，第2卷，第446页）。彼得改革的拥护者М.П.阿弗拉莫夫认为坎捷米尔承认哥白尼的宇宙体系，是一大错误（奇斯托维奇：《全集》，第692页）。

为了说明他的思想过程，现在从他的第十封信中摘录一段颇长的论述。

他在这封信里总结了他以往的全部论述：

“这样，我们在所谓自然的创造之中，已充分看到神的痕迹，或者说活上帝的印记了；如果撇开所有的细节，便可立即看到有一只手支撑着地球的各个部分，支撑着天和地、星、植物、动物，掌握着我们的身体，我们的思想；一切都有秩序，都有准确的尺度、智慧和艺术，都有支配着我们的最高精神。这个精神是整个世界的灵魂，它始终无声无息，不为人所知觉，但是无所不能”[①]。

坎捷米尔接着说：“智慧是每个生物都有的，任何一个不伶俐的人”也都有的。如果“我们探究物理学的一切发明和论证，搜集任一生物和任一兽类的最内在部分，研究完善的力学的迫切技艺，则这种智慧便更足以令人惊异。”但这是没有必要的，因为就这样也已明白了解，“只有上帝才是万能的，才是主宰着我们的；人类的幸福取决于上帝；因此，我应该服从上帝的意志，尊重上帝对我的生命的神圣决定”[②]。

我们的作家——请注意这一点，——深知这种“证明”必将受到反驳，所以在随后的一封信里写道：“过去有一些哲学家，而且现在也许还有这种哲学家的模仿者，他们会对我说，所有这些关于在自然中看到艺术和智慧的谈论，只是一种诡辩，一种错误的判断。……他们会对我说，整个自然都有益于人类，而你却胡说它是

① 《全集》第2卷，第81页。

② 同上书，第2卷，第81—82页。

用艺术特意为人类创造的，难道你想欺骗自己，想寻求和发现并不存在的东西”[①]。

但是坎捷米尔对于这一反驳并没有加以深思。他只是反复重弹他的物理神学老调，而置这种反驳于不顾。他质问：“有一种人对哲学也许略知皮毛，却想被公认为哲学家，回到家里，便使人相信并且辩论，说他是由唯一意想不到的东西所造成，什么艺术和勤奋，都无补于居民生息的空间。对于这种人该怎么说呢？”等等[②]。

在这里，要揭穿他的“诡辩和错误论断”是毫无困难的。事实上，坎捷米尔为了证明他的物理神学论点的正确，事先便假定它是正确的[③]。但是我的任务不是要在这里同坎捷米尔展开争论。无论如何，他有一个功绩，即他在时间上是最早认真研究哲学问题的俄国作家之一。我的任务是要使读者能够对他的哲学观点有一个正确的概念。因此，我不准备批评，而只是叙述。

当然，坎捷米尔认为神的观念是与生俱来的。他说：“这一观念经常与我同在，而且实际上是与我同生的。”[④]同样易于理解的是他承认人有两种“本性”，这两种“本性”的存在也是上帝存在的

① 《全集》第2卷，第83页。

② 同上。

③ 此外，斯宾诺莎即已发觉物理神学论点的弱点。“人类在自然界发现许多帮助他们达到目的事物。因此，他们是从其本身利益的观点来观察自然的。他们在将事物作为手段的时候，不能不想到由他们自己去制造这些事物。但是由于通常他们都为自己制作各种手段，所以，他们必然要得出一种结论，认为有一个或几个生来就自由的自然统治者对他们关怀备至，为他们制作了一切。”（《伦理学》，引自 B. И. 莫杰斯托夫的俄译本，第45页）。我们不知道，坎捷米尔是否听说斯宾诺莎的这些见解。不过，就令听说过，他也会认为它们不符合他的哲学探索，而予以摒弃。

④ 《伦理学》第2卷，第76页。

新证明:"我的精神的本性与躯体迥然不同。谁能将这两种不同的实体结合在一起,并在一切行动中使其协调呢?这种结合不可能同最高实体的结合等量齐观,因为这最高的实体将两种优良品质结合起来,使其达到无限完美"①。

这段话写得拙劣②。但很显然,这里所表述的见解是同笛卡尔相一致的,因为笛卡尔的哲学在坎捷米尔的思想里留下了深刻的印记。

坎捷米尔的意志自由论必是从笛卡尔那里抄袭的。他写道:"我的意志完全决定于我,如果我不想要我所应要的东西,那也不能责备任何人,而只能责备我。当我对某种东西有意图时,我又有自由放弃这一意图;而当我对某种东西无意图时,我还有自由发生这种意图。我在自己的意志方面是自由的。……我感到思考着的意志,能够转向适合的或敌对的对象,这样或那样的对象。至于我的意志的其他原因,一如意志本身,则是我所不知道的。"③

在这种意志自由观下,人们对于自身行为的责任问题,是解决得极端简单的。他说:"当我想作恶的时候,我对自身事务的这种权力便使我犯罪而不值得宽恕;而当我有了善良的意志的时候,我便相反地受到夸奖。这便是受尊重和被鄙视的真正基础。这便使惩罚与奖赏正确。鼓励、惩罚、威胁和许诺,也都由此。这便是道

① 《伦理学》第2卷,第79页。

② 我们不应忘记,流传到我们手里的坎捷米尔哲学书简,是一种很拙劣的抄本。

③ 《伦理学》第2卷,第79页。斯宾诺莎说:"人们所以自以为自由,是因为他们意识到自己的愿望和企求,至于引起他们这种愿望和企求的原因,由于他们不知道,所以他们做梦也未想到。(《伦理学》,第44页。)我们看到,坎捷米尔也是做梦也未想到这些原因的"。

德和我们生活中的直接秩序和规范的真正基础。”[①]

在俄国贵族等级的最早思想代表之一写了这段话后约120年，俄国无产阶级的最早思想代表人物之一车尔尼雪夫斯基向他的读者提示：当一人行为失当的时候，我们如果仔细探究他的生活环境，便可看到他的失当行为不是他的过错，而是他的不幸。我国19世纪60年代的所有启蒙思想家，对于他的这一见解，都表赞同。车尔尼雪夫斯基和其同道们的学说要比坎捷米尔的学说人道得多。凡百事物，都有自己的时代。如果希望彼得的“小学生们”能够提出仿佛可以动摇“直接秩序的基础”的观点，那是荒诞的。就在西欧，类似的观点，在坎捷米尔的时代也仅由最先进国家的社会生活发展过程从事准备而已。

在一封论述自然与人的信（即第四封信）里，对于莫勒修特后来称之为生命的循环的现象，有很清楚的表述。我们在信里读道：“食物虽无灵魂，却能使兽类获得生命力，然后自身也成为兽；其原躯体的各部分在不断变化中不知不觉地消失。如果没有食物，一匹马在4年中会只剩下灰尘和一堆残骸，而如果有了燕麦和干草，它便会是一匹膘肥体壮的大马了”[②]。如果“无灵魂的食物”能给野兽以生命力，如果燕麦和干草能够变为马，而马经过时间的流逝会成为“灰尘和残骸”，那就是说，在有知觉的生物和无灵魂的物质之间，并不存在二元论者所想象的那种鸿沟。当然，笛卡尔的信徒会对我们说：像任何其他动物一样，马是没有知觉的。但在坎捷米

① 《伦理学》第2卷，第80页。

② 同上书，第2卷，第46页。

尔看来，这种说法是没有根据的。他断言，“牲畜在许多方面是缺乏理解的，但在某些事情上却是很有理解的（也就是有很大的理解力。——著者），因此，不能说这一机器（Машина）没有理性”[①]。照此说来，则在马的机器中理性是它吞食“无灵魂食物”的结果了。这怎能同坎捷米尔的摇摇晃晃的二元论相协调呢？

他仍旧利用创世主的假设来对付这一困难：“任何运动，凡消耗力量者都需要加强。因此，我们在悠闲或睡梦中得到安息。……谁确定这种休闲的间隙，谁为疲困的肢体安排必需的休息时间呢？”等等[②]。

物质，——坎捷米尔称之为卑鄙的物质，——其本身是富于惰性的。只有上帝的意志才使它发生运动。坎捷米尔还坚信“物质不能思想”[③]。但他假定在某一刹那，物质有可能思想，并且再次提出“间隙”的论点：“必须假定在某种程度上，这一物质是没有思想的（也就是说，是不具备意识的。——著者）；而在进入另一情况（也就是达到另一运动的“程度”时。——著者），它虽然意识到自己，并且进行思考。谁选定物质运动的准确程度呢？谁找到运动所通过的那部分路线呢？谁找到任何部分都能接受的必需的准确尺度、大小和形状，以免其在轮转中失去平衡呢？”[④]

对于唯物主义，坎捷米尔自然是抱着完全轻视态度的。他写道：“伊壁鸠鲁派的所有哲学家，在自己的混乱中这样软弱无力，他

① 《伦理学》，第48—49页，参阅同书第53页。

② 同上书，第46页。

③ 同上书，第58页。

④ 同上书，第49页。

们无论从哪方面都提不出明确的证明，他们承认原子是永恒的，但不知何所据而云然。”一般说来，“伊壁鸠鲁派自己用自己的原理暴露了他们自己的谬误”[①]。他显然除“伊壁鸠鲁派”外，对于其他唯物主义者是毫无所知的。而且就是对于“伊壁鸠鲁派”，他的许多批评也是极端相互矛盾的。他在为所译戈拉茨书简有关伊奥尼亚诗人“米谟纳尔摩斯”的一段写注释时，在报道了诗人的生平和年代之后，补充说：“这位诗人极好渔色，……总之，荒淫无度，他的意见在他死后300年由哲学家伊壁鸠鲁，即伊壁鸠鲁派的领袖作了更多论证。”[②]对于伊壁鸠鲁的体系，不可能作出更坏（更不公正）的批评了。但戈拉茨也是自命为“伊壁鸠鲁派”的，而坎捷米尔对戈拉茨则是极端推崇的。所以，当他所倾慕的拉丁诗人去给米岑纳特的第一封信里暗示，信奉阿里斯提卜的学说，——在这里他是将阿里斯提卜的学说和伊壁鸠鲁的学说等量齐观的——就意味着使**物受役于我**，而**不是使我受役于物**的时候，坎捷米尔马上注释道：“当然，阿里斯提卜派和伊壁鸠鲁派的最大优点是：可以根据他们的科学去使用一切，而不使任何事物控制自己。”[③]他没有看到，类似的“科学”同劝人纵情“渔色和荒淫”，是相去不可以道里计的。

再说一遍：坎捷米尔只是精通哲学史，而在论及个别哲学家时却是远远不能经常首尾相顾的。塔季谢夫的思想是更有逻辑性和

① 《伦理学》第2卷，第88页。

② 同上书，第2卷，第434页。请参阅同卷第394页上的注释。

③ 同上书，第1卷，第394—395页。

更有根据的[①]。然而无论坎捷米尔与其哲学书简中提出的论点有多么脆弱，但其值得重视，却不仅因为它们是俄国欧化思想界在哲学和自然科学方面的初期成果，而且因为在坎捷米尔所力图解决（尽管没有解决成功）的问题之中，有许多不断引起了车尔尼雪夫斯基以及杜勃罗留波夫以前的俄国启蒙思想家的注意。例如，自由与意志问题和刑法的理论基础问题都是。更有进者：车尔尼雪夫斯基和杜勃罗留波夫——这是俄国启蒙思想家中最优秀和最高贵的典型人物——也都常谈唯物主义。当然，他们对唯物主义的理解的深透，为坎捷米尔所望尘莫及；此外，他们同坎捷米尔相反，对唯物主义派——特别是对以他们的同代人费尔巴哈为代表的唯物主义派领袖，抱有无限的同情。但这一差别是由许多情况造成的，说明这些情况将是本书往后的最主要任务之一。

坎捷米尔的道德观后来引起人们攻击，说他不够严格和模棱两可。例如，按照 A. Д. 加拉霍夫的意见，坎捷米尔对严格的道德，没有提出积极的绝对的要求，根据这种要求，一切半道德的行为都会显得可笑……像他的性格一样，坎捷米尔的哲学是羞怯的、不勇敢的；这种哲学宣扬善，却羞羞答答地怕伤害恶。加拉霍夫在说明这一道德哲学时，将它比拟于戈拉茨的伊壁鸠鲁派道德，而戈

① 坎捷米尔在旅居巴黎期间，曾与皮埃尔·莫罗·德-莫佩杜伊甚为莫逆。莫佩杜伊（1698—1759）写过许多关于哲学问题的文章。在同坎捷米尔结交时，其思想的博大精深，为坎捷米尔（伏尔泰用不着嘲笑他）所望尘莫及。不得不令人奇怪的是：同莫佩杜伊的频繁接谈，竟然对坎捷米尔的哲学概念如此没有影响！这种影响之所以微不足道，只能是由于我们这位启蒙思想家的头脑不易接受真正深刻的哲学问题。固然，莫佩杜伊的主要著作是在坎捷米尔死后才出版问世的。可是著作的重要哲学理论，作者总不会是在突然之间形成的吧！

拉茨，大家知道，乃是坎捷米尔所喜爱的作家之一。戈拉茨的全部实际哲学被归结为两三个观念，或两三个愿望：“宁静，适意的中庸之道，对未来的淡泊无忧——这就是他的需要。像戈拉茨这样的哲学家自然不会去关切社会的缺点；他对这些缺点只是嘲笑。像在坎捷米尔那里一样，他的讽刺作品的语气是平平稳稳的。这就是为什么他们之间的相同之处表现得如此明显。”

他们之间的相同之处确乎是明显的。然而这仅是表面上的相同。这里几乎比任何地方都应记住：两人所说虽同，其实并不相同。戈拉茨的“黄金式中庸之道”是在罗马由于共和国的衰败而流行起来的社会冷淡心理的结果。这是一种“颓废的”道德。坎捷米尔的“黄金式中庸之道”却完全出自另一来源。它所说明的不是某一制度的衰落，而只是彼得改革所产生的那一新社会集团的地位的某些确乎艰巨的特点；而这个集团则是必然要生长、要上升的，尽管它的成员不免遭受艰难痛苦的挫折。

彼得巢窝的幼雏们（小学生）是俄国知识分子的先驱。大家知道，他们原期在彼得的活动中实现他们的全部抱负，这位实行改革的沙皇死后，他们便都感到处境的相当困难，而在彼得二世时，更感到几乎没有希望了。在写于 1729 年的一篇讽刺诗里，20 岁的坎捷米尔回想起他觉得是某种黄金时代的改革岁月，抒发了辛酸的幽怨：

那样的时代没有持续到我们，
那时——
智慧主宰着一切
胜利的果实它也共享。

只要有它就能登峰造极。
黄金时代没有延续到我们这一代人，
骄傲、懒惰、财富战胜了智慧，
愚昧无知占据了科学的席位。
戴法冠、穿绣袍的人们傲慢地行走，
在红布幔的后面，勇敢的人群正在受审！
科学被剥夺、被缝进破布袋里，
家家户户，对它几乎都是诟骂相闻，
同它不愿结识，同它逃避友情，
它有如舰艇服役中的海上受难人。

在这种凄惨的时代里，年轻的启蒙学者怎么办呢？等待更好的未来，并在等待中记住：去恶有时就是为善。坎捷米尔事实上感到他只有如此。他决定照此建立自己的生活。

在听到这种言辞、看到这种事例的时候，
缄默啊，思想家！勿因不为人知而感到寂寞。
这样的生活尽管想起是沉痛的，却并无可畏惧，
谁能在自己的静寂的角落里默默地隐藏自己，
他便能探求美好的智慧，
隐晦自娱，暗自思考科学的利益；
不要追求，也不要阐述，
否则你得到的将是恶意的诽谤，
而不是你所期望的赞美。

这就是我们的作家所遵守的那个“黄金中庸之道”的各种规章的全部秘密。当时的俄国“小贵族”都必须服役。但在参加强制服

役的时候，可以夺取或大或小的功名。谁想升到某种品级，他应首先不择手段。而如果选择手段，他便应“不为人知地待着”。按照坎捷米尔的说法，只有安于小就的人才会待在那里不感寂寞。

为什么按照坎捷米尔的意见要安于小就呢？是为了能够相对地自由吗？但自由又有何用呢？自由是为了使自己从掌握美好智慧和考虑科学利益中秘密地自娱。我们应该公正地说，只有在道德上出类拔萃的人才能用这种方式来“自娱”。

坎捷米尔想认真地实行他给“他的思想家”所提出的规劝。他自己说，他的第一篇讽刺作品只是为了“消遣时间”才写的，毫未想到将它发表。那时，他感到自己差不多是完全孤独的。他继续写道：“但是，他的一位朋友偶然要求读了这首讽刺诗，读后告诉诺夫戈罗德主教费奥凡·普罗科波维奇，主教又到处为诗的作者吹嘘，不仅这样，还在归还这首诗时附致一篇对作者的赞扬诗（即我们所知道的《我不知道你这先知的牛是谁》一诗。——著者），并送给他《赫拉尔第论上帝和诗创作》一卷，作为赠礼。修士大司祭克罗默克也像这位主教一样，写了许多赞美诗人的题词……”[①]，他因此受到鼓舞，而继续致力于讽刺诗的写作。坎捷米尔深信他的写作生涯能够得到同情，所以不再限于“掌握美好的智慧以秘密自娱”，而开始走上那一“光荣的道路”，按照普罗科波维奇的说法，“书卷的巨人在这光荣的道路上行走”。

普罗科波维奇不但口馋如狼，尾谲如狐，而且才智过人，知识

① 拉丁文诗：Ars est celebris stultitae genus... 等等，参阅《坎捷米尔文集》第1卷，第23—24页。

渊博。他非常知道，在当时的俄国，在这条道路上行走是不很方便的。但他断言，阿波罗要拥抱谁，谁便不应害怕“强手”。

唾弃他们的威胁吧，
你是非常愉快。
愉快，上帝给了你这样健全的头脑，
让全世界向你发怒吧，
你虽未得幸福也已够幸福了！

这话说得好极了。但我要提请读者注意，只有保持着坎捷米尔所珍视的那种中庸之道，才能在没有幸福的时候仍旧幸福。

在安娜女皇的朝代，《学术侍从》的地位略有改善，但也远非易事。主要的是，在她的统治下，如要晋升到某种官级，也只有利用各式各样的阴谋诡计。奇斯托维奇说得好，当时的权贵在混乱和阴谋中相互倾陷，一个推翻另一个，致使他们自己也都照样地遭到同一命运。不妨回忆那位“令人惊服的最高主教”普罗科波维奇的侦探活动吧！在这种情况之下，坎捷米尔的“黄金中庸之道”便是使他能够保持若干高贵的独立性的唯一手段了。

坎捷米尔的求知欲也推广到政治。他的外国传记作家文努蒂神甫说他很喜欢读博胥埃的《神圣的政治》(Politique sacrée)一书。这显然就是《摘自圣经祈祷文的政论》(La Politique tirée des propres paroles de l'écriture Sainte)一书。按照这位传记作家的说法，“俄国使者本人的政治，更多地从圣书哲学和人类利益出发，而不是从马基雅维利的著作和宫廷阴谋出发的。他认为政治应有一个目标——即对人民福利的关怀。人民之父的名称应该决定君主的义务。君主和人民的利益应该齐心协力地并进。如果君主可以用人民的鲜血来换取其本身的安全与宁静，流人民的鲜血来满足其个人的野心，那就等于破坏自然和管理的规律”①。坎捷米尔以为只有以这种准则为国家管理的基础的民族，才是幸福的。最后，我们从这篇传记中获悉，有一次，坎捷米尔在走出剧院时说：剧院里遇见一位部长，“我不明白，他怎能在签署了几十万人死刑判决书后，还若无其事地到剧院去。”那时，刚刚宣战②。

这一段话是从好的方面描绘了坎捷米尔的形象的。但是对他爱好博胥埃的政治，又应怎样评价呢？

像彼得的所有“小学生”一样，坎捷米尔生活在俄国，是君主专制制度的坚决拥护者。我们往后便可看到，他相当积极地参加了贵族对抗最高枢密院限制安娜女皇权力的活动。在他到达巴黎时（1738 年 9 月），那里的启蒙思想家业已对“旧秩序”进行了激烈的攻击。政治问题在当时尚未以尖锐的形式提出，但先进思想界的反对情绪，都已相当明显地表现为他们对英国政制的巨大同情和对社会平等的强烈要求。孟德斯鸠于 1729 年访问英国，从那里写信说：“A Londres, liberté et egalité（‘在伦敦有自由和平等’）。”其后十年，达仙逊侯爵，论证了必须消灭贵族的特权，他说：“les nobles ressemblent à ce que sont les frelons aux rucher”（“贵族有如蜂房里的雄蜂”）。我们这位“学术侍从”的成员对于当时在法国先进著作界发生的事情，不曾采取漠不关心的态度，这是可从他翻

① 《文集》第 1 卷，XCVIII 页（斯托尤宁的序言）。

② 同上书，第 XCIX 页。大概，这里所说的是争取西班牙王位继承权的战争。可能，佛留里神甫签署了法国参加这一战争的决定，但似乎又不同意这一决定。

译了在1721年出版的孟德斯鸠的《信札》一事看出来的[1]。此外，他还翻译了芳腾尼尔的著作，芳腾尼尔也可说是法国启蒙著作界早期活动家之一[2]。但是，我们知道，坎捷米尔并未丧失其宗教信仰。他对君主专制的忠诚，也似乎保持完整：只有极端的君主专制制度的拥护者，才能热爱博胥埃的《政治》一书。

但这里有必要作重要的保留。博胥埃在所写《政治》一书中表现出他是法国君主专制制度的思想代表人物，而不是俄国沙皇制度的思想代表人物。因此，他一方面竭力坚持没有什么高于专制君主的人权，同时又对君主专制的政体同独断专横的政体的差别，作了精细的区分。在这种区分上，他同波丹是完全一致的。

他认为独断专横的政体有四大特征：

第一，服从君主的人民处于对君主的奴隶依附状态，他们是他的奴隶（sont nes esclaves，c'est-à-dire vraiment serfs）。在他们当中，没有自由人[3]。

第二，博胥埃认为区分独断专横政体与君主专制制度的第二特征是：在服从君主独断专横权力的国家里，没有私产。一切为君主所有（tout le fond appartient au prince）。

第三，这种国家都有一个特点，即在国家之内，君主不但对臣民的财产，而且对臣民的生命也能任意处置，像对待奴隶一般对待他们。

---

① 译文没有保存下来。

② 关于他的著作《神谕史》（*Histoire des Oracles*）（1887年）兰逊说："一切反宗教的纯哲学论据，原则上都在芳腾尼尔的书中。"

③ 《全集》第24卷，巴黎，1885年，第104、105页。

最后，第四，在由君主独断专横统治的国家里，除这种独断专横之外，别无法律。

博胥埃把这种政体称为野蛮和丑恶（barbare et odieuse）的政体。按照他的说法，这种政体同法国道德相去甚远，因此在由专制君主统治的法国，没有立足的余地[①]。

在君主专制的国家里，臣民保有财产权及自由。因此，博胥埃说这种政体也是合法的（legitime）[②]。

这一说明，不但波丹、就是克里扎尼奇也可完全接受。有趣的是，博胥埃也提到克里扎尼奇提及的圣经故事所描绘的独断专横的政体的特征。故事叙述以色列国王没收一位不幸的纳乌费伊（克里扎尼奇按拉丁文发音称为纳布克）的葡萄园，由于他敢不肯放弃其祖先的遗产而被用石头砸死。按照一位法国著名主教的意见，上帝对于阿哈瓦和耶扎维勒所以给予严厉处分，就是因为他们胆敢任意处置其臣民的财产、荣誉和生命[③]。不能不再次抱歉的是，我们没有任何材料足以证明博胥埃的这一观点对坎捷米尔发生何种影响，因为坎捷米尔是不仅熟知法国的“合法”君主制度的……

坎捷米尔说，君主和人民的利益应该齐头并进，这是对博胥埃的“政治”一书的根本原理之一的复述。在原稿上，这一原理写的是：“只有社会的公敌才能将君主的利益同国家的利益分开”（il n'y a que les ennemis publics qui séparent l'intérêt du prince de

① 《博胥埃全集》第24卷，第105页。

② 同上书，第105—106页。

③ 同上书，第109页。克里扎尼奇也是这样想的。

l'intérêt de l'Etat)。[①] 但是我们还不能据此断定，俄国讽刺作家和外交家对于“合法”政体优于独断专横政体，已经作过深思熟虑。

1732 年 6 月，奥斯特曼伯爵要他查报在英国报刊上发表的一篇攻击俄国宫廷的论文的作者是谁，他复信道：“很难对这个城市里每日刊登的文章一一了解。……而且这样做，尊敬的伯爵，我敢说也无多大好处。因为这里的人民是自由的。……他们对于禁止说的话，倒反更加相信。”数年以后，他在给女皇的信中再次指出英国人热爱出版自由。“实在，英国人尊重出版自由，视为他们的自由的基础”[②]。孟德斯鸠在旅居英国的时候，很羡慕英国人民的自由，而坎捷米尔则仿佛对此漠不关心。在他的通信里，完全看不见对自由的同情。

由于这一情况，不禁令人想起侨居外国东正教庙宇的莫斯科僧侣对立陶宛的自由所采取的态度。他们在那里听说，“在立陶宛可以自由地从信仰一个宗教转而信仰另一宗教”。他们屡次提到这种自由，但完全不想将其介绍到莫斯科。于是又不禁产生一个问题：难道我国这位启蒙思想家竟然是同这些僧侣一模一样吗？

我们所掌握的他的传记材料，使我们能够——虽然还是不很明确——欣然对这一问题作出否定的答复。文努蒂神甫说：“他向往英国，那里的国会将国王的权力限制在一定限度之内，不许可它超越于法律之上，保障臣民不受独断专权的悲惨恶果

① 《博胥埃全集》第 24 卷，第 104 页。

② 《坎捷米尔文集》第 2 卷，第 97 页和第 99 页。

的祸害。”①

这段证词的不明确处，在于对英国宪法的赞扬同对法国专制制度理论家博胥埃的《政治》一书的爱好，是很难协调的。

不知道，在坎捷米尔的思想里这个矛盾是怎样解决的。我们的讽刺诗人对文努蒂神甫说过，早在1730年，他就能重视政治自由的利益，但他觉得在“现时的条件下，最好还是保持现存制度”。似乎他反对枢密院成员限制安娜女皇的权力，就是由于这一缘故。事实上，恐怕未必如此。更可靠的是，那时，像普罗科波维奇一样，坎捷米尔是俄国君主专制制度的绝对拥护者；而后来，他旅居外国，目睹西欧政治制度的优越性，于是为了使自己的良心得到安宁，才想出了所谓“现时条件”的机会主义见解。然而就在那时，他的政治观点仍旧是很不确定的，因此，他可以一方面同情法国的极端的君主专制，同时又赞扬英国的宪法。当时唯一肯定的东西，只有他对俄国君主制度的不满。当然，这一切都是假定。再说一遍，这里有许多不明确的地方。

对我国制度出言不逊的外国作家，给我们这位可怜的俄国启蒙思想家和外交家造成许多令人厌烦和毫无结果的麻烦。1738年初，他与一个名叫洛卡特里的人纠缠很久，据说他是《莫斯科通信》(Lettres moscovites)一书的作者，预言德国人在俄国的权力即将崩溃。他在向彼得堡写的报告中说：“我以局外人的方式向这里一位诚实的法律顾问打听，可否将他逮捕，并因写作前述著作而

① B.斯托尤宁为《坎捷米尔文集》所写序言(1867年版)，第LVI页。文努蒂写的坎捷米尔传，附录在坎捷米尔讽刺诗集法文译本上。可惜，我未能在法国图书馆找到这一译本。

加以惩治。"结果是:无论如何不行。他事不论,这里的主要障碍是"英国人民的'自由'。"坎捷米尔出于对这一永恒障碍的怨恨,也许,又由于想安慰彼得堡政府,甚至坚决保证,英国人民会"在任何一天用无耻的流言蜚语来攻击他们的皇帝和大臣"。由于想不出其他惩治洛卡特里的办法,他建议"秘密派人对他进行任意审判,将其重打"。如果女皇"批准试用"这一"任意"处置的方式,坎捷米尔决心予以实行,尽管他认为必须采取新的办法,以求完全证明这一《莫斯科通信》的假定作者的罪过[①]。

这样,似乎坎捷米尔对于"合法的"君主制度和"独断专权的"君主制度之间的差别,仍然不很明白。但是,对于俄国社会思想史家来说,重要的是;俄国人在涉猎了西方政治著作之后,甚至从博胥埃这种保守派那里,也能抄袭一些在俄国视为完全荒谬的概念。

但是,即便说坎捷米尔保持了他的政治清白,那也不能设想,作为一个作家,他对他的同代人无话可说。在他和他的大多数读者之间,在教育和智力发展方面都有很大的差别,甚至有一条鸿沟。我们根据业已看到的他的外文书译本的部分注释,对此已可深信不疑;而如果从别的方面仔细研究他的讽刺诗的相当庞杂的内容,那就更可一目了然了。

他虽然认为官居一定品级、受人尊敬的上年纪的人,不应以文学,特别以诗为职业,但对祖国的责任感仍使他对此深为喜爱。他想通过文学活动为俄国谋利益。但是他很可能翻译阿纳克列昂著

① 《文集》第II卷,第101—102页。

作时不无犹豫，因为这些著作没有任何道德教义。无论如何，他事先便已表示，“尽管根据上述诗歌，必须承认阿纳克列昂也是一个对生活冷淡的醉汉，但在许多老作家中我们也看到反面的东西，为什么必须将他的行乐习惯看为评定他的著作的原因呢？”[1]他很欣赏他所翻译的戈拉茨通信，就是因为其内容有许多关于道德的教训。他说：“几乎信中的每一行都包含着某种有益于建立生活的规章。”[2]他写一些“小诗”，也是因为他希望有助于生活的“建立”。他说：“我所写的一切，都是根据一个公民的职责而写的，一切可能有害于同胞的东西，都予删去”。但是“令人惊服的最高主教”普罗科波维奇也主张“先知的牛”应在文学生涯中追求这一目的，并且指示他：

你已在光荣的道路上开始行走，
这就是书卷的巨人走过的道路，
要挥动勇敢的笔横扫明显的罪恶，
要对憎恨“学术侍从”的群丑
　和一切穷凶极恶的习俗摧毁不留。
祝愿人间发生善良的变革，……
普遍享受学术的成就。
至于作恶的混蛋，
要他们紧闭尊口！

关于文学活动的任务的这一高贵观点，是所有各国启蒙思想

---

① 《文集》第1卷，第342页。

② 同上书，第1卷，第385页。

家一致保持的[①]。我国在19世纪60年代抱着这种高贵的心情致力于文学活动的启蒙思想家，如车尔尼雪夫斯基、杜勃罗留波夫、皮萨列夫等等，也都想给自己的同胞讲授一系列有利于“建立生活”的真理。这里的整个可能差别在于这一系列真理的内容。车尔尼雪夫斯基和杜勃罗留波夫对事物的看法是同坎捷米尔和塔季谢夫截然不同的。

以为文学不是有声望的人所应从事的事业的观点，是同以文学为建立人类“生活”的工具的观点是水火不容的。然而这两种观点却并存于坎捷米尔的头脑中，而且不仅是坎捷米尔一人的头脑中。初看来，这似乎有些奇怪。然而如果注意到坎捷米尔（塔季谢夫亦然）虽然接受了西欧启蒙思想家的学说，却不失其为官宦阶级的思想代表，则这种奇怪的感觉就消失了。由于他是这样一种思想代表人物，他便仍然像塔季谢夫一样，只能在某种颇为有限的程度上体验到这种学说。所以，他在生活、活动和概念上，都远远未能经常避免我们现在看来非常明显的矛盾。

① 关于这一观点在18世纪法国启蒙学者中流行到什么程度，有很多的记载。前不久出版的著作中，我可以指出Φ. 加弗的书：《18世纪的法国戏剧》（*Le Drame en France au XVIII Siècle*），巴黎1910年版。特别值得注意的是该书第三部分从各方面阐述了启蒙思想对法国文艺作品，特别是戏剧的影响。

第三章　彼得改革对社会思想发展过程的直接影响

现在大家都知道，俄国人民不得不为彼得一世的改革付出重大的代价。下面我们还要谈谈人民群众对这位严厉的改革家所加于他们的新负担的反抗。但改革是由社会需要引起的，这种需要的成熟尽管慢，却是一往无前的。因此，人民不能只看到它的坏的方面。人民的某些代表，当然为数极少，却早就看出这种改革必将给俄国带来的利益，并对它采取同情的态度，有时是谨慎的同情，有时则发展到兴高采烈。现时只要指出波索什科夫和罗蒙诺索夫两人就够了，下面我们还须对很有意思的卡尔扎温一家人做些了解。

1. 伊·季·波索什科夫

伊凡·季洪诺维奇·波索什科夫最优秀的著作《论贫富》一书于1842年由 M. П. 波戈金出版。波戈金了解该书内容后，得出一个结论，说他有幸发现了一位俄国的自学成名的天才。“这位天才生于欧洲政治经济学形成前50年，然已洞察其规则”①，在某些方

---

① 他生于1652年或1653年，死于1726年2月。

面是亚当·斯密的先行者[①]。

对于波索什科夫作为经济学家的这种观点，虽不完全，但已部分地为其他后学者如布里克纳尔所接受。此外，必须补充说，在上一世纪40年代，波索什科夫的某些实践计划是如此空前大胆，以致他的书只是由于尼古拉一世的批准，才获出版。后来才知道，他死于彼得罗帕夫洛夫斯克堡垒的监狱中。完全有可能，他关押在那里就是由于他的书。因此，他不仅获得了一个伟大理论家，而且获得了一个勇敢的革新派的荣誉。甚至 Н. П. 帕夫洛夫-西尔万斯基也这样称呼他，而帕夫洛夫-西尔万斯基所有评论波索什科夫的作家中，要算是最善于深思熟虑的人。

然而事实上，波索什科夫是革新家，同时也是保守派。从理论的观点说，他的观点的价值，远远不如波戈金、布里克涅尔、米克拉舍夫斯基和帕夫洛夫-西尔万斯基思想的那样巨大。但所有这一切并不足以减少，而毋宁说是增加了他的著作活动在俄国社会思想史家眼目中的意义。

按照帕夫洛夫-西尔万斯基的说法，同西方派彼得及其近臣们相反，波索什科夫是一个典型的**莫斯科进步人士**。[②] **莫斯科进步人士**一词应如何解释呢？试研究之。

帕夫洛夫-西尔万斯基称波索什科夫的宇宙观为**旧教会**的宇

---

① 波戈金为《波索什科夫文集》第1卷所写序言。莫斯科1842年版，第VIII页。参阅同一史学家在《莫斯科人》(*Москвитянин*)杂志上的论文，1842年，第3辑，第101页。

② Н. П. 帕夫洛夫-西尔万斯基，《文集》第2卷，第61页。《伊凡·季洪诺维奇·波索什科夫》一文。

宙观，还说："这种宇宙观与极端的迷信有密切关系。"[①]他这话是完全正确的。任何读过他的《镜子、即对分裂教派想入非非的明显和共知的说明》(1708年写完)和《父亲的遗教》(1719年或1720年写完)的人，都会对此深信不疑。

著名的罗斯托夫主教德米特里，当时被公认为同分裂教派争论的权威，认为波索什科夫的《镜子》是对"分裂教派的最大揭发和羞辱"。按照他的观点，也许这是对的。然而波索什科夫的这一"畅销小册子"乃是在分裂教派宣传中表现出的同样狭隘眼光的产物，它是可以成为反对莫斯科旧秩序的最有力理由之一。波索什科夫不仅眼光短浅，而且出奇地偏执。他率直地说："尼空总主教命令把腐败的教堂一把火烧掉，那他可做了一件好事。"[②]他警告统治教会的信徒：约安·兹拉陶斯特"从来不许可同正式的东正教徒的敌人产生友谊"，"如果还有人胆敢同他们一道进食，或发生任何其他交往，则照兹拉陶斯特的说法，便是远上帝而亲上帝的敌人。为了天主上帝，要厌弃所有宣扬邪门歪道和诽谤神明的人，并远远地逃避他们，因为他们是耶稣的敌人和反耶稣派的朋友：所有邪门歪道的宣扬者和诽谤者都来自魔鬼和反耶稣派的子孙"[③]。波索什科夫在《父亲的遗教》中也发表了同样的见解。他在那里写道："我儿对这一切不应怀疑，对于上帝的敌人和离经叛道的人，应置之于死地：天主命令将不结善果的树概予砍伐烧毁。"莫斯科的

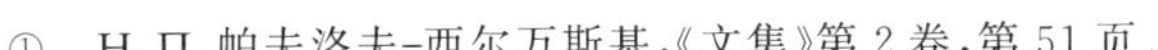

① Н. П. 帕夫洛夫-西尔万斯基，《文集》第2卷，第51页。

② 《波索什科夫文集》第2卷，第223页，莫斯科1863年版。引文写法，全部抄用印稿，出版者在波索什科夫手稿上所作修改，概由他们负责。

③ 同上书，第236页。

"进步人士"不仅主张烧死分裂派,而且表述这一野蛮主张的形式,也是最为恶劣的。"如果他们的骨头留下了(在异教徒被烧死后。——著者),那就将其粉碎再烧,化为灰尘,并将这种灰粉倒进粪池或深潭里,使他们的徒子徒孙不能把它收集起来供奉"[①]。

读者看到,波索什科夫同西方派塔季谢夫的宽容异教的倾向(最少在理论上),该有多么大的距离。但是在这里必须注意,波索什科夫在性格上并不是一个残酷的人。他训诫他的儿子不但对人,就是对牲畜,也应温和。他在《遗教》中写道:"我儿骑马,应注意不要挤着别人(无论是穷人还是富人),也不要在路上溅起污泥,……你不仅要爱人类,而且要宽待牲畜。路上的家禽也不要伤害,……因为它们也是上帝创造的生物"[②]。不仅这样,波索什科夫还劝他的儿子尽可能爱惜植物的生命。"我儿对树木也应如此。看到树木,如无必要,不要叫人砍伐,因为上帝植树是为了满足人的需要,而不是为了作践,更不是为了嬉戏。"在别的条件下,这个人可能发展到认识其自身与整个自然的一体,而且在这种自觉的基础上形成一套行为准则,可是在莫斯科,他却成为……《镜子》和《遗教》的作者!

不难设想,波索什科夫是一个君主专制派:莫斯科国家是没有共和派的。但是难以想象的是,他的观点——不仅政治观点——怎样强烈地充满了世袭君主制的精神。按照他的说法,在外国,君主不像人民那样有权。"因此,他们的君主不能为所欲为,而他们

① 《父亲的遗教》,E. M. 普里列扎耶夫编辑并作序。圣彼得堡1893年版,第280、194—195,295等页。

② 《父亲的遗教》,第13页。

的臣民，特别是商人则是为所欲为的。”俄国的情形与此不同。“我国拥有最完整权力是君主，而不是贵族，尤其不是民主派”。俄国国王可以为所欲为，“正如上帝统治着整个世界，沙皇握有一切权力。”[①]根据这一政治理论，立即作出了经济结论，认为沙皇可以任意决定货币的价值。从这里已可明显看出，那些认为波索什科夫是一个深刻的理论家，以为他预见西欧经济学家某些发现的学者，是犯了很大的错误。思想的过程是同事物的过程相适应的。由于莫斯科国家在经济方面极为落后于西欧先进国家，所以它的“第一个经济学者”极为落后于西欧经济学者，便是很自然的了。

法国的社会政治在几百年内始终是向专制制度发展的，其政论家越来越多地倾向于承认国王对人民生活各个不同方面有干预的权力。但在那里逐渐形成的君主专制制度，并不具有“世袭的性质”[②]，因此，那里的观点也获得了迥然不同于莫斯科理论家的观点的特征。我们已经了解波丹和博胥埃。至于经济学说本身，则应注意法国在十四世纪便已产生许多作家，他们对于货币的观点要比波索什科夫正确得多。布里丹，特别是尼古拉·奥列兹姆[③]都是这样的作家。布里丹证明，国王虽然有时不但可以，而且必须

① 《文集》第1卷，第231和254页。在同集另一章(《论贫富》)里，他写道：“沙皇对自己人被法庭起诉，并不查核，但只要犯罪，便可将其全部财产没收。”(《文集》，第73—74页)法国君主制的坚决拥护者博胥埃对此无论如何不会同意，波丹对此也不会同意。

② 这里，我再次请读者回忆一下波丹的用语。

③ 或奥列姆，法文作 oresme。他生于1320年或1325年，卒于1381年。他的经济著作的拉丁文原稿的名称为：*De origine natura, jure et mutationibus monetarum*(《货币的起源、性质、法律和演变》)，他自己把它译为法文，名称为 *Tractie de la invention des monnoies*(《货币的发明》)。

改变铸币的重量和名称，——例如，在用比以前更贵重的金属来铸造货币的时候——但他不能随意决定货币的价值。布里丹的学生——尼·奥列兹姆更坚决地反对国王在货币事务上为所欲为、按照他的学说，铸币虽有国王的肖像，但不是国王的私产。它属于全国，是国人的私产。任意改变它的重量，意味着损害国人的利益，因此就是犯罪行为。这种犯罪行为将给犯罪者带来损害，因为在国内出现劣币，便会迅速失去良币①。这样的见解，波索什科夫是想也不曾想到的。奥列兹姆反对国王损坏铸币的理由，在这里也是不无值得我们注意之处的。按照他的意见，“这种损坏可以颠覆国王的政权，因为异常高贵的法国国王从来不想实行暴政，而教皇权力限制派（原文如此——著者）的人民也不习惯于奴隶或服从，所以如果法王改变其美德，则毫无疑义，他将丧失他的王位。”……这样的见解也是波索什科夫从来不曾想到，也不可能想到的，原因是他不是出身、生活和思想在“教皇权力限制派”的王国，而是在世袭君主制的俄国。

他坚决谴责西方商人，据他说商人利用其对国家的影响，“用货币来计算商品，并在其上刻铸国王图像以代替证书，表明只有商品才是财富，而金银是用来换取商品的”。罗斯不是西方，“按照我们的单纯理解，货币不是由于国王的称号，而是由于商人的价格而发生效力，那是国王的不光荣，而不是他的光荣。”在这种单纯理解之下，要期望波索什科夫能在经济理论方面有所发现，那才奇怪

① 业已公正地指出：奥列兹姆的这一思想，后来在著名的格里沙姆法则（恶币驱逐良币说）里表述出来了。

呢。

加尼尔就已公正地说过，意大利经常是一个具有最劣等的铸币，同时却具有最优秀的货币著作的国家。如果在14世纪，它不曾产生像法国人奥列兹姆这样的经济问题作家，那么，在15世纪，意大利却出现了以第阿米得·卡拉法为代表的卓越财政学者。他的著作 *De regis et boni principis officio*[①]（国王与福利之主要障碍）的根本思想是：国王的财富受制约于其臣民的财富："Subditorum facultates Potentiae regiae fundamentum existimari oportet。"这恰好是波索什科夫在18世纪初期所发挥的那一思想。卡拉法还指出，为了国家的经济兴盛，须有公正的裁判："Ubi aequum vigeat imperium，ibi florere urbes; Contra ubi vi agatur，ibi omnia in deterius ruere acceleriter evanescere。"波索什科夫在所著《论贫富》一书中，也坚持同一观点。但这书于1724年写完，而卡拉法则卒于1487年。

意大利在16世纪提供了优秀的经济学家加斯帕雷·斯卡鲁菲和贝尔纳多·达万察蒂。斯卡鲁菲伯爵的重要著作 *Discorso sopra le monete e della vera proporzione fra l'oro e l'arqento*（《铸币与金银间比例讲话》）于1579年写成，1582年出版，为当时的文明世界（Zecca universale）所有各国提出了一个共同的铸币方案。17世纪初（1613年），安东尼奥·塞罗的优秀著作《各国金银

① 关于卡拉法的生平，请参阅扎·里卡-沙列里奥所写《意大利财政学说史》（*Storia delle doctrine Finanziarie in Italia*）一书，巴勒摩1896年版，第47—56页。书中所说卡拉法的拉丁文著作，即后来佚失的意大利文著作的译本。这一著作是根据那不勒斯的公主埃莱奥诺里（Eleonori）的命令而写作和出版的。

流斥原因简说》(*Breve Trattato delle cause che possono far abbondare i regni d'ora e d'argento*)一书出版。某些意大利作家称塞罗为政治经济学的创始人①这无疑是夸大其词。但无论如何,这位17世纪初期的意大利经济学者丝毫没有在理论上受教于波索什科夫,则是千真万确的。

最后,我们如果把《论贫富》一书中所阐述的观点同英国作家威廉·佩蒂和德莱·诺尔斯的观点相比,那我们又可看到思想的过程是多么依赖于事物的过程。英国在经济发展的道路上远远超过俄国,它在17世纪便有一些作家提出和正确解决了某些重要经济问题,而这些问题的存在,却是波索什科夫没有,而且不可能意料的。在这些问题之中,首先应该指出的是商品的交换价值问题②。

帕夫洛夫-西尔万斯基几乎以为波索什科夫阐明了真正的国家财富不在于国库的充实而在于人民的福利,看为波索什科夫的特殊功绩。但是,第一,这一思想远在波索什科夫以前已由克里扎尼奇提出过。第二,克里扎尼奇虽然提过这一思想,也不算是革新者,因为在他认为必须向莫斯科沙皇提出这一思想以前,这一思想在西欧经济著作中业已屡见不鲜。为了不回溯太远,我只说在15世纪,英国人约翰·福尔德斯柯和那不勒斯人第阿米德·卡拉法

① 参阅朱塞佩·佩基奥:《意大利公共经济史》(*Storia della Economia Publi ca in Italia di Giuseppe Pecchio*),都灵1852年版,第52页。

② 帕夫洛夫-西尔万斯基,一如米克拉舍夫斯基,断言波索什科夫的书就其文字和思想而言都比德国重商主义者的著作更为丰富。但当时的德国经济著作极为落后,所以最好将它抛在一边,而只提法、意和英国的著作。

就已坚持这一思想。1613 年法国人孟克列迪安在其献给年轻的路易十三世和皇太后的《简明政治经济学》(*Traicté d'Economie Politique*)一书中说:"您的臣民的财富就是您的财富"("la richesse de vos Sujets est votre")。贵族沃班写道:"皇帝之于国家,如首脑之于躯体,因而深切关怀,不使租税夺去人民生存必需的资料"[①]。布阿吉尔贝尔在所著《法国详情》(《Le Détail de la France》)(1695 年)和《法国陈述书》(《Factum de la France》)(约 1706 年)等书中,也曾发表同样的见解。他断言:"臣民的财富是国王的财富的基础"(La richesse des sujets est lunique base de la richesse des Princes)[②]。

但布阿吉尔贝尔、沃班和他们的许多先行者虽然完全明白,国王关怀其臣民的福利,即所以保护国库的利益,但他们虽说出了这一真理,却无一人进一步指出国王之**占有**其国内劳动居民,一如中世纪封建主之占有其农奴。在他们的笔下,这一论点没有意义,因为它不符合法国的社会政治关系。的确,布阿吉尔贝尔在他的一篇著作中曾请求国王想想,"像在土耳其一样,一切土地都属于他,而所有的农民则不过是他的农场主"[③]。但是,这一请求全然不表示布阿吉尔贝尔曾想到法国在事实上很像土耳其,而只不过因为他需要某种明显的例子罢了。他知道,实际上法国国王**并不占有**

① 沃班的书《第十王朝》(*La dixième royale*)印行于 1707 年,但写作不晚于 1699 年。

② 《18 世纪的经济一财政》(*Economistes-Financiers du XVIII Siècles*)巴黎,1843 年(Guillaumin 版),第 272 页。

③ 同上书,第 243 页。

本国居民，而只是从他们那里获取管理和保卫国家所必需的资料而已。这一点在沃班的著作里看得更为明显。他说国家若无其臣民的拥护，就不能生存（se soutenir），而臣民要拥护国家，便必须具有一定程度的财力。然而当波索什科夫寻求理由以支持其农民的财富也是国家的财富这一思想时，他却首先提到农民属于国王。

他说："地主并不是农民的永恒占有者，因此，他们并不怎样怜惜农民。农民的直接占有者是全罗斯的国王，而地主的占有只是暂时的。因此，地主不应使他们破产。"[①]他提到这一点是很适当的，因为这符合莫斯科世袭君主制的社会制度。

波索什科夫还说："必须用沙皇的敕令来保护农民，使他们成为直属的农民，而不是贫苦的农民。"[②]这又是完全符合莫斯科旧制度的精神的。

我们回忆一下我在第一卷中所引科托希欣的话："在给大贵族和其他上列官员分发地产和世袭领地时，在特权证里写明：他们……应对其农民量力征税，农民能出多少便抽多少，而不要强迫，不要把庄稼汉从地产或世袭领地中驱赶出去，使他们陷于贫困。"使农民"陷于"贫困意味着破坏沙皇国库的利益。如果科托希欣的话是可信的，则"使农民破产"的领主的世袭领地和地产应被没收，并转赐给他们的亲属，"善良的人"[③]。我们不知道，这样的事情曾否时常发生；相反，应该认为是罕见的。但精通旧莫斯科生活的波索什科夫不能没有听说，就在彼得朝代，政府曾对农民表现

① 《文集》第1卷，第183页。

② 同上。

③ 同上书，第1卷，第237页。

某种关怀。他也不能不懂得，这种关怀实质上只是对国库利益的关怀。正因为如此，他虽向彼得建议限制地主对农民的剥夺，但丝毫没有改变其保守的思想形态。他的计划同旧莫斯科实际的精神并无矛盾。正以此故，他一方面提出这一计划，同时又赶忙指明："农民的财富就是沙皇的财富。"

莫斯科政府只是在导致农民破产的领主过分明显地破坏了国库的利益时，才对他们加以处罚。这显然同经济理论是毫不相关的。

但旧莫斯科的实践，乃是官宦阶级的事情。由于"使农民破产的人们"往往就是那些为了国库的利益有时也采取一些办法防止农民破产的人们，所以这些办法之不坚决和不能达到目的，乃是毫不足怪的。波索什科夫不是"君主的奴隶"。就其出身而言，他是"君主的孤儿"，而按照阶级地位，他是一个"商人"[①]。因此，他能够要求一些更坚决的办法。在旧莫斯科的实践只是发出颇为模糊，而且往往不见执行的威胁的地方，他坚决主张应有一定的标准。

为了不使地主把国家劫掠一空，波索什科夫建议"发布敕令，规定地主可从农民获取代役租和其他物品，规定农民应每周为地主工作和从事其他业务的日数，务使他们能够勉强地向国王交税，向地主付款，同时自己也能免于匮乏地生活"[②]。

法庭应对这种规定农民赋税和义务范围的敕令的执行，进行

① 在一个官方文件里，这样称呼他。

② 《文集》第 7 卷，第 183 页。

监督。任何地主都无权“超过规定数额”向农民征收任何东西。但地主保有监视农民行为的权利，“务使其不致游手好闲，而尽力工作以维持生活”[①]。如果农民竟然怠惰，则“不仅地主或其管家，而且乡村警察也可对他们进行监视并加以严惩”[②]。

“加以严惩”啊！波索什科夫想要保护农民的经济利益，可是他未必有一天也想到不妨碍保护农民的背脊免受鞭笞啊！甚至在他的那些对农民最为关怀的计划里，他也公然规定对农民实行残酷的体罚。例如，他指出农民深受抢劫的痛苦。强盗“毁坏了许多乡村，打死许多人民”。农民对强盗深为畏惧，不敢在同他们斗争中相互支援：“邻居耳闻目睹，却足不出户，不敢从强盗迫害中搭救邻人。”怎么办？必须规定邻居相互支援。如果不去支援，就予以鞭笞。“由于邻居不支援而被抢劫，则对邻居加倍惩治”[③]。

还有一个例子更能说明农民和地主的关系问题，而且同这一问题有密切关联。波索什科夫一方面主张必须规定农民租税和义务的范围，同时又补充说：“农民对于地主征收的超额租税，必须报告，如果缄默（即不检举地主。——著者），则对这种农民应用笞刑，至于鞭笞的数目另订之。”[④]这又是完全符合旧莫斯科实践的精神的。

波索什科夫反对征收人头税（按字面为灵魂税。——译者），因灵魂是不可捉摸，不可理解，且无价值的。应该对他所说的“地

① 《文集》第7卷，第185页。

② 同上。

③ 同上书，第174页。

④ 《文集》，第188页。

上事物”征税[①]。既然在农村里，最大的“地上事物”为土地，所以地产应是课税的基础：“按照健全的理解，应对农户加以考察，……按其地产及在地产上播种的粮食征税。”[②]

为了对波索什科夫的这一建议作出评价，必须注意在我国，户税先于人头税，而户税曾造成我们的作者所明显描绘的弊端。在普查时，户数按门数计算。因此，地主便将若干农户并为一门。“大家都从一个门出入，其他的门则予关闭”[③]从这里便产生了波索什科夫所严厉指责的税赋不平衡。“普查人将农民的门算作户，尽管每个农舍为一户，但五六个甚至十个户也算作一个门。因此，这不合理，然而最不合理和完全错误的是给贫困和无力的农民造成委屈和破产”[④]。

波索什科夫因为知道这种情况，所以主张“按地产征税”。但如亚·拉波-丹尼列夫斯基所正确指出的，按照经济资料——即首先按照耕地面积对各户征税，可能产生按户平均土地的倾向[⑤]。这一倾向在《论贫富》一书中仿佛也透露过。波索什科夫在书中写道：“根据我的意见，如农民为一整户，便应给以相当土地，使他能常年种4‘切特维尔契’[⑥]的大麦，8‘切特维尔契’的春麦，收割20垛干草。”[⑦]如果不实行重分土地——最少在整户，即在具有相当

① 《文集》，第185页。
② 同上书，第186—187页。
③ 同上书，第186页。
④ 同上书，第186页。
⑤ 《莫斯科国家的直接课税的组织》，第260页。
⑥ Четвертъ为旧俄土地面积单位，等于40俄丈长×30俄丈宽。——译者
⑦ 《莫斯科国家的直接课税的组织》，第187页。

数量生产资料的农民之间实行土地重分，则实现这一主张是不可能的。如果波索什科夫所指的是这种土地重分，那他便是第一个提出这一实际要求的俄国作家，这种要求在法国空想社会主义者的学说中找到某种理论根据而作了重大发挥，它在19世纪许多俄国政论家的纲领中占有崇高地位。然而平均土地的思想在波索什科夫那里没有得到进一步的发展。显然，他是满足于彻底实行按照土地面积征税的原则的。他说："如果某一农民分得了土地，而不在土地上播种规定'切特维尔契'的大麦，则不应把它登记为一整户，而应登记为六分之一户等等。"①这只是平均税赋，而不是平均土地份额。

波索什科夫坚决主张实行土地普查，甚至想到要用地籍清册。

所有这一切都证明他很聪明，而且洞悉当时的俄国生活。这位聪明人由于洞悉俄国生活、不曾忘记旧莫斯科管理制度的某些对人民不利的方面；而由于他自己是一个"国王的孤儿"，却认为应保持和扩大这些方面。由于罗斯的农奴在波戈金时代比波索什科夫时代更为无权，所以毫不足怪，《论贫富》一书使19世纪40年代的许多"正派人"感到迷惑。但从这里尚不能断定波索什科夫是一个勇敢的革新派。但如果称他为进步人士，也应经常补充指出，他恰恰是一个莫斯科的进步人士；就是说，他虽然提出了某些真正对人民有利，因而在这个意义上是进步的要求，但他不是朝着未来，而是朝着过去看的。我们知道，这种情形不仅见于波索什科夫一人，其原因不是别的，而是我国当时社会政治关系的不发展。

① 《莫斯科国家的直接课税的组织》，第187页。

波索什科夫浸透了多少旧莫斯科的精神，可从他教训自己儿子应在教堂中如何举动一事中窥见一斑。他对于天堂也是按照东方专制的形式来想象的。他劝导："对各种神像不应平等尊敬。对不寻常的上帝神像，要献大蜡烛，对圣母神像要献同样大或略小的蜡烛；而对于侍奉神像，则献以比献给救世主和圣母者为小的蜡烛。至于对庆祝用的神像，通常不能用大于献给救世主的蜡烛。但为了庆祝，可用相等的蜡烛，但在上帝信徒的神像前，切不可奉献比献给救世主者更大的蜡烛。"[①]

鞠躬也应有不同。波索什科夫教训说："在上帝神像前应表示更大的尊敬，而与在其他神像前不同。"

最后，不应同样地吻一切神像："对救世主应吻其鼻，对其他神像则应吻其手，而不应吻其鼻。"[②]在普通人民中，许多人对上帝神像都弯腰鞠躬，而对尼古拉圣像则稽首及地。波索什科夫为了天堂上的世袭君主制原则，对此进行了猛烈的谴责："他们自己做不可理解的事，自己并不知道做了什么：为了使奴隶比主人还要尊敬，他们的理智怎样？"[③]

波索什科夫的同代人马特韦耶夫伯爵特别满意地指出，那里子女"受善意而尖锐的言辞责备，实比受鞭笞处罚更能养成正直的意志和勇敢的精神"[④]。但马特韦耶夫伯爵在莫斯科就已经受到西欧的温和影响。而波索什科夫则是一个莫斯科的进步分

① 《父亲的遗教》，第 89 页。

② 同上书，第 90 页（参阅第 95 页）。

③ 同上书，第 95 页。

④ 《同时代人》，1858 年，第 LVII 辑，第 25 页。

子，他是按照旧方式来思想的。他断言说："古代的圣徒为了使人类免于灭亡，劝人对自己的子女加以无情的殴打。"[①]也许，事情真是如此。在《耶稣之子西拉和夫的绝顶智慧》一书中写道："宠爱子女，也会使你害怕；同他嬉戏，也会使你忧愁；为了不因他而伤心和事后咬牙切齿，就不要对他溺爱。在幼年时不要给他以自由，要对他严加管束；直到青年时期，他虽倔强，但不改对你的服从。"[②]

波索什科夫未加批判地接受了这些"绝顶智慧的"教育规范，甚至增加了它的严厉程度。他以为，如果父亲溺爱他的子女，那是一个不可饶恕的弱点。他说："对子女的教育，不可疏忽大意，要使他们深感畏惧。第一，要使他们敬畏上帝；第二，要使他们害怕你，连你的眼色都怕。如果对上帝和对你的恐惧增加了，他们便可成为好人；而如果生长于溺爱和纵容之中，则不会走上好人的道路，或成醉汉，或成荡子，或成爱胡闹的人或甚至是真正的盗贼。"[③]他深信，在我们俄国，大部分人都是"由于幼年时失学，亦即由于纵容"而导致毁灭的。

如果他的货币学说表明他的经济概念的幼稚，则他企图用"纵容"（他认为这就是莫斯科父母对子女的态度）来解释犯罪，便证明他的社会学观点是同样幼稚的。固然，在波索什科夫时代，社会学本身完全不曾存在。然而在圣经里，却已有一些地方指出，犯罪的产生不仅由于"纵容"。值得指出，波索什科夫所极为蔑视的路德

① 《父亲的遗教》，第 44 页。

② 《耶稣之子西拉和夫的绝顶智慧》第 30 章，第 8—12 页。

③ 同上书，第 43 页。

对于犯罪原因的观察，便要广泛得多①。至于托马斯·莫尔，就更不用说了。他在《乌托邦》一书中，对于犯罪的原因业已发表一般正确的观点。但波索什科夫主要地只是记住了圣经中那些符合他的旧莫斯科社会生活观点的地方，而且在这种观点里又过于重视“笞刑”、鞭子，甚至绞刑架，以为这是把人们保持在美德轨道上的手段。

如果我不提他对外国人的憎恨，那对波索什科夫的观点的说明，便不算全面。他在1701年由于纳尔瓦战败的印象而写给大贵族Ф. A. 戈洛温的短简《论战事》中说道：

“阁下，我真是颇感奇怪和不理解的是：人们都说德国人聪明诚实，但他们教给我们的却尽是些谎言。……相信他们，那是非常危险的：他们对我们并非真诚关怀，因此，对于他们的教育，非常不该相信。我以为他们在一切事情上都欺骗我们，把我们当作傻瓜”②。

在《父亲的遗教》中，我们看到对外国人的同样充满不信任的批评：“我们什么也不要指望德国人，他们欺骗我们，而且赚我们的钱，但从来不对我们说真话。”③

在《论贫富》一书里，波索什科夫也对外国人采取不信任的态度。换句话说，在他整个自觉的生命过程中，他没有放弃其对外国

① 他说：“如果一个人生活舒适，那他不怕上帝，……另一方面，如果一个人生活恶劣……。”引自卡恩：《犯罪的经济原因》(У. Ф. Кан: *Les causes économiques de criminalité*)，巴黎—里昂1913年版，第28、38页。这几乎是重复卡恩刚刚引录和指出的所罗门寓言的一些段落。

② 《文集》第1卷，第272—273页。

③ 《父亲的遗教》，第47页。

人的不信任和敌视态度。我们每人都读过，也许还谈论过彼得一世所开辟的《通向欧洲的窗户》一书。但在波索什科夫的著作里，我们却看到另一说法。在所写《论战事》短简中，他抱怨说：德国人"在我国各地开辟了窟窿"，这种窟窿使他们能够清晰地看见"我国整个国家事务和工业"[①]。他认为邮政……就是一个窟窿。"这个窟窿造成邮政，而这对国王有何利益却只有上帝知道，但由于这种邮政而在全国造成多少弊害，那是数不胜数的"[②]。波索什科夫想说服大贵族戈洛温，应该消灭邮政："阁下，我以为最好是死死地堵塞这一窟窿，如果不能死死地堵塞，那就完全停止。我想，如果严格规定，外国函件如无官府证明不得输入，会是好事。"[③]

这很像是克里扎尼奇的《座右铭》。但《座右铭》不曾妨碍克里扎尼奇坚决主张改革。波索什科夫对外国人的不信任和敌视态度也不曾妨碍他拥护彼得。所以不曾妨碍，因为他能看出外国人优于俄国人的主要原因。

波索什科夫生于莫斯科附近的波克罗夫斯基村，这个村后来并入首都。由于邻近莫斯科，那里的许多农民完全不从事农业，其中部分人在郊区沙皇宫殿中谋生，部分人去莫斯科，也是在国王的宫殿里工作。1680—1681年波克罗夫斯基村改建为工艺馆。这一情况可能对波索什科夫的得天独厚的气质，不无影响。在他的童年时期，这些皇室的作坊在外国人指导之下改造和扩建、普罗列扎耶夫伯爵说，波索什科夫儿时伴随他的父亲到莫斯科皇宫工作，

---

① 《文集》第1卷，第273页——着重点是我加的。

② 同上书，第233页。

③ 《文集》，第274页。

跑到这些作坊观看工艺。此语不无根据[①]。无论如何，他经常爱好这种工艺，——称之为艺术，——而且自己也知道几种手艺。在外国技术人员指导下的皇室作坊，确能将彼得前奥勃洛莫夫式生活中许多视为最新鲜的事物，教给机灵的青年。

在波索什科夫讨论世俗问题的著作里，对俄国生产力的发展表现出完全自觉的巨大关怀，对技术工作也很尊重。这可能是他从皇家作坊中所得印象的结果。他对游手好闲有强烈的憎恨——也许，他的性格的这一特点也是在同一印象的影响之下形成的，因为西方人是善于珍惜时间的。但是怎样才能发展俄国的生产力，并教令其居民不去游手好闲呢？必须向外国人学习，这是无可避免的。所以波索什科夫虽然不信任外国人，而且憎恶他们，却写道，必须对从国外前来俄国的技师给予良好接待。他在《论贫富》一书中说："外国技师来到俄国，只要他为人善良，且掌握我国前所未见的技术，就应给以住房。派十来个（或更多的）人向他学习，同他签订合同，要他尽力和无隐瞒地对这些学生施教。教授果能尽力，而且青出于蓝而胜于蓝，便应给以合同规定的报酬，并对其尽力和无隐瞒地教授学生颁发奖状，然后送其光荣回国。所望其他技师源源而来，罗斯的技艺亦将日益增进。"[②]彼得正是想增进俄罗斯的技艺的。因此，我们的作家不能不同情他的创举。然而莫斯科国家的经济生活，在其居民之中既未发展其对技术知识的重要性的认识，也未提高其珍惜时间的倾向。莫斯科人是不情愿向

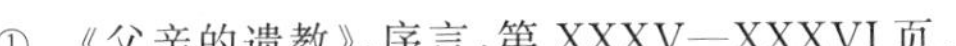

① 《父亲的遗教》，序言，第 XXXV—XXXVI 页。

② 《文集》第 1 卷，第 145 页。

外国人学习的。因此，彼得认为对这种人，应强迫其去学习。显然，根据他的那些观察，波索什科夫会作完全一样的主张。按照他的意见，不强迫是不行的。

但是，彼得是国王，而波索什科夫则是“国王的孤儿”。作为孤儿，他深知一个普通俄国人要去——更确切地说，被送去——向外国人学习科学，会遇到多少灾难。毫不奇怪，在《论贫富》一书中，在建议吸引外国技师前来俄国之后，他立即痛切地抱怨当局对俄国“艺人”的待遇，过于恶劣。为了国家的利益，应该给他们以“充足的饮食”，但他们忍受着极端的贫困。一位农民出身的作家说：“在我们俄国当局中，对这件事有一种极不健康的见解，因为他们瞧不起俄国人，所以不愿供养他们，使他们免于贫困。由于这种歧视，遂迫使他们盗窃、撒谎，而疏于技艺。”[1]

这一观察——即俄国当局一般地瞧不起俄国人，特别是瞧不起纳税等级，——可能在波索什科夫幼年参观“德国人领导下”的皇家作坊时，便已有了。不言自明，这种情况不可能促使他对外国人发生好感，何况外国人对于多少要依赖他们的“国王的孤儿”，又是毫不客气的呢！我在本书第1卷里业已提请读者注意，在莫斯科国家转向西方的时候，其居民的极大部分却加强了对外国人的憎恨。波索什科夫的范例是这一指示的最好明证。他懂得必须向外国人学习，但他又看到外国人对俄国人很少好感，而且用一切方法剥削俄国人。因此，他愈是重视他们的科学，也愈是更不喜爱他们，更不信任他们。我们在《论贫富》一书中读到：“德国人从来不

① 《文集》第1卷，第145页。

教我们俭朴地生活，什么也不要白白地丢失”，他在谈论商业政策时说道：“而只夸耀是他们、而不是我们怎样发现的财物。他们不仅为自己，而且为他们的其他同胞用各式各样的办法发财致富，却使我们愈加趋于贫困。因此，我们必须理智地考虑他们的一切事务，商业、军事及艺术事务都一样：他们口若悬河，但所说并非实话；必须用透彻的眼光①去看他们所作所为，而不要听信他们的言辞。”②

黄金旧时代在莫斯科饱读经文的学者，特别猛烈地谴责西欧居民中的“拉丁异端”。但是当波索什科夫攻击“德国人”时，他提出的最高和最后论点，是他们信奉路德的学说。在他的眼光里，路德是“异端中的异端”。莫斯科的进步分子要他的儿子相信，“马丁·路德准许他的弟子为所欲为，肆无忌惮，”就是说，马丁·路德鼓吹不道德③。几乎没有一种罪恶，他不曾拿来“攻击这个万恶的被革去教衔的神甫马丁·路德”。由于出身军职阶级的“彼得小学生”，除了极少例外，大都比较愿意接近新教，而不愿意接近天主教，所以波索什科夫对路德派的这种凶恶攻击更具有特别意义。但是这些“小学生”较少受到波索什科夫经常关切的那种环境的折磨。“路德派”使俄国人——当然主要是普通的俄国人——成为他们经济剥削的对象。这使波索什科夫特别感到愤慨。“他们不以此为过错，而且欺骗我们，榨取财帛”。波索什科夫因此对他们极感愤怒，甚至以为“鞑靼人比他们好些”，尽管鞑靼人“信仰回教”。

① 在另一抄本里，作“尖刻的眼光”。

② 《文集》第1卷，第126—127页，第212页。

③ 《父亲的遗教》，第124页。

鞑靼人又怎样！“路德派”比牲畜还不如，“因为牲畜虽不会说话，却总记得它是受谁的饲养；而他们却像只狼：狼无论怎样饲养，也只是向往森林。”不言自明，天主教徒对于在经济上依附他们的俄国人的剥削意图并不亚于新教徒，然而新教徒却占着更有权势的地位，他们在彼得改革时代以及改革以前的时代涌进俄罗斯的外国人中，为数较多。因此，思想家波索什科夫正是对“路德派”大轰大擂，几乎忘记在世界上还存在着“罗马人”。

对“路德派”的攻击还暴露出波索什科夫观点的另一非常值得指出的特点。在攻击外国人剥削俄国人的意图时，他几乎是经常站在商人的观点上，而不是站在“农民”的观点上立论的，尽管他一度自称为农民。这是因为他就阶级地位而言，完全不是一个种田的农民。他在不同时期从事各种不同的“艺术”（即手工业），有时还同时领导几个工商企业。他在彼得堡有一幢住宅，在诺夫戈罗德有两处宅院。不迟于1718年，他以自己的名义购买了马特韦耶夫村和半个扎卡拉谢尼耶村，成为地主。1719年又将马林诺村和向贵族温斯基购买的几处荒地并入这一地产。读者看到，波索什科夫远非“穷困”（他自己的说法）。他虽曾建议彼得下令限制农民的租税和徭役，但我们却看不到他对农民有多大同情：他断言，农民主要是因为懒惰才贫困的。自然，“商人”是不能对农民有强烈的同情的，他们自己便又留了逃亡的农民。他的最完全和真诚的同情是在商人方面。他说：“国家因军队而扩张领域，因商人而增加光彩。”[1]因此，应该认定他不是农民的思想代表，而是工商阶级

① 《文集》第1卷，第112页。

的思想代表。他抱怨外国人对俄国人的剥削，其主要根源在于外国人的工商业权势。这一点是很容易令人确信的。例如，波索什科夫在建议堵塞窟窿时说道（请别忘记是在《论战事》的短简里说的！）："邮政之设置是为了外国人（他们是了解俄国市场的情况的。——著者）经商而侮弄人，俄国人则血尽筋枯。"在《论贫富》一书中，他愤恨外国商人"带着他们的不值钱的东西"来到俄国，抬高其价格（"加倍、而其他商品甚至高于两倍的价格"），而对于我国"原料"商品却定价过低。必须采取哪些办法来改变他们和外国商人之间的形成的关系，使其有利于俄国商人，这就是波索什科夫所致力解决的最主要问题。他向彼得最坚决提出的那些措施，都与这个问题有密切的关系。不仅这样，他对彼得改革的同情，实质上是他对一个善于重视商人利益的沙皇的同情。彼得前外国人来到我国都给大贵族带来礼品，即使为此用去成百卢布，却赚得了巨额利润。"大贵族不是将商人藏在蛋壳里；他们有时以极低的代价就将整个商界出卖了"。现在，那个悲惨的时代过去了，"那时我国国王对于商业事务不闻不问，而由大贵族管理"。彼得"对此是事必躬亲的"，所以现在外国商人已不能为了剥削俄国人民而"逢迎"大贵族了。

我们在这里看到一种不胜枚举的情形，在这种情形之下，国王的奴隶和国王的孤儿之间的对抗有利于中央政权；孤儿希望中央政权把那种被军职阶级的自私自利和玩忽职责所严重败坏的事态改正过来[①]。我们还看到推动狭隘的民族主义者波索什科夫同情

① 《文集》第1卷，第122页。

彼得改革的动机之一，尽管这一改革是同大多数莫斯科民族主义者的意向背道而驰的。其次，波索什科夫再次回到他的所谓俄国货币的价值应由沙皇的意志来决定的主张，并且补充说："我国君主的意志是自由的，我们获有某部分自由也是由于君主的意志"（第 123 页）。纳税等级所以拥护沙皇意志的无限性，便是希望通过它，自己也在同军职等级的斗争中获得部分自由。然而波索什科夫同情彼得的动机，尚不止此。

波索什科夫比彼得年长约 20 岁。在彼得开始其改革活动时，他的世界观业已形成。对我们更为重要的事实是：尽管在他的观点里保守主义居于主导地位，但是他的观点却从各方面浸透了认为当时现存制度不良的意识。这一点可从他在 1704 年前写的《关于改正一切弊端的报告》中看出。

他在这份报告中写道："任何人若明察东正教俄国的生活，行为和事业，都不会在任何一件事情里看到健康的东西。在教堂里没有使直接秩序仪式化，甚至学习和唱歌、民事、农事、军事、审判、商务和艺术等等方面，……无论在任何事业和事物里，都无不有错。我们从头到脚都不完整，所以我们受到四邻各国的嘲笑与侮辱。他们把我们当作莫尔多瓦人，然而他们并非完全不对，因为我国到处都糟，都无秩序。"

当一个人得出这样一种悲哀的信念，认为他的国家一切都糟，一切都无秩序的时候，那他的头脑里就自然会产生一个问题，即事物的状态是否可以改变，或是完全没有希望呢？波索什科夫深信一切都是完全可以改变的。他断言："由于上帝的帮助，一切毛病都可改正。所以只要我们坚定信仰，便能将罗斯改正过来。任何洪水都不能动摇她，更何况是谎言！这不是狼所能加害的。在宗教规章上，在军事、民事和农事上，现时一切不正之风都可改正，都可提倡真理。那时，大家都会感到惊奇。”①

外国人对俄国人的轻视，引起了波索什科夫对他们的强烈不信任和憎恶，但同时也在他的身上激发了强烈的民族自尊心，而这种自尊心是同野蛮人所特有的自负心理迥然不同的。他相信我国一切都糟和杂乱无章，而外国人同我们相比则生活得很好：这不能给这种自负心理以存在的余地，而只是有力地显示他尽快赶上业已超越我们的外国的愿望。“许多德国人在科学上比我们聪明，而由于上帝的恩德，我们的灵敏却并不亚于他们。他们辱骂我们是没有用的”。这些话是波索什科夫 1701 年写给戈洛温的《论战事》的节略中说的，还如我在前面所指出，抱怨德国通过邮政，挖开了通向欧洲的“窟窿”。他自己应该承认，没有这样那样的“窟窿”是不行的。

这一“莫斯科的进步人士”特别具有的彻底性，他并且用这种彻底性来观察其所愿望的改革。他认为首先应该实行一些能够把信仰建立起来的改革。同外国人交往的日益频繁，表明莫斯科人没有任何可能利用宗教工具来保卫东正教。波索什科夫是无条件地承认这一点的：“尽管儿童很少向我们问到信仰，但我们虽然年纪已这样大了，却不知道怎样回答；至于怎样揭开他们在信仰上的问题，我们想也不曾想过，因为我们不知道他们信了什么异教。”因此，必须学习是很显然的。但当问题涉及维护自己的信仰时，便必

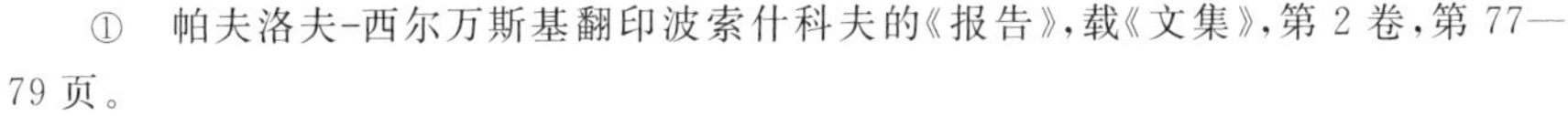

① 帕夫洛夫-西尔万斯基翻印波索什科夫的《报告》，载《文集》，第 2 卷，第 77—79 页。

须学些能够有助于搞清楚宗教问题的东西。因此，在《父亲的遗教》的篇首，波索什科夫建议他的儿子："在少年时代的初期，重于一切科学的是致力于书本学习，不但要学习斯拉夫文的书，而且希腊、拉丁乃至波兰文的书也要学习。因为有许多斯拉夫文所没有的书，都是用波兰文写的。用波兰文去研究科学比用其他语文更为方便。"彼得和他的"小学生们"都认为德文比波兰文和古代文字对我们更为需要。但他们是从世俗观点立论的，而波索什科夫对待科学，则是从希腊—拉丁—斯拉夫学派的纲领要求出发的：由他看来，最重要的是维护东正教。

然而外国人不仅在信仰对象的争论方面，显得优于俄国人。1700 年 11 月，查理十二世在纳尔瓦战役中给俄国人以迎头痛击。前已指出，纳尔瓦战役的悲惨结局，给波索什科以强烈印象。他在《关于改正一切错误的报告》里，直接指出了军事上的紊乱。而在写于 1701 年，亦即写于纳尔瓦战役以后的《论战事》一文中，更痛心地抱怨我国军队在数量上超过敌人时仍然吃了败仗。"我真是……大惑不解，这难道是显示力量或值得赞扬：我国大量部队开赴战场，而敌人却以少胜多，并有俘获。这不是我们的光荣，因为我们人数虽多，却抵挡不了少数敌人"①。由于对外国人的不信任，自然，波索什科夫会认为那些对俄国人进行军事教练的外国人是不真诚的。他提出关闭由德国人恶意开辟的"窟窿"的主张，便是和这一思想密切联系的。然而问题在于波索什科夫不只是提出这一反动的主张。他希望改革，相信俄国人能够胜利地同外国人

① 《文集》第 1 卷，第 278 页。

斗争。“我们……俄国人的手同外国人是一样的，……外国人并不是从天上来的，他们仿佛和我们是一样的人：技能加良好的训练，一切的人便都会有的。”①

波索什科夫在谈到“技能”时指出俄国人不会瞄准射击，并在这个问题上提出了一个重要见解。他说：“照我看来，排枪齐射只是好看，敌人对它并不害怕，而瞄准射击虽不好看，却能使敌人胆寒。”②150余年以后，我国一位军事学家对这一见解在理论上的正确性，作了如下说明：

“他不顾当时优秀战术家的意见，反对密集队形的盲目射击而主张士兵的单独发展。这个主张只是在不太久以前才不仅在我国，而且在整个欧洲开始实现”③。

篇幅的限制，使我不能在这里研究何种生活经验使“商人”波索什科夫能比当时的其他战术专家更正确地观察军事学的这一问题。由于不能不往下写去，我只好请读者注意射击需要枪支。而为了制造优良的枪支，必须有“艺术”的训练，这种“艺术”外国人知道的要比俄国人多得多。因此，很显然，波索什科夫无论对那通向欧洲的“窟窿”多么忧心忡忡，却还是不能不同意邀请外国“艺术家”来俄。他的思想过程在论大炮射击时说得最为明显。“在罗斯既无熟悉大炮射击的人，为使炮弹不致白白浪费，则虽以巨大代价

① 《文集》第1卷，第282页。

② 同上书，第267页。

③ 《军事论文集》，1859年，第4辑，第365页（引自普里列扎耶夫为《父亲的遗教》所作绪论，第XLV页）。

亦须从外国获得这种人”[①]。

因此，没有外国人是不行的。但外国人能改正我们的一切错误吗？《论战事》一文业已表明，波索什科夫并不认为只要召请外国专家，便可万事大吉。

保卫俄国不受敌人侵犯，是君主的奴隶的责任，他们已组成了大批的骑兵。关于这种军队的缺点，某些贵族在17世纪便已明显看出。读者当能记忆，他们对莫斯科的“老弱残兵”曾作不好的批评。但贵族之鄙视其“同胞”的恶劣服役，是有许多理由的。波索什科夫没有这种理由，而他却不断坚持说贵族的军役是做得非常恶劣的。他们所关切的不是击毙敌人，而是更快地回家。他们在战场上亦远远没有表现出英雄气概；“在服役时，他们便注意何处可以作为作战时的躲避处所，他们整连整连地躲在树林中或山谷里，只要看到作战部队从战斗中回来，他们便装模作样，仿佛也是从战斗中返回营房”[②]。

在《论贫富》一书中有许多这种反对军职阶级的攻击。我们了解这些攻击后，便可看到波索什科夫虽然很坚持旧的莫斯科思想方式，但他不能不对彼得为取消贵族服兵役的旧方式而采取的措施，表示庆幸。

在军事上需要“技能和良好的训练”。良好的训练必须对贵族提出一些他们所不习惯尊重的要求。谁向他们提出呢？在莫斯科的社会政治秩序下，只有中央政权的代表才能提出。波索什科夫

① 《文集》第1卷，第269页。

② 同上书，第287页。

直截了当地发表了这种见解。为了改正这一切错误，“必须有伟大君主的意志和愿望”。彼得愈是坚决地表现出这种意志，我们这位“商人”便愈是同情他的各种措施。

贵族不仅保卫俄国，而且管理了俄国。波索什科夫相信，他们的保卫工作是做得非常坏的。他还看到，他们对俄国的管理也不很好。他们担任统治阶级的角色，表现得极为残暴专横。波索什科夫也身受其害。

他写道：“德米特里·米海伊洛维奇·戈利岑公爵老爷有什么朝气和理性呢？我在过去的1719年，曾向他提出申请，请他准许我承包建造一所葡萄酒和白酒酿制厂。不知道他为什么命令将我拘禁起来。我被拘禁了整整一星期，寂寞无聊。我不知道何以拘禁这么久和为什么拘禁。”当然，怎能不寂寞呢！波索什科夫的被释放，也是由于同样任意处置。他请求一名警察向公爵说情。戈利岑听了警察的话，立即下令释放了他[①]。自然，这次释放不能免除他成为新的压迫的牺牲者。1721年，涅维尔斯基少尉查封了他的地产，并将他驱逐出屋。波索什科夫的妻子受到这样惊吓，因此“在别人的院子里流浪了两个多星期。”同年，波列茨基上校对他“恶言诟骂”，说他是贼，“扬言要用佩剑戳死他”。波索什科夫向法院控告了他，但上校不承认普通法院的管辖权，说“我只受军事法庭的审判”[②]。贵族对待“商人”如此，对所属农民的压迫尤属不能忍受。至于他们怎样对待僧侣，亦可从我们的作者的下述言论中窥见一斑：“贵族对

① 《文集》第1卷，第48—49页。

② 同上书，第34—35页。

农村僧侣极为蔑视，对待他们比对待奴隶还要坏。僧侣害怕他们，像奴隶般为他们做任何工作，比最低级的女奴还不如。”波索什科夫叙述贵族洪内科夫怎样打神甫的耳光，“从神甫的手中夺去十字架，将神甫从门口摔了出去，剥去僧衣，拖到污浊地方，打个半死不活”，骂道：“你还把我当作波索什科夫呢？”神甫的过错是他在复活节日到地主家前，先带着圣像到住在教堂较近的波索什科夫家里。这一被毒打的教堂神职人员不敢控告洪内科夫[①]。概括地说，所有不属于“国家奴隶”的人们都要受“国家奴隶”（即贵族）的虐待。当有纳税义务的罗斯略为振作起来，转向西方，推戴波索什科夫为其思想代表时，他要求“真理”，便毫不足怪了。他所制定的改革计划，完全不包含任何革命的或激进的主张。然而就是波索什科夫想出这种计划，以期对“国家奴隶”（贵族）的专横略加限制这一事实，已足使他们感到危险。波索什科夫自己也理解，他的计划不可能为军职阶级所喜爱。他的《论贫富》一书并不是什么预定公之于比较广泛公众的政论家著作，而是一份向沙皇提出的阐述国内各种“错误”的秘密报告。波索什科夫在送呈这份报告时，附函请求沙皇“不要将我的名字告诉那些仇视和妒忌我的人们，特别是那些诽谤者、嫉恨者和谎言爱好者，因为我不附和他们写作，却要使人相信我的孤陋之见，他们是不会让我再活多少时光，而会结束我的生命的”。结果确是如此。《论贫富》一书上写的日期是1724年2月24日，而在次年8月29日，他便被捕，仿佛是因为他“犯了重大刑事罪”。所谓“刑事罪”的内容俱见如下事实：秘密审讯处讯问一位涉嫌费奥多西大主

---

① 《父亲的遗教》，第283—284页。

教案件的书记希什金，问他是否藏有《论贫富》一书[①]。波索什科夫是在狱中死去的(1726 年 2 月 1 日)[②]。

波索什科夫最同情商人。但我们在上面已经看到，他对于那些“臣民专权，特别是商人专权”的西方国家制度，却是非难的。他希望国王的权力也像上帝的权力那样无限。他愤恨贵族的行为，甚至说，“沙皇，特别是地主应该爱惜农民”。但从这一思想的往后发展中可以看出，这一思想实质上也是很有限的。

波索什科夫距离法国资产阶级思想代表所提出的要求很远：法国资产阶级要求主宰一切。他说：“沙皇对商人和农民应像对贵族和军人一样一视同仁，加以爱护，不使任何人陷于贫困，而使大家都能各尽己力，富裕起来。”[③]爱护农民便是要用敕令来确定他们的赋税和义务。至于商人，波索什科夫曾提醒彼得注意，德国是如何爱惜人民——特别是商人，并且抱怨“我国法官完全不爱惜人民”[④]。这种对我国“法官”的不满，决定了他的纲领的极大部分的内容。他要求**公正的裁判**；按照他的宇宙观的观点，用宗教理由来强调这一要求：“上帝即真理，他爱真理。”但是怎样在法庭里求得真理呢？他解答说：“为了和睦的共同生活，我们的伟大君主应命令建立统一的法庭，无论农民或商人，贫或富，士兵或军官，团长或将军，都应受其裁判。应将法庭设立在近处，使任何低级的人都易

---

① 普里列扎耶夫：见书前，第 LXII 页。

② 很奇怪，A. A. 基哲维突尔认为波索什科夫的被捕是彼得的过错。事实上，彼得殁于 1725 年 1 月 28 日，即在波索什科夫被捕前七个月。这个俄国纳税人的思想家，是在出身军职阶级的“彼得小学生”们的手下牺牲的。

③ 《文集》第 1 卷，第 189 页。

④ 同上书，第 71 页。

于对军职人员，也像对普通人一样提出控告。”[①]我们假定，这一主张是由于看到居民受到驻在他们“居宅”的驻军的侮辱而提出的。但波索什科夫相信，平等的法庭不仅应适用于小市民同他们的驻军发生冲突时。波索什科夫认为还须从世袭君主制中找出理由来为这一要求辩解。“沙皇是法官，又俨如上帝。……因此，如像在上帝的法庭里一样，在君主的法庭里，任何人，无论贫富，无论强弱，都应受统一的法庭的制裁”[②]。非常值得指出，波索什科夫想到世界法庭的观念[③]。

新的、对一切人平等的法庭，必须有新的法律标准。波索什科夫证明，必须编制新的法典，因为所有法规都已陈腐，而且由于不公正的法官，都被歪曲。为了编制新法典，应召集由各级官吏选出的代表会议。他补充说：“我觉得，若能从农民中选出代表，亦非坏事。这种人在村长和乡村警察中都是有的。”为了证明这一主张的正确，他说：“我看到就在莫尔多瓦也有通情达理的人，那么，在农民中怎能没有通情达理的人呢？”[④]我们看到，塔季谢夫和坎捷米尔对“没有头脑的庄稼汉”是抱着轻视得多的观点的。

新法典将来写成后，应用“最响亮的声音向所有各族人民公告，……务使无论高门第的贵族或低门第的人们，无论穷人或富人，……以及农民，都不因这一法典而感到压抑或侮辱”[⑤]。

① 《文集》第1卷，第42页。

② 《文集》，第257页。

③ 《父亲的遗教》，第184—185页。

④ 《文集》第1卷，第76页。

⑤ 同上。

波索什科夫在写完这段话后，感到畏惧，遂附带声明说，不要以为他主张“人民会议”是要“减低”沙皇的权力。所以需要人民会议，唯一的目的只是为了求得最真实的真理，而不是为了限制“皇帝陛下的专制权力”。很明显，他的这一声明是完全出于至诚的。这位“莫斯科进步人士”的人民会议主张，只不过是他对旧事，即对缙绅会议的追怀而已[①]。此外，“人民会议”完全不剥夺中央政权按照自己的意愿最后决定问题的权力。因此，布里克涅尔以为波索什科夫谈到人民会议，实即提出同后来在法国由孟德斯鸠及其他启蒙思想家提出的主张相仿佛的政治要求，这是一个重大的荒诞的错误。波索什科夫在这里仍旧是一个“莫斯科的进步人士”；就是说，他在制订改革计划时，不是朝前，而是朝后看，朝着那些由于莫斯科世袭君主制的社会关系的逻辑而愈来愈加陈腐的过去看。

军职阶级出身的“统治者”以不堪负荷的压迫加在整个负担税务的罗斯身上，这是任何人，只要他不为这一阶级的利益和成见所蒙蔽，都易于看出的[②]。不幸的是，看到了恶，并不就是指出了除恶的手段。姑且假定，俄国政府将根据新法典恩赐一个“人民会

① 关于当选代表参加1648年法典编制事，请参阅B. H. 拉特金：《古代罗斯的缙绅会议》，圣彼得堡1885年版，第4章。

② 在俄国业已建立起来的社会政治秩序，极大地阻碍了俄国的经济发展，这不仅为波索什科夫一人所察觉。基勒布格尔写过：俄国人没有利用其国家的有利地位和其本身对商业的爱好，从可能获得的利益中获得十分之一的好处。他还将俄国人的商业活动比作被人的手紧紧握着的困鸟，“如果握得太紧，则鸟必死；但若松手，则鸟必将飞去，而给鸟的主人造成损失”。但他说，“俄国人从来没有获得过大的自由，他们经常受到压迫。”(*Kurzer unterricht*，见 Büching's Magazin für die neue Historie und Geographie, dritter Theil, Hamburg, 1769, 5.249)(《简明教程》，见《比欣新史地文库》第3卷，汉堡1769年版，第249页。)

议”。然而“统治者”却仍旧是从军职阶级中选出的，而这个阶级是同“不公正”结下不解之缘的。谁能有力量去阻止他们恢复过去的舞弊行为呢？这个问题的答案是不能在莫斯科的旧实践中找得的。因此，波索什科夫的答案不能令人满意。首先，他主张法官应热诚地祷告上帝。其次，如像佩列斯韦托夫一样，他主张用严刑峻法。“直截了当地大刀阔斧。如果不能建立公正的法庭，便再杀一百个法官：因为在我们罗斯，不公正已是非常根深蒂固了”[①]。然而惩办不公正法官的还将是同一军职阶级，法官便是从他们当中指派的呀！他们愿意严厉地对待这些法官吗？波索什科夫对此是极为怀疑的。为了对这一弊端略加补救，他主张指派低门第的人，而不是高门第的人充任法官，因为高门第的法官有更多的关系，足以保障他们不受惩罚。

如所共知，我国的小官小吏并不以高门第出身为其特点。然而同样周知的是，虽然如此，他们总是善于“违法犯禁”的。莫斯科国家的“不公正”的基本原因是其居民的完全无权。然而正是这一原因，波索什科夫在其关于司法问题的探讨里，毫未涉及。在他提出他的改革计划时所遵循的传说中，没有任何类似小市民的较为确定的权利的概念，而只有祷告上帝和对不公正的法官实行严刑峻法的宣传。

波索什科夫希望原告和被告都能自己保护自己的利益。他极为敌视“雇佣讼师”，因为他们强词夺理，足以泯灭真相，而使法官发生误解。但是由于他要求实行口头诉讼，所以他认为法官有对

① 《文集》第1卷，第85—86页。

"言辞笨拙"的诉讼者实行帮助的义务。

"统治者"所以能够压制劳动居民，还因为这种居民是不识字的。波索什科夫主张教农民子弟识字。这无疑地是一个进步措施。但那些以为波索什科夫要求对农民子弟实行普及教育的人们，显然是言过其实了。他说，"如果能使每一个小的村子有一个识字的人，那就不坏了"[①]。这句话的确切意思是说，甚至在一个小村子里，也应有一个识字的人。这还不是普及教育。的确，波索什科夫不是经常准确地表述了自己的思想的。此外，已故波戈金又认为必须改变他的正字法，因而给学者造成重大障碍，使他们无法认识波索什科夫的手稿。但无论如何，我们知道，东方专制国家居统治地位的社会政治秩序，远远不是经常排除对劳动群众推行识字教育的关怀。

现在从识字问题转到另一问题，这个问题虽同识字教育无直接关系，但极为波索什科夫所重视，并促使他拟订一种很值得注意的法律草案。

为了发展俄国的生产力，他主张发布命令，"拘捕流浪街头的穷人，教以纺织技艺，将他们交给公营工厂"。按照波索什科夫的意见，应授权私营企业家"收容男女流浪人，给予教育并在教好后永远领有他们，无论他们在被抓前是什么人"[②]。

这一愿望同西欧关于流浪人和穷人的决定很相像。英国根据1530年的法律，壮健的流浪人应受鞭笞，并迫使其宣誓愿意工作。

① 《文集》第1卷，第175—176页。

② 《文集》，第151页。

1547年的法律规定，检举流浪汉的人可收流浪汉为奴。主人可迫使这种奴隶做最恶劣的工作。法国根据1777年敕令，凡无固定职业和生存资料的壮健男丁，都应判处苦役。查理五世为荷兰人制定的法条（1537年），荷兰各市和各州的第一份告示以及1649年6月25日合众省的身份证，其内容也都与此相仿佛[①]。

在这一点上，波索什科夫的愿望，是与西方相符合的。当然，这里同样谈不上什么建立西欧的立法思想，因为波索什科夫在18世纪初期所企求的东西，英国在16世纪就已经有了。有趣的是，波索什科夫在这里放弃了旧的莫斯科观点，根据这一观点，乞丐是“教堂的美人、基督的兄弟、和平的祈祷者”[②]，而且促使他放弃这一观点的是对发展生产力的关怀[③]。这种关怀是不能经常符合旧莫斯科概念的。

然而不应以为，这种关怀能使波索什科夫在批评古老的莫斯科宇宙观上走得很远。作为一个专心致力于实际图谋的人，他不冒冒失失地自作聪明，而是一心只想俄国的迫切经济需要。政府所掌握的满足这种需要的手段，与17世纪各代沙皇所掌握者相同。波索什科夫认为，为了教育人民，国家必须在方法上干预人民的经济活动。在这方面，他是完全与西方的重商主义者相似的。但在他的方案里，国家干涉立即取得了旧莫斯科的特征。例如，在

① 卡尔·马克思：《资本论》第1卷，O. H. 波波娃版，第693—694页（参看《马克思恩格斯全集》，中文版，第23卷，第803—805页）。

② 参阅 И. 普雷绍夫：《神圣罗斯的乞丐》，莫斯科1869年版，第58页。

③ 在《父亲的遗教》里，波索什科夫对于贫困，发表了一种旧莫斯科观点（第169页）。“谁是上帝，他便领有天国和人间，一切归于上帝。而在人间，伟大的居留者则是贫困”等等。

《论贫富》一书里，他建议政府应迫使商人按真实的价格出售商品。试问商人如不执行这一要求，又该怎样呢？他的答复表示了旧莫斯科习惯："如获取超过真实价格的余额，则对每一超额戈比，处以10戈比或20戈比的罚款，并责以笞刑或鞭刑，以儆来兹"[①]。

对商人，由甲长、保长和警察进行监视。如果这些官员纵容商人不管怎样欺骗自己顾客，则对甲长处以10倍罚款，对保长处以50倍罚款，对警察处以100倍罚款，并施鞭刑[②]。

由于"欧洲居民"利用我国商人的不团结而无情地压迫他们，所以波索什科夫希望俄国人一律按照他们共同协商规定并经上级许可的价格，向外国人出售商品。这一主张的本身是非常实际的。奥尔金-纳晓金在担任普斯科夫省长时，便想出这一主张并力予实行[③]。不过，波索什科夫在想到这一主张时，还想到鞭刑。"凡未经上级许可，敢于向前来的外国人虽以一卢布的差价出售任何商品者，亦处以百倍罚款，并施鞭刑"[④]。

波索什科夫将鞭笞看作政府教育俄国人民的最可靠助手，这一观点是同彼得及其出身于军职阶级的"小学生们"完全一致的。

他深信外国人也同我们是一样的人，但他们的"社会"比较好些。所以，他对俄国的较好"社会"制度，进行了思考。在他提出的措施中，有些是值得非常重视的。然而就是这些措施，也都像彼得的教育敕令一样，是充满了鞭笞的威胁的。甚至对于力图改革的

① 《文集》第1卷，第117—118页。

② 同上书，第118页。

③ 克柳切夫斯基：《俄国史教程》，第II卷，第449—450页。

④ 《文集》第1卷，第119页。

人们，旧莫斯科始终给他们打上了自己的烙印。

波索什科夫在提出发展俄国生产力的任务时，深信我们可以不用外国商品，而外国人却不能坚持在十年之内不用我国的商品。他写道："因此，我们应当统治他们，而他们则应奴颜婢膝地对待我们，在一切方面向我们低头，而不是骄傲自大。"[①]但是，他自己也很理解，事实上俄国人距离在经济上统治外国人还很远。因此，他在所写方案里，只是提出一些办法减弱我国对德国人的依赖。他知道德国人在科学上比我们先进。至于商业，他劝告乡亲们和睦相处，接受外国商品时要"慎重"，要根据共同协议，要得到上级的许可。此外，他主张完全禁止奢侈品的输入[②]。如果全部禁止为不可能，亦须规定只有高级人员才有权购买[③]。同样，不应向外国人购买"在俄国所能购得的商品，如盐、铁、针、玻璃器皿、松节油、儿童玩具等等。主要的事情是要制止德国人的妄想，不让他们从罗斯攫取财富。"在这一点上，波索什科夫也是同西欧的重商主义者相仿佛的，他们比他更早提出了同样的原则。但是为了使外国人不从某一国家攫取财富，这个国家必须尽可能自己制造从外国输入的商品，特别是注意生产那些在外国用本国原料制造的商品。波索什科夫完全自觉地保卫这一规则。他写道："必须想方设法在罗斯开办亚麻及大麻制造业，用俄国原材料制造毛织品、绒布、细

---

① 《文集》第 1 卷，第 122 页。

② "我们不需要用锦缎来装饰自己，我们需要的是良好的法律，学校教育和基督的真理"。《文集》第 1 卷，第 127 页。

③ 波索什科夫主张，任何官级都应有自己的规格。他甚至在每一等级之内，——例如，在商人等级之内，——都划分出各种特殊的"官级"，这些"官级"应按照自己的富有程度而享受或高或低的奢侈生活方式。

竹布、帆布等等，这都是非常必需的。此外，原料出产地应是原料制造地。”[①]波索什科夫再次想到夺取国外市场：“我希望，我们能为整个欧洲制造布匹，在他们现时价格之下，可以向他们更廉价出售。”[②]然而实际生活也再次提醒他，必须首先学会自立。他承认，“我们很难开办这些工厂”。既然很难，政府便应负责创办。波索什科夫说：“为了国家的富庶，必须在开办之初，由国库出资在地面广阔和麦产及食品价廉的城市建厂……向它们征税，使人们发财，国库增收”[③]。当然，不应不支持私人企业家。“对于资力单薄的企业家，应由市政机关或皇帝陛下指定的机关贷款，使任何事业都得到扩充”[④]。最后，必须尽最大努力去勘察俄国的天然富源。波索什科夫认为这种富源是很丰富的。“我不知道，有什么在我国不能找到；不过我们不了解，因为我们没有去过外国，也没有看到或听到在这种地方找到了什么。而外国人即使知道，也不愿给我们公开”[⑤]。

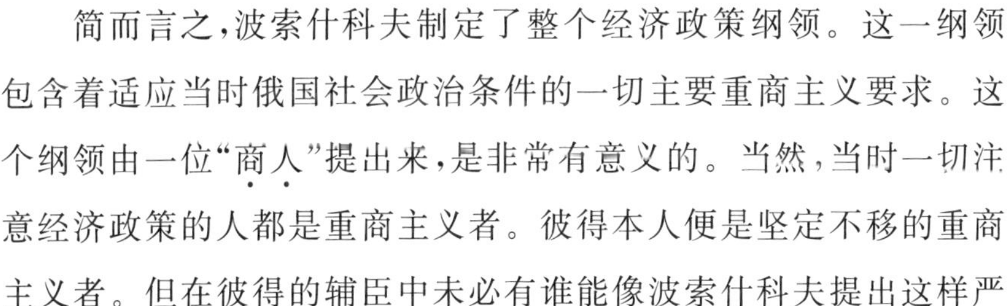

简而言之，波索什科夫制定了整个经济政策纲领。这一纲领包含着适应当时俄国社会政治条件的一切主要重商主义要求。这个纲领由一位“商人”提出来，是非常有意义的。当然，当时一切注意经济政策的人都是重商主义者。彼得本人便是坚定不移的重商主义者。但在彼得的辅臣中未必有谁能像波索什科夫提出这样严

① 《文集》第1卷，第148—149页。

② 同上。

③ 《文集》，第150—151页。

④ 同上书，第1卷，第152—153页。

⑤ 同上。

谨周密的经济纲领。布里克涅尔说，在彼得的“小学生”中，没有一人像波索什科夫那样可以称做经济学作家的[①]。这话是公允的。布里克涅尔的错误仅在于他将一些先进的观点强加给波索什科夫，而在当时的社会政治条件下，他却断然不能想到这样的观点。波索什科夫在经济理论上没有任何发现。至于经济实践，即经济政策，他只提出了许多欧洲重商主义在他以前很早就已拟订的要求；不过，他使这些要求具备一种适合俄国世袭专制制度的社会政治条件的形式而已。布里克涅尔说，无论温尼乌斯、库尔巴托夫、亨宁、基里洛夫、塔季谢夫都不能写出《论贫富》这样的著作。他也是对的。但他之所以对，却完全不在于他所设想的意义上。

像塔季谢夫这样的人，如果愿意对经济概念作深刻思考，一定能比波索什科夫表现更多的才能。毫无疑义，他的思想力量超越了波索什科夫（至于所受教育，自然更不用说了）。但是关于“真理”，即关于《论贫富》一书以大量篇幅进行论述的国家管理和司法，则塔季谢夫的“贵族观点”可能会妨碍他看到“商人”波索什科夫所看出的许多问题。波索什科夫的著作的最大优点，在于他因本身的地位，不愿避而不看军职阶级加于罗斯劳动人民和商人的“不堪忍受的压迫”。由于从这种罗斯的观点看待我国当时的秩序，我们的莫斯科进步分子（即在主要方面的保守分子）所作的考察使他下狱，直到亚历山大二世的改革时代止，还被我国的官僚指为危险思想。

---

① 《伊凡·波索什科夫》，第1篇，《经济学家波索什科夫》，圣彼得堡1876年版，第67页。

我们知道，波索什科夫不曾动摇莫斯科国家的任何旧基础，而只是想巩固这种基础，从有利于劳动人民方面扩大它。但他不是“国王的奴隶”，而是“国王的孤儿”，这一事实既对他的思想发展过程又对他的计划的命运，起了很大的消极影响。他的社会地位使他不能像彼得的“小学生”们一样在同样的规模上学到欧洲的知识。他终其一生都是一个旧莫斯科式的自学者。这种自学者在想到某种他以为可能有利于整个国家的方策时，必须克服难以置信的大量障碍，才能使它达到当权者的耳目。波戈金提过一件波索什科夫口述的故事，说他不知费了多少心机，才得一见内阁秘书马卡罗夫。波索什科夫说：“我在 1718 年写了一篇关于新货币的报告，为了送达这篇报告，我去会见阿·瓦·马卡罗夫先生。由于门禁森严，未能向大人递交这一报告，后来他到矿泉疗养去了。报告遂仍留在我处。当时我注意到他的马车夫库里耶夫[1]，马卡罗夫是常到他家去的。我请他适时地将报告转交。至于他曾否将报告转交，则无从知悉”[2]。

关于这件事，已故历史学家感叹道：“马卡罗夫的马车夫竟然成为我国政治家属望的庇护人！”事实确是如此。这一事实证明，如不属于“贵族等级”，那些支持彼得改革的人们要对彼得有所帮助，该是多么困难。我在前面已经指出，就令彼得想使“门第”向“官”和“功绩”让路，但这一愿望的实际意义也只限于军职阶级范围，而对于其他阶级的人们，通向功绩的道路，几乎是完

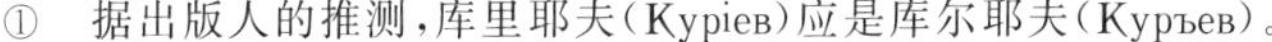

① 据出版人的推测，库里耶夫（Курieв）应是库尔耶夫（Куръев）。

② 《文集》第 1 卷，第 251 页。

全关闭的。

彼得改革是由贵族的力量完成的。以波索什科夫为代表，我们论述了一个同情这一改革，却无法积极参加这一改革的人物。他对改革的努力不得不处于同情的旁观者，而不是积极参加者的地位，使他对改革的结果的判断，不陷于夸大。必须承认，他对改革的结果的评价，是有许许多多悲观论调的。

波索什科夫写道："我们都看到，我们的伟大国王……是多么兢兢业业，但没有任何成就，因为合他的心意的帮手不多：他不过十来个人往上拉，而拖后腿的人却是以百万计。这样，他的事业怎能顺利呢？"[①]

必须指出，这段时常被人引用的评语，在波索什科夫的本意，是指彼得力图在俄国实行公正裁判而言。然而就是缩小到这一比较狭小的范围，这一评语也再一次表明，在"革新后的"俄国，并不是一切都一帆风顺。因此，这一评语实际上使波索什科夫有利地区别于那些无条件的讴歌派。可惜，甚至罗蒙诺索夫也是这种无条件讴歌派之一。

2. 米哈依尔·瓦西里耶维奇·罗蒙诺索夫

俄国是一个君主专制的贵族国家，这一事实决定了我国的启蒙过程和各种不同阶级和启蒙运动的接近程度。贵族，——特别是他们当中"靠近皇帝"的代表人物，只要有可能，是比较易于满足

① 《文集》第1卷，第95页。

其对知识的需要的。在18世纪的俄国，他们甚至有学习的义务，其未能尽到这一义务者，要受处分[①]。相反，负担赋役的罗斯，虽然处于彼得改革前的愚昧状态，却必须为贵族的教育供应资金。固然，政府曾被迫不只是吸收贵族子弟入学，因为有教育的贵族不敷国家的巨额需要。但是，甚至课堂座位，非贵族出身的子弟也不能与贵族同坐。当在莫斯科设立大学时，在那里开办了两所中学为大学准备学员：其一是为贵族开办的，另一是为非贵族出身的学生开办的。在彼得堡，科学院只附设一所中学，根据1750年发布的规章，"在中学就学的贵族和名门官吏的子弟，应坐在特定的书桌上，而非名门出身的子弟均应另行分开"[②]。根据这一切，可以看到贵族是很重视这些差别的。我们知道，开明的塔季谢夫便很关切使贵族等级在学习上"与下等人隔开"。

最后，必须记住，在那些好不容易才进入中学和大学的幸运儿中，无数奴隶的子弟是不在内的。

由此看来，涅克拉索夫在所写《学生》一诗中对我们祖国的情况，是说得过于乐观了：

那自然不是没有天才。
那边陲也尚未毁灭，
人民中涌现出来，
多少光荣的人，你也知道……

① 由于这样或那样的原因得以接近皇帝的人，不仅有使自己受教育，而且有"指挥"教育事业的可能。基里尔·拉祖莫夫斯基年方18岁，便被任为科学院院长。

② B. H. 卡拉什：《学校和教育史论文集》，莫斯科1902年版，第96页。

俄国的“自然”不是没有天才的，这一点是毫无疑义的。但可惜，来自俄国“人民”中的有天才的人们，却常常被剥夺了发挥其精神力量和成为“光荣的人”的可能。社会政治制度堵塞了俄国人民群众获得知识的道路。达到如此程度这是当然的，产生过一种传说，据说涅克拉索夫在同一诗中所提到的“阿尔汉格尔斯克庄稼汉，只是由于使用欺骗的手法，才能进入学校”。

据说，罗蒙诺索夫为求进入斯拉夫—希腊—拉丁学院，曾冒充神甫之子（据另一消息，则是冒充贵族子弟），因为这所学院只收录贵族和僧侣的子弟。后来，他怕由于谎言受罚，似曾向普罗科波维奇坦白其事。普罗科波维奇对他说：“没有什么可怕的，就令要响起大钟宣布你是冒名，我也是你的辩护人。”

从事实方面说，这个掌故是可疑的。但是这假设即使不真，也想得巧妙（Se non è vero, e ben trovato）。它还是有其真理的。不错，普罗科波维奇是“学术侍从”中的一员，他们应比任何人都同情俄国教育事业的成就。但掌故忘记了一件事，即这位“学术侍从”也是完全没有摆脱等级偏见的。掌故完全正确地描述了那些向往光明，却不幸并非出身于比较有特权的等级的天才青年的极端困难地位。由于这种极端困难的地位，产生了一个问题：农民的出身未能妨碍青年的罗蒙诺索夫成为18世纪最优秀的俄国学者，这又是怎样一回事呢？

当然，这是由于“自然”赋予他巨大的才能。然而只有才能是不够的，还须争取**把才能使用于事业**的可能。这天才的农民青年又从何处获得这种可能呢？

这里首先应该提起罗蒙诺索夫自己后来不无自豪地谈到的那

种“高贵的倔强精神”，这种精神实际上是他的最大特性。他在给И.И.舒瓦洛夫的信里，对他在斯帕斯克学校（即上述莫斯科学院）的生活，作如下叙述：

“我在斯巴斯克学校读书时，从所有各方面都有种种强大压力，阻止我学习科学。这种压力按我当时的年龄，几乎具有不可克服的力量。一方面，父亲除我之外没有子女，说我是独生子，却抛弃了他……另一方面，不可言喻的贫困：我每天只有3分铜币的薪饷，不够维持一天生活，为购买面包、汽水、纸笔、鞋袜等等用度。我这样生活了5年，但未放弃科学。一方面，人们来信，说当地的一些好人，很了解我的父亲，愿将他们的女儿嫁给我，并且当面向我提出，另一方面，学校的一些小孩大喊大叫，指手画脚地指着我说：‘请看，这糊涂虫20岁了，还来学拉丁文。’”

还有什么好说的呢！当时，年轻的“阿尔汉格尔斯克庄稼汉”表现了许多“高贵的倔强精神”。但这是什么也解释不了的。仍旧不能理解的是：在农民群众的当时情况下，一个农民的儿子；哪怕是很有天才的，怎能进学校呢？

为了理解这一点，我们必须注意到罗蒙诺索夫出生于俄国北部，那里的农民生活老早与罗斯国家的其他各部分不尽相同。不能说，北部完全没有大地产：北部有不少庙宇领有土地，支配着那些服从他们的农民的劳动力。但这只是半个灾难。更苦恼的另一半灾难，则是北部所没有的：北部没有封地的土地占有制，这一事实对当地居民的性格和习惯，不能没有良好影响。此外，他们还从“大诺夫戈罗德王”时代便过着很流动的生活方式，比莫斯科各基本州的居民在性格上更具独立性，性格上的独立带来更高的文化。罗蒙诺索夫在家乡时便学会读书。他的母亲虽是一位东正教教堂助祭的女儿，但他没有向她学习，因为她死得太早了。他的父亲受继母的唆使，时常责备他在书本上浪费时间，然而同村的人却不都是这样轻视学习的。据说，农民舒布内曾教他识字，并劝他去莫斯科。他从同村另一农民赫里斯托福尔·杜金那里读到西米昂·波洛茨基的圣诗改编，斯莫特里茨基的文法和马格尼茨基的数学。莫斯科近郊的农民波索什科夫，梦想不使一个乡村没有识字的人。这一梦想在丹尼索夫卡已成现实。这一事实极大地便利了这位天才的农民儿童迈步走向知识的世界。

在学会读书以前，青年的罗蒙诺索夫便习惯于旅行并遭受了劳动人民旅行时所遭遇的痛苦。他的父亲从事海上渔业，在出海时，常常带着儿子。有些学者认为，北部自然界的宏伟景象首先在这位天才青年的精神里引起了后来他不时反复提到的上帝万能的思想。这当然是可能的，虽然我们往后便可看到，这一思想可能有其另一来源。但似乎无可争论的是：罗蒙诺索夫早年那些充满困难和惊险的旅行，锻炼了他的性格，使他具有那种“高贵的倔强精神”。我认为更可能的是，如果罗蒙诺索夫出生在俄国中部的某一地主村庄，他也许不能跟随他的父亲越出地主的庄园或地主耕地而到更远的地方去，那样，离家到莫斯科去的想法——就令罗蒙诺索夫这样想过，——也会使他感到过于困难，甚至不可能。最后，即使他毕竟去了，而禁止学校录取农奴子弟的规章，也许会成为他走向上等社会的最大障碍。

从此我们看到，这位阿尔汉格尔庄稼汉之所以聪明伟大，不只是由于他和上帝的意志。

对他非常有利的情况是：他是一个阿尔汗格尔斯克庄稼汉，一个没有带着农奴制锁链的滨海地区的庄稼汉。

现在从另一方面对问题加以考察。在没有军职阶级的地方，不可能发生同这个阶级的斗争，因此也不可能发生由于阶级斗争而产生的情绪。在混乱时代，当博洛特尼科夫发动农民和奴隶起来斗争时，滨海地区的居民不但没有闻风而起，追随他们；相反，却支持了瓦西里沙皇的莫斯科政府。而且后来他们的努力更促成被动乱所动摇的莫斯科国家的社会制度的恢复。在鼓舞着他们的独立性里，没有任何反抗的因素，没有任何推动人们去"震撼"任何旧制度"基础"的东西。

在罗蒙诺索夫的观点里，也没有任何类似震撼旧制度基础的倾向。他在故乡度过的少年时代，在他的心灵里留下了丰富的印象。但这些印象的产生主要是由于大自然的景色和为生存而同大自然进行的斗争。人与人在社会上的相互关系、即社会阶级之间的相互关系，从来没有引起他像波索什科夫那样的注意。罗蒙诺索夫所特有的"高贵倔强精神"，使他在一些有学问的非贵族出身的知识界——不妨回忆可怜的特列季亚科夫斯基吧！——向各式各样"恩人"摇尾乞怜的时候，能够保持自己的尊严。诚然，罗蒙诺索夫也曾不得不寻求舒瓦洛夫政府的庇护：因为那时没有庇护人是不行的。但在寻求庇护时，他是善于保持自己的高贵的独立性的。当他怀疑这一舒瓦洛夫对他意存侮辱时，他给他写了一封信说："我不但不愿在贵族大人席前或任何地方权贵面前做傻瓜；即使在上帝面前，我也不愿。上帝给我以理智，暂时还不致将这理智夺回。”[①]这段话所表现的“倔强精神”，难道能说不是“高贵的倔强精神”吗？然而罗蒙诺索夫的这种个人独立精神，却能与他的那种几乎完全——如果不说完完全全——漠视社会制度的根本问题的态度，泰然并存。布里奇指出，罗蒙诺索夫没有看到彼得改革的阴暗面。他还可以说得更重些：罗蒙诺索夫就连当时俄国社会制度的阴暗面也并没有看到。就这点说，这位非常有天才和博学多闻的滨海居民，远远不及莫斯科近郊的“商人”——自学学者波索什科夫，因为波索什科夫孜孜不倦地在社会关系方面寻求他所能理会的“真理”。

看来，学校禁止收录农奴子弟是应该引起罗蒙诺索夫的最坚决谴责的。因为根据自己的经验。他知道，负担沉重的罗斯子弟是多么难得进入学校的。他同样很知道，当时在西方已不存在教育事业方面的等级壁垒。他在分析 1747 年的学院章程时写道：“在其他西欧国家中充满了各种身份的学者，但无一人被禁止在大学学习，无论他是什么人。在大学里，学习最好的，便是最受尊敬的学生。至于他是何人子弟，那是不需要考虑的。而在俄国，学者很少。贵族没有勇气去打乱官阶，规定交纳人头税的人们禁止进入学院学习。也许，规章的作者以为国家为了养成一名有学问的俄罗斯人，每年要损失 40 阿尔盾（人头税。——著者）[②]，这对国家是一个巨大负担……”但罗蒙诺索夫在批评章程的作者时，没有说——而波索什科夫却一定会说——应该准许“按规定交纳人头

① 比利亚尔斯基院士收集的《罗蒙诺索夫传记资料》，第 487 页。

② 阿尔盾（Алтынь）为俄国旧铜币 3 戈比。——译者

税的人们”在他们所愿意的地方学习。他不曾想得这么远，他只想为人民中较富裕的阶层争得某些宽容。“那些交纳人头税，财力充足的人们想自费将其子弟送去学习，那有什么过错呢？为什么暗中将他们全部排斥，而不将城厢工商界的好人（原文如此。——著者）同地主的农奴加以区分呢？”

这是什么意思？是否罗蒙诺索夫不希望从当局方面争取到全胜，而只想略有所获呢？或者在这位高傲的滨海居民的心里，“城关工商业界的好人”要比地主的农奴更为亲切呢？很可能，两者兼而有之。

Г.苏霍普柳耶夫不久前写道，罗蒙诺索夫在其《论俄罗斯民族的繁殖和保存》一文中，“实质上是要求限制贵族对所属农奴的权力的”[1]。这个要求具有怎样的性质，可从文中论及农民逃亡的章节中看出：

边境地区的农奴逃往国外，因而就国家来说，他们已不存在，而变成罗蒙诺索夫所形象地表述的“活死人”。政府增加了边境的警戒。罗蒙诺索夫认为这一措施不能达到目的，因为——仍然用他的形象说法——这样大的漏洞殊非强力所能堵塞。所以只有实行温和的办法。

罗蒙诺索夫说：“逃亡大都由于地主的压迫和募兵，因此，我觉得最好对于毗连波兰的居民，减少其租赋，取消募兵，将其分摊到全国。”[2]

---

① 《罗蒙诺索夫关于人口政策的观点》，载《罗蒙诺索夫文选》，1911年版，第193页。

② 见《在莫斯科大学俄国文学爱好者协会上的谈话》，第85—86页，莫斯科1871年版。

在整篇文章中，这是作者谈到农奴境况的唯一地方。但是我们看到，他不是从实质方面论及这一问题，而是由于农民逃亡减少了国家的人口，所以顺便一提。值得注意的是罗蒙诺索夫并无意提出任何限制地主权利的方案，哪怕这种限制只限于边境地区。他只是主张在这种地区减轻租赋的压迫和募兵的负担。这是谨慎得无以复加的。的确，他曾约许在关于教育及关于改正人民习俗的文章里提出其他“办法”。但我们不曾看到这篇文章。我们没有任何根据去假定，在这篇文章里，罗蒙诺索夫对于国家在农奴问题上的任务，发表过更广泛的观点。

《莫斯科人》杂志编辑部早在40年代初便于发表论罗斯民族之繁殖一文时，作了如下按语：“伟大的学者和文学家没有放过任何一个国家及民族问题而不予以注意！他在一切问题上都用过心思，在一切问题上都有自己的主张和建议。”[①]这话很对！罗蒙诺索夫的思想兴趣的博大，是不能不令人惊叹的。他把论罗斯民族的繁殖一文送给舒瓦洛夫时，还给他写了一封信，说他还有许多“谋求增加公共利益”的文章，这些文章可以分为如下各部分：

1)论民族的繁殖等(即我们业已知道的那一篇)；

2)论消灭游手好闲现象；

3)论整顿道德风尚及大规模国民教育；

4)论改造农业；

5)论改进及发展手工业及技艺；

① 《莫斯科人》，1842年，第1辑，《俄国文学史料》，第126页，注释。此处刊印的罗蒙诺索夫文章有删节。

6)论商业的最大利益；

7)论改善国家经济；

8)论在长期和平时期如何保持军事技术。

他怎样有时间考虑所有这些问题呢？普希金称他为我国的第一所大学，是很中肯的。可是这个大学的各系并非都同样勤奋和同样成功地工作。罗蒙诺索夫的志向是自然科学。在这方面他是很深刻和有独到之处的。相反，在社会问题上，他却没有很好的探索，因此，他那“谋求增加公共利益”的思想既不深刻，也无创见。

凡是留心一读论民族繁殖一文的人，都会肯定地说，罗蒙诺索夫的这种文章，对于我国社会制度的基础，不可能提出批评的见解。我们已经看到，他曾多么表面地解决了俄国边境农奴的处境问题。现在再看他对另一更为重大问题的解决。

在他提出的农民问题解决方案里有下列一段话：“为了宗教的分裂，许多俄国农民逃往魏特卡，可否在现时战争情况下使逃亡者回来呢？”①

似乎罗蒙诺索夫曾建议政府利用战争状态强迫居留在魏特卡的俄国农民回来。必须认清，这“实质上”并不是一个取缔分裂教派的逃亡者的很聪明办法。罗蒙诺索夫应能提出别的办法。然而问题就在这里：他对这种问题是理解得非常差的②。

苏霍普柳耶夫在对罗蒙诺索夫文中的观点作出评价时，指出该文作者是似乎由赫里斯季安·沃尔夫首先创导的幸福哲学的坚

① 《谈话》第3辑，第85页。文章的写作日期为1761年11月1日，即七年战争时期。

② 《莫斯科论文集》，第209页。

定信徒。苏霍普柳耶夫解释说:“协助达到公共幸福,以自然法则为名义使用警察措施给所有人以福利,乃是国家政权的职责和权利,这就是沃尔夫的信念。像沃尔夫一样,罗蒙诺索夫也是企求达到公共幸福的,他深信自然法则的意旨是不可动摇的,对政府活动的万能,寄予过分的希望。”①

根据苏霍普柳耶夫这段言论,可以想到,幸福哲学如果变成制度,必然会保持警察国家的观点。这是一个极大的,甚至非常可笑的误解②。不错,沃尔夫是警察国家的拥护者,而且在这方面一如许多其他方面,罗蒙诺索夫是与他亦步亦趋的。否则,我们的伟大学者就不会建议使用军事力量去强迫逃亡的分裂派教徒回国。如果他的社会观点越出了警察国家的范围,他也不致仅仅从国家利益的观点看待农民的处境。

由开明的专制君主领导的警察国家,既是沃尔夫,也是罗蒙诺索夫的理想。在罗蒙诺索夫为谋民族的保存和繁殖而提出的那些措施方案中,可以看出他对关怀民族的开明当局的坚定不移的信任。罗蒙诺索夫并用前不久的彼得一世朝代为例,强调了这一信任。

---

①　罗蒙诺索夫暗示我国行政当局所使用过的手段。1733—1734年,政府曾利用我国军队驻在波兰领土,强迫逃往波兰的俄国农民回国,这些军队驻在波兰是为了支持奥古斯特三世为候选人,而不顾大量合法选民所明白表示的意愿。关于改善边境农民的命运的主张,也是在罗蒙诺索夫想到以前,早就有人提过的。1735年,斯摩棱斯克省省长A.布图尔林即向女皇政府提出这一主张,并使它具有一种真正可笑的形式(索洛维耶夫:《俄国史》第4卷,第1435页)。

②　必须再补充一点:即沃尔夫并不是苏霍普柳耶夫所想象的那种幸福哲学的绝对拥护者。

他承认在改正他所指出的缺点的道路上，确有许多障碍，但不应因此感到为难。这些障碍不比“强制剃胡须，穿着德国式服装，有礼貌地同异教信徒交往，取消贵族制，总主教制以及特种正规军，而代之以具有最高政府权力的参政院，最神圣的东正教最高会议，新的常备军等更为危险；也不比将首都迁到荒僻地区，将新年改到另一月份等更为危险。俄罗斯人是善于随机应变的”[①]。

他据以表示其对俄国人民善于随机应变的信心的最称心的理由，也是很有意思的。罗蒙诺索夫认为我国的斋戒及随之而来的开斋，给人民的健康带来了很大伤害。“肠胃消化不良，长期习进营养缺乏的食物，如突然将油荤生冷食物进入业已紧缩和弱化的肠道，则由于缺乏必要的急需汁液，未煮熟的食物浸入血管，凝结起来，血液循环阻断，灵魂遂从狭窄的躯体飘然飞逝”。他引用教堂记载作为证明，他说根据这些记载，可以看出一年中哪个时光，教士用以煮蜜粥的蜂蜜最多[②]。斋戒的习俗产生于热带，这种气候使一定程度的停食对健康无所伤害。我国的气候却是完全不同的。此外，我们应该记住，上帝宁愿“我们有纯洁的良心，而不是要我们把坏鱼装进肚子。一个欺凌亲友的恶人，哪怕他不仅实行普通的斋戒，而是在 7 周之中吃些木片、砖石、韧皮、白土和木炭，而且在此期间大都以首倒立，而不是跪地礼拜，他也得不到上帝的宽恕”[③]。对于这一见解，所有的启蒙思想家亦必同声赞许。

罗蒙诺索夫在文章的其余部分，也表现为启蒙学者。例如，他

① 《论罗斯民族之繁殖》一文，第 81 页。

② 按当时习俗，蜜粥是在葬礼后用以招待宾客。——译者

③ 《论罗斯民族之繁殖》，第 81 页。

反对在冬天把婴孩放在冷水中受洗礼的习俗。他主张“由当局强迫经常用夏天的温水进行洗礼,以求温度的均衡”。他还不满意我国人民不懂助产技术和儿科疾病的治疗。此外,他认为“强迫的”和“不对等的婚姻”是民族繁殖的巨大障碍。他所谓“不对等的婚姻”是指结婚者年龄相差太大。他以为未婚妻的年龄不应大过未婚夫 2 岁,而未婚夫亦不应大过未婚妻 15 岁。“强迫的”结婚是违反男女一方或双方意志的婚姻。罗蒙诺索夫说:“无爱情则无多子女。”①

还须指出,他反对男女青年削发出家。他主张“男子在 50 岁前,妇女在 45 岁前不得戴僧帽”。

最后,他希望政府设立育婴堂,收容私生子。

所有这些——从某一点看来是非常合理的——方案的出发点,都是为了谋求国家的利益,居民本身的利益则未为罗蒙诺索夫所顾及。而且就是对国家利益的关怀,也只是使他提出一些丝毫不能改变罗斯业已建立的社会关系的措施。

罗蒙诺索夫关于斋戒问题的自由见解和对胡须的嘲笑,可能使僧侣们感到不满,但在社会意义上,他始终是一个完全的、当然也是一个十分真诚的保守主义者。

沃尔夫也是一个保守主义者,虽然新教正统派和虔信派都仇恨他。然而我们如果以为我们这位天才的滨海居民的保守主义是由于受了沃尔夫的影响,那我们就错了。他身上有许多独立因素,使他不能不加批评地屈从于任何影响。但如假定,罗蒙诺索夫所

① 《论罗斯民族之繁殖》,第 84 页。

以因袭沃尔夫的保守世界观，就是因为他自己没有任何批判我国当时社会制度的意向，则是较有根据的。

与法国启蒙思想家不同，德国的启蒙思想家是充满了妥协精神的。沃尔夫的观点，应视为经过全面周到的考虑，想从启蒙哲学中排除一切足以与德国实际生活发生任何比较严重冲突的成分的企图。但是为求避免这一冲突，解放哲学必须宣扬宗教与科学之间的和平；莱布尼茨宣扬过这种和平，他为了从理论上证明这种和平的正确，在这件没有希望的事情上耗费了许许多多精力。沃尔夫也许比莱布尼茨更热情地表示支持这种和平。他坚称《新旧约全书》中的逸事，是全然不违背理性的。他在神学中长篇大论地从物理神学观点论证了上帝的存在。在所有这一切方面，罗蒙诺索夫坚决地同他的老师亦步亦趋。在所写《晨起默念上帝》一诗结束时，他向上帝说：

创世主啊，
请用你的智慧的光辉
　驱除笼罩着我的黑暗吧！
无论在你面前出现什么情况，
你始终在教导着创造。
我看到你所创造的生灵，
赞美你，不朽的皇帝。

我们假定，伏尔泰本人也乐于从物理神学的观点证明上帝的存在，而且常常赞美创造主，指出他所创造的“生灵”。伏尔泰是一个自然神论者。然而这位瓦尔涅的长老却毕生都在企求“消灭无耻之徒”（“écraser l’infame”），但罗蒙诺索夫却像沃尔夫一样，从来不曾致力于这一目标。他关于斋戒的合理见解，可能不为僧侣所乐闻，但实际上这种见解并不包含任何有害于教会的东西。

罗蒙诺索夫对教会的态度，不是一个无条件的保守派，这只是因为他的理想开明君主——彼得第一本人不是这样的人。彼得毫不客气地用他的铁腕来对付俄国僧侣。但他虽然完全使教会服从中央的权力，却不容许对教会的教条作任何攻击。罗蒙诺索夫对于这些教条，也是从来不曾攻击，从来不曾怀疑的。

在这里，他也是不愿动摇任何基础的。他表示坚决相信，科学真理和宗教信仰“是一对同胞姊妹，是同一至尊至上父母的两个女儿”，两者永远不致发生分裂，谁也不能因为某种虚荣和为了显示才智而挑起两者之间的仇恨。他是否需要在幼年时代看到北方自然界的宏伟景象，才能在成年时形成这种信念呢？否。这一信念当时已为德国启蒙思想家所赞同，虽然他们从来没有到过北方。为了形成这一信念，只要不存在当时法国使科学与宗教时常发生强烈争吵的那种反对派情绪就够了。罗蒙诺索夫正好没有这种情绪。

他的诗作《晨起默念上帝》浸透了诚挚的感情。这是可用诗的精神来证明的，这种精神不可争辩地包含在默念之中。罗蒙诺索夫在他的这种创作里所表现的诗人灵感，要比在所作各篇颂歌中，多得不可计量。然而只是在他不从这样那样神话的观点，而从他所熟知的当代自然科学的观点看待宇宙的时候，他才成为一位无可怀疑的诗人，一位理解深刻的诗人。他放声高叫：

当一个普通人能够如此高高地飞翔，

使我们的肉眼能够近而观察太阳，
那时所有的国家都将向永恒的温暖海洋开放。
那里热浪奔流，
无边无岸；
那里旋风翻滚，
战斗了无数世纪的时光；
那里的石头像水一般沸腾，
那里的热雨淅沥喧嚷。

这里的文字不用说是很艰涩的，就像那时最佳诗作的文字，也往往都很艰涩一样。但在这里，宇宙诗的气息，却像在“薄暮默念上帝”一诗中一样，可以使人感受得到。“薄暮默念上帝”一诗写道：

白天藏起了它的脸；
大地上覆盖着昏暗的夜，
山上升起了黑影；
亮光离开了我们，
展现出布满星群的深渊。
星群数不清，
渊深不可测。
…………
智者向我们开口说：
那里有许多不同的光明，
那里有无数的太阳在燃烧，
那里的人民历史悠久，等等。

奇怪的是，普希金虽具有极为精湛的批评能力，而且总的说，对罗蒙诺索夫的诗创作曾作非常正确的评论，但对他的诗创作的这一方面，却没有注意。如果像他自己所说，灵感是心灵对最生动的印象的感染，那就应该承认，正是关于宇宙的科学概念，使罗蒙诺索夫的心灵感染了他从自然界景象中得到的最生动印象。

罗蒙诺索夫是启蒙运动的热烈拥护者，他对于那种"注意推行必要的事业，以期各种知识得以传播于国内，精通高深科学的人才和艺术家和工艺家得以日益增加"的君主，自不能不倍加崇敬①。只是他对于第一位俄国皇帝的颂扬失于过分夸大，使现时的读者感到不快。例如，"如果要找出一个像我们所理解的上帝那样的人，则除彼得一世以外，是再也找不到了"②。似乎，这已是赞扬到无以复加了，然而罗蒙诺索夫的意思还不只于此。

我们在同一颂词中读道："由于对祖国的伟大功绩，彼得被称为国父。"然而对于他，这一尊称还嫌不够。"请问，对于他生育出我国最为仁慈的女皇，这女皇英勇地登上王位，征服强敌，绥靖欧洲，嘉惠本国臣民，又应当给他什么尊称呢？"③

"国父"这一尊称对彼得还嫌不够，因为他"生育了"伊丽莎白女皇！这甚至从罗蒙诺索夫本人的修辞观点看，也已过火，因为按照他的修辞观点，"颂词的风格，特别在结尾时，应优雅而堂皇，含

① 《罗蒙诺索夫文集》，科学院版，第4卷，第368页。

② 同上书，第368页（献给彼得的颂词）。

③ 《文集》第4卷，第390页。我到处保持了原文的正字法。

蓄而悦意"[①]。应该直截了当地说，罗蒙诺索夫的颂词的风格，是不能使人感到"悦意"的。它不但使我们想起小普里尼献给特拉扬(Траян)的颂词，我国一些学者指出这就是罗蒙诺索夫所选择的典型；而且使我们想起5世纪罗马崩溃时代的演说家献给当时罗马领主的那些颂词。当你不期然地想起这种不利于对这个"阿尔汉格尔斯庄稼汉"的比较时，你是会感到不快的。当然，伊丽莎白朝代使若干人能在饱尝比龙的暴政以后松一口气。但是，现在我们知道，我国的一般情况就在伊丽莎白统治时期，也很少得到改善。这一点是许多善于观察的同代人都明显看到的[②]。难道最能观察入微的罗蒙诺索夫就看不见？如果看见了，他的喜悦又从何处产生呢？他又怎能**歌颂他的时代的幸福呢**？也许可以说，愿意向当权者献颂歌的，不只他一人。但这不是答案。罗蒙诺索夫以其罕见的才识，站得比他的环境高得多，是能够略为离开这个环境的旧习俗的。他不是以当时其他非贵族出身的知识分子在与"恩人"接谈时所不习用的言辞同舒瓦洛夫谈话吗？谜底在于舒瓦洛夫是一回事，而彼得和他的"女儿"又是一回事。为了写出我们在上面提到的致舒瓦洛夫书，只要具备个人独立性的精神和"高贵的倔强精神"就够了。而为了看出彼得改革和伊丽莎白朝代的黑暗面，则需要具有对重大的社会现象进行思考的意愿；然而这种意愿

① 《文集》第3卷，第70页。

② 荷兰公使于1757年写道："俄国社会呈现出一幅衰败和混乱的景象，公民社会的一切联系陷于崩溃。女皇只是看到舒瓦洛夫一人(这里所指的显然是И. И. 舒瓦洛夫。——著者)，也只听他一人的话，对什么都不关心，而且继续保持其习惯的生活方式。她简直是听任她的国家毁灭。"见《百年前的俄国宫廷》，第70页。

却是罗蒙诺索夫所从来没有过的。他是一个博学的自然科学家，在政治方面仍旧保持着天真的稚气[①]。

罗蒙诺索夫提出一种见解，认为思想家能够在俄国找到比任何其他地方都更安全的庇护所。为了证实这一见解，他申述俄国由于“女皇的高瞻远瞩”，似乎享有特殊的安定，又指出俄国幅员辽阔，因而地理特点亦属多种多样。例如，“太阳的运行，整整一半都是在女皇陛下的广阔国土上完成的，这里可以在同一刹那之间看到每一星球的升起和降落，”——罗蒙诺索夫问道：“研究天文地理，难道还有比这更方便的地方吗？”[②]毋须证明，从文化史的观点看，这种论点是软弱无力的[③]。但是值得注意的是，我们几乎是第一次看到这样一种思想，以为俄国的位置使他具有逐渐超过西欧国家的特殊优点。这一思想后来时常被人提及。梦想实行这样或那样的社会政治改革的我国革新家们对这种思想尤为重视，尽管这种思想并不是他们的特殊所有物。罗蒙诺索夫全然不想对这一思想作任何哲学—历史的论证。但是我们往后即将看到，方-维津却利用一些甚至在19世纪也为一切唯心史观的拥护者所信服的理由来维护它。

凡读过《论贫富》一书的人，都会感到波索什科夫对负担沉重

---

① 罗蒙诺索夫在歌颂伊丽莎白前，还曾歌颂其他前朝皇帝，如在攻克霍亭颂歌中歌颂了安娜女皇和其他一些人。在1741年11月政变后，他却完全心安理得地忘记了这件事，这就非常天真幼稚了。

② 《文集》第4卷，第268页。

③ 罗蒙诺索夫所提出的地理论点，使人想起果戈理对俄国的赞词（见《死魂灵》第一篇）：“你本身既是无边无垠，在这里你怎能不产生无限的思想？既然有英雄用武之地，这里怎能没有英雄？”

的罗斯的苦难，是多么痛心疾首。这种心情是在罗蒙诺索夫的任何著作中都看不到的。他爱俄国和俄国人民，这是毫无疑问的。但他的童年印象，却与波索什科夫有所不同。他不是想通过改正重大的社会"错误"，而是想通过教育的普及来服务俄国的。他的思想在这个方向上作了不懈的努力。甚至他对彼得的女儿的过分颂扬，也最少是部分地为了尽可能使她对教育事业多些照顾。在1747年11月26日女皇即位周年大典时，罗蒙诺索夫的颂词把她捧到天上，同时却提出了一个广泛的启蒙活动纲领。

他说："我们不仅满意女皇陛下的恩赐，而且在发现自然界的秘密和在研究绝顶智慧的造物主的奇迹中，享受安宁；在向学生传授教言时，欣然感到我们劳动的成果。不仅学生得到陛下的巨大援助，毋须为自己的需要操心，而只要努力学业，则公共福利，亦皆齐备。在彼得所教育的俄国，没有一处使科学得不到成果，没有一人不能享受科学的利益。"①

在这样一般的形式上，——即通过普及科学以谋取祖国的福利，——就是所有各国的启蒙思想家为自己提出的纲领。但在每一个别国家之内，由于社会政治情况的影响，其具体措施，互有差异。我国18世纪上半期的启蒙思想家，在社会改革方面没有对纲领提出任何愿望。在这方面，罗蒙诺索夫用他自己的话说，时常由于出身农民而受人奚落，但也许是他们当中的最典型代表。他热情地教育了本国的居民，但从来不敢教育女皇的政府。同这位彼得堡的启蒙思想家相比，莫斯科的进步分子波索什科夫要求改正

① 《文集》第4卷，第266页。

错误并因此瘐死狱中，真可算是一个不安分的人了。然而，就是罗蒙诺索夫亦曾引起当局的不满。

俄国只是在不久以前才走上西欧教育的道路。政府邀请了一些外国学者来到俄国。但是请来的学者并不都是无私地爱好科学，而且也并不都是真正的学者。他们鄙视俄国人，力图使俄国人屈从他们，把教育变成他们的垄断事业。像波索什科夫一样，罗蒙诺索夫看到了外国商人的这种剥削意图；而且也像波索什科夫一样，力图使俄国人摆脱对外国的屈服。这种意图在他思想发展那种过程中，不能对其世界观引起民族主义的反应，但却给他许多烦恼。他虽然心情平静地看待地主所加于农奴的压迫，但发自内心地证明外国人对俄国的教育事业是抱有野心，又无善意。由于激动和不能自制，他有时以为他为教育事业而进行的斗争的结局，将是“体刑”，甚至“死罪”。假如这两种刑罚他都逃躲过了，唯一的原因便是因为他是“饱学”之士。

在前面引录的献给伊丽莎白的颂词中，他用女皇的名义号召“俄罗斯青年”为俄国的利益而学习：

“我愿见俄罗斯学院由俄罗斯的子弟组成；尽快在科学上臻于完善吧！这是祖国的利益与光荣，这是我们父母的意愿，这是我的意愿的要求。”

然后，他又用同一女皇的名义向俄国青年学生指出了一系列有待解决的任务。

“我们祖先的事业尚无记述，彼得的伟大光荣尚无应有的歌颂。努力丰富你们的智能，美化俄罗斯的语言吧”。这是未来的历史家和文学家的课题。至于未来的技术家亦有其迫切的业务，“在我的广阔大国中，蕴藏着不可估价的宝藏，它们是自然的赐予，但迄未开发，只是等待着技术人才。你们应该以极大的努力去认识自然的事物，你们应竭尽全力以报答我的恩典”①。

俄国人应该学会自力更生，在科学和技术上成为独立的工作人员——这个思想，罗蒙诺索夫是念念不忘的。在1747年献给伊丽莎白的颂歌里，有著名的一段：

啊，您，
祖国从内心期待着您，
　愿望看到
外国怎样称道您的幸福岁月！
勇敢些吧，
今天受到鼓舞的人们，
用满腔的热情向您表明：
俄罗斯的大地能够产生自己的柏拉图，
　也能够产生才思敏捷的牛顿。

在这同一颂诗里，重弹了罗蒙诺索夫所同样重视，而且无疑地为波索什科夫所热烈赞同的思想：即俄国人学好科学知识，应该促进俄国生产力的发展：

这科学艺术的女神，
献出了里菲山巅的矿场。
你代代继承，
在这里寻找金银。

① 《文集》第4卷，第269页。

深位矿压碎在山岩的裂罅里，
俄国人随手便可获得。
贵重金属从山中采出，
自然将它们藏在那里，
白天的星体使它们闪闪发光，
强烈地阻挡人们的目光观望。……

罗蒙诺索夫在患着致命的病症的时候，还对派遣俄国大学毕业生出国，极表关怀。总之，必须看到他对科学和教育问题的重视，远远超过"学术侍从"。坎捷米尔以为执行公务比从事文学活动更为重要。而在罗蒙诺索夫看来，执行公务便是要为俄国科学和俄国教育孜孜不倦地工作。读者当能同意，这位"阿尔汉格尔斯克的庄稼汉"的观点的这一特点，是值得大加赞扬的。

我的计划不包括对罗蒙诺索夫的文学著作作出评价。虽然如此，我却不得不指出他喜欢写"宇宙诗"的倾向[①]。现在让我想到别林斯基的评语。他指出罗蒙诺索夫的诗，在当时是非常好的；在他的同代人中，谁也没有写过这样好的诗。别林斯基又说：杰尔扎温只是在这位伟大先驱者之后前进了很小的一步，而这也只是就他的最佳作品而言；至于他的较差作品，则远不及罗蒙诺索夫[②]。但是，我们知道，文学从来不是罗蒙诺索夫的主要志趣。

史学从来不仅不是罗蒙诺索夫的主要志向，而且一般说来，也

---

① 焦尔丹诺·布鲁诺极喜欢写宇宙诗。但与罗蒙诺索夫不同，他是一个泛神论者，这使他的宇宙灵感具有一种特殊的形式。

② 参阅《别林斯基文集》第7篇论术尔扎温的著作一文，莫斯科1883年版，第87页。

不是他认真从事的一门学问，虽然他认为俄国学者必须记述伊丽莎白的祖先，特别是彼得一世的事业。当伊丽莎白亲自向他表示“愿意看到一部用他的笔调写成的俄国史”时，他按照他平素的习惯、努力研究了各种资料。但是他研究资料的结果，却未产生任何优秀的东西。他的思想并未对现在或过去的社会生活，有何深切了解。他不了解史学家的任务；索洛维约夫说，他是从纯粹文学的观点去研究历史的，因而在俄国历史科学中造成一种文学流派，这个流派在他以后长期支配了俄国历史科学[①]。罗蒙诺索夫认为他应该“揭开”俄罗斯民族的“古代”和我国历代君主的光荣事业。因此，他所著《俄国古代史》便成为一种新的颂词。不过，按照索洛维约夫的说法，在这部史书里还是可以找到一些关于斯拉夫人历史的个别问题的正确的，甚至精彩的意见[②]。

罗蒙诺索夫在致力于历史研究时，对于有学识的外国人对俄国和俄国人民的高傲的、使他痛心的看法，不曾一刻或忘。他想好好地粉饰我国历史、希望“任何人都能从俄罗斯的古代传说中看到可与希腊及罗马媲美的事业与英雄，而再无理由使我们在他们面前相形见绌”。我想，波索什科夫在这里也会完全理解和完全同意罗蒙诺索夫的。罗蒙诺索夫将俄国与罗马史作了比较，他发觉两者之间，用他自己的话说，有着确乎不大的“相似之处”。罗马王时代（“领地”）相当于最早的俄罗斯大公割据专制时代。共和国时期（“共和制”）类似“我国之划分为不同的大公国和自由市，在某种形

① 《索洛维约夫文集》，第1391页。另参阅 П. Н. 米柳科夫：《主要流派》，第24页。

② 同上书，第1355页。

式上构成一种共和政权"。最后，帝国时期，罗蒙诺索夫认为"相当于莫斯科君主的专制制度"。唯一的差别在于罗马国家由于共和制而兴盛起来，但由于君主专制而趋于衰落；而俄国则相反，各种意义不同的自由使它濒于极度的破坏，但君主专制却使它昌盛，巩固和获得光荣。读者看到，在这种历史比较里，有许多幼稚的东西，而很少有启发性的东西。索洛维约夫很正当地称之为奇谈怪论。

按照罗蒙诺索夫的说法，彼得把俄国提高到光荣的顶峰。在这种观点之下，他自然要把以后的全部希望寄托于俄国君主的开明活动。罗蒙诺索夫同"学术侍从"一样，认为在我国，进步活动的倡导只能属于政府。许多俄国进步人士，都在他以后长期地这样设想。

再说一次：罗蒙诺索夫的主要志趣是自然科学，就在女皇要求他用适当的"笔调"编写俄国历史时，他也不愿放弃这方面的研究。在 19 世纪我国自然科学家都把许多极端重要的发明归功于罗蒙诺索夫。例如，他们说罗蒙诺索夫是对煤的形成和琥珀的产生提出正确观点的第一人。柳比莫夫教授断言，罗蒙诺索夫在研究大气电时所构成的理论，也许超过了所有同代人在这一问题上的见解。但是在他的所有物理理论中，最重要的是他否认热素论，而将热当作一种特殊运动形态的学说。如果专家们能够对罗蒙诺索夫的自然科学功绩重新作出批评的估计，那将是一件大好事。然而就在现在也很明显，罗蒙诺索夫确乎是一位异常卓越的自然科学家。他的同代人之一、著名科学家艾勒写道："罗蒙诺索夫关于物理及化学的一切记述，不但好，而且极好，因为他对最奇异的、完全未曾研究过的，且为最伟大的天才所不能解释的问题，作了极为认真严肃的记述，所以我完全相信他的解释的正确。”

不过，罗蒙诺索夫的自然科学贡献问题，应由俄国自然科学史家来研究。在俄国社会思想史和我们祖国欧化史中，当以研究罗蒙诺索夫的学术著作所遭遇的骤然看来不完全可以理解的命运问题，更为合适。

布利奇提过这一问题，他忧郁地指出：这些著作对我国科学发展过程，没有发生影响，它们只是在 1865 年（即罗蒙诺索夫死后百年）举行罗蒙诺索夫纪念时，才引起俄国自然科学家的注意。布利奇问道：“为什么现代欧洲科学没有利用他的天才发明呢？为什么同罗蒙诺索夫走着同一道路的俄国学者不会注意他的著作呢？研究这些著作岂不可以一下子就给他们提供正确的科学概念，而避免对欧洲的拙劣旧调重弹进行艰巨和不必要的研究吗？”①

在探讨这个问题以前，不妨先说几点一般性意见。

试想有两个国家，其文化发展的程度各不相同。落后的国家向先进的国家学习，逐渐在各种不同的科学和文学领域里涌现出自己的人物。某些人物可能具有特殊的才能。但是一般说来，落后国家在若干时期之内还将必然成就不大，因而先进国家的知识界对之完全没有，或者很少有兴趣。例如，德国在十三年战争以后，远远落后于其他西欧国家，故在整个 18 世纪，特别是在该世纪上半期，必须向这些国家学习许多东西。因此，德国的哲学和文学

① C. A. 文格罗夫出版的论文集《俄国诗》中的论文《米哈伊尔·瓦西里耶维奇·罗蒙诺索夫》，圣彼得堡 1893 年版，第 94 页。

虽已获得巨大成就，却仍为这些国家的知识界所不甚知悉。另一例子是，当俄国文学中已有第一流天才从事写作时，西欧（包括德国）的读者却完全不知道俄国文学。不仅如此。落后国家的优秀人物如未在先进国家中得到承认，亦不能在本国得到承认，他们的同胞会对“土生土长的”力量抱着相当大的不信任（《我们哪能比得上啊！》）。不能否认，俄国人只是在西欧对俄国文学表示折服以后，才重视其文学的巨大意义的[①]。我不问这是好还是坏？我只是说：过去如此，将来也会是如此。由于非常明白的社会心理原因，过去如此，将来也会是如此。如果我们注意到这一原因，我们便会明白，为什么（如布利奇所设问）罗蒙诺索夫的学术活动不曾对西方科学的发展过程发生影响？为什么这种活动甚至很少引起与他走在同一条道路上的俄国学者的注意？他是第一个俄国人，既不曾在国外，也不曾在国内取得理应属于他这样一个具有罕见的才能的人的影响。然而论其遭遇，如俄国古话所说，他“在其同类中，并非最后一人”。

像书籍一样，卓越的思想家也是有其命运的。不能说，他们的命运是他们“自作自受”的。他们的命运是由他们的祖国在人类文化发展过程中所起的作用来决定的。

然而这还不是一切。罗蒙诺索夫的自然科学著作是很出色的；但他远远没有能够为自然科学尽其力之所能。他的生活环境迫使他分散了自己的精力。他必须在那些预定的喜庆场合，在各种极为隆重的集会上发表散文和诗；还有各种颂歌、祝词以及“题

① 我们不久前才确信，多亏凯尔文勋爵，我国的列别杰夫才成为物理学的伟人。

词”，都占用了他的不少时间，更不用说；他的一些重要职务，也都妨碍他全力以赴地从事他认为重于一切的事业。但他不仅是学者，他同时是教育家。他曾写信给舒瓦洛夫说：“我的唯一愿望就是要使大学成为我们所热望的潮流，从这里能够产生无数罗蒙诺索夫。”

尽人皆知，他为莫斯科大学的建立尽力奔走，并为整顿该校的教学工作，作了许多贡献。其后不久，罗蒙诺索夫又要求对彼得堡大学进行根本改造，这个大学当时附属于科学院，苟延残喘，很难维持下去。他主张这所大学应脱离科学院而成为一个独立的机构。他的这一主张，直到亚历山大一世时才得到实现。但是教育机关必须有教科书和教材。于是，罗蒙诺索夫着手编订。他写了《修辞学简明教程》(1744 年)、《雄辩学简明教程》(1748 年)、《俄语语法》(1755 年)、《论宗教书在俄文中的用处》[①]。这一切不足以概括他的教育活动，但任何人都能理解，这一切需要很多的时间，而在其他条件下，这些时间是可以用于自然科学的。在罗蒙诺索夫

① 他对于俄文的意见如何，下面一段话里表现出来：“罗马皇帝查理五世常说：西班牙文宜用来同上帝接谈，法文宜用来同朋友接谈，德文宜用来与敌人接谈，意大利文宜用来与女性接谈。但他如知道俄文的精巧，他当然会补充说，用所有这些语文来谈话都是不适当的，因为他会发现在俄文里有西班牙文的华丽，法文的生动，德文的严谨，意大利文的温柔，此外，还有希腊文和拉丁文的丰富和在表达上的简洁。这一切的详尽论证，需要在别的地方和其他场合去做，我对俄文的长期琢磨，使我对此深信不疑。西塞罗的雄辩，维琪尔的华丽，奥维德的口才，都不会在俄文里丧失其优点。最精微的哲学想象和判断，宇宙结构及人类交往中的多种多样的自然特性和变迁，都在俄文中有适当表达词汇。如果对某事未能准确表达，则其责任不在于俄国文字，而在于对俄文没有掌握充分的技巧”。《文集》第 4 卷，第 10 页，见献给保罗·彼得罗维奇大公的《语法》一书。这段话很像屠格涅夫对俄文的热情评语。罗蒙诺索夫不像屠格涅夫说得那样简洁，但却是同样真诚。

的身上，教育家与学者发生矛盾，从而妨碍他充分发挥他的天才的科学智能。然而罗蒙诺索夫不能放弃他的教育家的活动。他对祖国的热爱不允许他放弃。

我国社会思想史中的主要人物是启蒙思想家。其中某些人物具有巨大的理论力量。但是实在说，启蒙活动差不多经常使他们脱离"纯科学"的研究。他们自己也很知道这点。在俄国启蒙思想家中居有极为光荣地位的车尔尼雪夫斯基对于先进俄国人到底应该怎样为祖国服务问题，提出以下值得注意的观点。

他在《俄国文学的果戈理时代概论》中写道："德、法、英等国的许多伟大人物所致力的目标，虽与其祖国的福利无直接关系，却享有自己的荣誉。例如，……许多伟大学者、诗人、艺术家所注意的只是服务于纯科学或纯艺术，而不是某种特殊的祖国需要。"这种情形在俄国是不可能的。"将来在我国，也如在其他国家，会有专门为科学与艺术的利益而工作的思想家和艺术家，但在我们还未能在学识上与最先进国家并驾齐驱的时候，我们每人都有另一更急切的事情要办，这就是尽其力之所及，促进彼得一世所开创的事业的继续发展[①]。这一事业迄今仍在要求，而且可能将长期要求祖国的所有最有禀赋的思想和道德力量去全力以赴。"[②]

这一见解不但对罗蒙诺索夫的命运，而且对许多俄国其他启蒙思想家，包括车尔尼雪夫斯基本人的命运，在很多方面作出了解释。每当怀疑某一特别有天才的俄国人何以没有在"纯"科学方面

---

① 即在俄国传播西欧科学及哲学的丰硕成就的启蒙思想家的活动。

② 《车尔尼雪夫斯基文集》第 2 卷，圣彼得堡 1906 年版，第 120—122 页。

作出应有的贡献时，想起这些见解是可大有教益的：时常会发现，这是因为他除了从事“纯”理论的研究外，还须承担其比这种研究更为迫切的任务。

3. 农民的控诉—— 农民及哥萨克的骚动

在施特林写的罗蒙诺索夫颂大纲里，关于罗蒙诺索夫的“性格”提出了以下意见：“生活方式与平民相同，热爱科学，力求发明”；“粗暴，对下级和家人甚严，求显达，鄙视同侪”①。

这只是在大纲里写出的一些简括意见，还没有发挥成文。假如施特林写成了他的罗蒙诺索夫颂，则这些简括的意见可能会得到相应的发挥，我们也就可以更加明白这一天才的滨海居民到底怎样鄙视“同侪”，又到底在什么意义上欲求显达。罗蒙诺索夫的同事们，在官阶上与他相等，在才能上却是与他不相等的。他们不了解他，并时常妨碍他为俄国启蒙事业而工作。他怎能不鄙视他们呢？至于求显达，即在官阶上求升迁，这对于一个力求服务祖国，而由于出身卑贱，没有达官显贵的支持便不能实现这种高贵意图的人，乃是很自然的事情。他升迁得愈高，便可愈加不需要这种庇护。由此观之，求显达的愿望也可能是出自最理想的动机。当然，这种愿望的根子也可能部分地在于虚荣心。环境的影响总是很强的，罗蒙诺索夫生活的环境是习于按官阶的高下来评论人的。

① 见《吉洪拉沃夫文集》第3卷，第2部分，关于罗蒙诺索夫的第2篇论文。第30—31页。

尽管他的“生活方式与平民相同”，尽管他的性格“粗暴”，但他还是变成官宦阶级的一员了。罗蒙诺索夫服务于“学术”机关，死时却是一名五等文官，甚至是一名地主：伊丽莎白为了酬劳他的一篇颂词，把科罗瓦多庄园赏赐给他。他同人民的关系割断了。在他以后很久，有学问的非贵族出身知识分子同人民群众格格不入，而人民也不以为他们同真正的“老爷”有何差别。后来，有学识的非贵族出身的知识分子和附和着他们的“悔悟贵族”开始痛感其自身脱离人民，而渴求找到与人民接近的道路。但在罗蒙诺索夫时代，任何人对此都没有何设想。有学问的非贵族出身的知识分子都比较热情地在不同部门服务。贵族毫无悔悟之意。至于劳动群众，则无人予以关心，让他们按照自己的方式去理解彼得改革所造成的对他们说来的新环境。的确，“在俄罗斯的深处”，几乎还是一切照旧。但是改革给人民增加了新的负担，而前此只是勒紧农奴制的绳索。因此，人民比在阿列克谢·米海伊洛维奇朝代时，更频繁、更响亮地发出了愤怨之声。在触目惊心的普列奥布拉任斯基司令部档案里，保存着许多有趣的人事文件，明白显示出当时的人民情绪。例如，我们在档案里看到农民有如下怨言：“自从上帝派他（彼得。——著者）来到王国，我们就看不到光明的日子；给村社增加负担，交纳卢布，出大车，使我们农民弟兄得不到休息。”没有丈夫在身边的活寡妇，士兵的妻子也跟着说：“他算什么沙皇！他使农民家业衰败，把我们的丈夫抓去当兵，使我们和孩子们孤苦伶仃，永世悲啼。”奴隶在这方面也不亚于农民。其中一人说：“假如他（彼得）长此活着，我们就会被他消灭。我奇怪，他为什么还不退位。他迟早会众叛亲离，孤家寡人……他算什么沙皇？他是村社的敌人；不管他在莫斯科怎样手舞足蹈，他终将会人头落地。”[①]

人民的不满是从哪里产生的呢？我在前面一章里摘录的拉林·多库金的那一篇“令人愤懑的信”，对此作了明确的说明：

“我们到处需用的木材被禁止使用，许多渔业、商业和作坊被夺走，遍地都是灾祸，严刑拷打逼交巨额不堪负担的租税，……许多人因此枉死，家业荡然无存，神圣的教堂长年失修，木石结构腐朽倒塌，……对从异教民族来的人，像亲人一般慷慨接待，对他们大事赏赐；而对穷苦的基督教徒，则严刑追偿租税，使其饥饿而死。大家彻底破产”[②]。

索洛维约夫公正地指出，在阿列克谢·米海伊洛维奇朝代，人民爱护沙皇，将一切过错推在大贵族身上，但现在，人民对于沙皇却已开始作出非常不尊敬的评论了。然而必须看到这种对沙皇态度的改变，丝毫不意味着人民的政治概念的变革。在许多人民群众代表的心目中，彼得并不是真正的沙皇，就是说，不是莫斯科国家中央政权的主要代表所应表现的那种沙皇。对于彼得这样的沙皇可以大发怨言，而对沙皇制度则丝毫不丧失尊敬。另一种假定，以为彼得并非沙皇出身，则这种怨言，更是可以容许的了。根据同一普列奥布任斯基司令部的材料，村妇们洗衣时议论：

“他是什么沙皇！他是德国女人的私生子，是换来的。纳塔利娅·基里洛夫娜皇后临死时对他说过：你不是我的儿子，你是换来的。”

① 引自索洛维约夫：《俄国史》第3卷，第1368—1369页。

② 这封信载叶西波夫所著《十八世纪的分裂派事件》，1861年版，第182—184页。文字仍照叶西波夫书中原样。

有时，关于“调换”沙皇的事情，在民间有另外一种说法。人们虽承认彼得是阿列克谢·米海伊洛维奇的亲生儿子，但又说彼得在旅居外国时已经死去，代替他回到俄国的是一个德国鬼子。无论对这件事情在民间是怎样说法，但结果总是认定统治俄国的是一个“换来的”沙皇，一个冒名顶替的沙皇。只要在旁边没有沙皇的暗探，人们是可以信口雌黄的。

顿河一带的人们时常想起双重政权时代。据说，伊凡·阿列克谢维奇沙皇仍然健在，现住耶路撒冷，“因此，大贵族肆行盗窃”。“他爱老百姓”，而彼得则爱大贵族。由此可见，这里群众的想象是将一个沙皇同另一个沙皇对立起来的；但这里群众的思想也未涉及沙皇制度本身。

如果“调换”之说可以解释彼得之倾向于德国人，即可以解释彼得何以坚决实行这种加重人民负担的转向西方，那它当然不能解除与这一转向有关的新的压迫。农民的骚乱遍及各地。彼得看到了这种骚乱的原因何在。他用其惯常的残酷手段去镇压农民，同时采取了某些措施，以减轻农民的悲惨遭遇。1719年他下令各省省长：

“由于有些无用的人将他们自己的乡村弄到衰败不堪的地步，他们酗酒、生活反常，不但不顾及乡村的需要，或对乡村加以保护，而且实行破坏，将各种不堪的负担加于农民，殴打他们，折磨他们，致使他们相率逃亡，十室九空，而对国家税赋，积欠日增。为此，特责成省长和地方官员严加监督，不使这种破坏现象发生。”

这一命令是同莫斯科旧规章的精神相适合的，科托希欣提过这种规章，波索什科夫也因此写了他的限制农民对地主的义务的立法草案。这个规章过去是没有认真执行的。也许，彼得要用他的铁的毅力求其准确实施吧！但结果却非如此。彼得规定将那些破坏农村的地主交给他们的近亲和亲戚去改造；这些近亲和亲戚负责管理这些乡村，直到这些破坏农村的地主改造好为止。可以肯定说，这种办法是谁也改造不了的。无论如何，这种办法不能提高农民群众的普遍极低的福利水平。农奴的处境每况愈下。彼得自己在一次上谕中说："俄国过去有一种习俗，现在也还有：小贵族零卖农民和家仆，愿购者像购买牲畜一般购买。这是举世所无的事情。特别是地主出卖他人子女，使其背离父母，号啕痛哭。"热情的改革家有什么办法来停止这种号啕痛哭呢？他命令"停止这种人口买卖"[①]。

但他自己并不相信这种买卖可能停止：他的改革便是以较前更重的农民群众的被奴役为基础的。所以，在发布关于停止买卖人口的命令以后，立即作了如下补充："如果此事不能完全停止，也应按照需要整族或整家出卖，而不得零卖。"[②]尽人皆知，在 1861 年废除农奴制前，农奴仍是像牲畜一般零卖的。

农奴制的逻辑，比彼得的钢铁意志更有力量。然而农奴制的沉重锁链，不仅在地主和庙宇的土地上压迫农民。国家也已习惯于将农民看为自己的活财产，当然，彼得也不能放弃这一习惯。他认为他是统治着一切纳税群众的全权主人，因而完全按照自己的意志去支配他们的劳动力。如果他在这里承认任何人的任何权

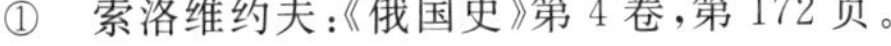

① 索洛维约夫：《俄国史》第 4 卷，第 172 页。

② 同上。

利，那也不过是地主的权利。下述命令明确地表明这点：

“德米特里·舒列伊尼科夫因所属农民伊凡·伏明及妻儿被带到城市做铁工，应发给他35卢布”[①]。地主因获得金钱而感到满意；但对他的农民，却不问其是否愿意去城市做铁工。当然，这个农民不是例外。当时，有成批奴隶被“驱逐”到城市工作或到皇室经营的事业中做任何工作。由于他们在这种奴隶劳动中生活得极为恶劣，所以，他们自然要不断发出怨言，并且按照他们的旧习惯，从逃亡中寻求解救。许多农民逃到波兰，但更多的人逃到东南部的“美好荒原”，在那里，莫斯科国家纳税人口中的一切不满分子，获得了广阔的天地。

农民之外，还有工商业者。他们也都不得不负担各式各样“不堪的压迫”，如捐税及强迫义务等。他们必须交纳人头税、店铺税、旅馆税、工作地点及其他代役地点税、浴室使用费、过桥税、营业性澡堂税，等等。不仅这样。他们除经常性劳役外，还有特别劳役，除当地义务外，还有“外出”义务。1727年彼得堡的商人请求豁免所有这些义务，因为这使他们陷于极度贫困。在莫斯科，由于这种义务而陷于破产者不仅有许多商店，而且有整个市镇。同样的控诉也发自其他地区。这些控诉受到了重视[②]。当然，商人善于逃亡并不亚于农民。逃亡的商人也选择了东南方向。在彼得朝代，那里积聚了不少“燃料”，最初在阿斯特拉罕（1705年），后来在顿河（1708年）爆发成燎原大火。

---

① 索洛维约夫：《俄国史》第4卷，第172页。

② A. A. 基哲维突尔：《18世纪的俄国关厢公社》，莫斯科1903年版，第174—175页。

我们知道那些被认定为阿斯特拉罕起义“主谋者”的姓名和出身。他们当中有两个西伯利亚人，一个雅罗斯拉夫尔人，一个莫斯科人，三个下戈罗德人，两个巴甫洛夫人和若干阿斯特拉罕居民。换言之，参加起义的不仅是当地的居民，而且是从整个伏尔加河一带汇集起来的人们。参加起义队伍的，还有许多特种常备军的弓箭手和士兵。弓箭手没有忘记彼得怎样对付他们。他们抱怨说：“由于在莫斯科的国王是换来的，所以他们遭到毁灭，他们的服装改换了，且须负担村社义务。”对瑞典的战争使他们希望这“换来的”沙皇不能再摧残他们。他们当中的某些煽动家散布谣言，说莫斯科已为四个中坚大贵族所控制，他们想将莫斯科国家分裂为四个部分。这种谣言所以能够产生，表明就在心怀不满的纳税群众中，也坚信国家统一的必要。按照这种群众的意见，只有他们所仇恨的大贵族，才会想分裂国家。但是他们极为重视其统一的这个国家，却对他们吸尽最后的一滴血，因而驱使他们逃亡、起义甚至与外国人——如巴什基尔人——联合，而这些外国人则是宁愿破坏他们的国家统一，而不愿保持其统一的。阿斯特拉罕的居民和居留在阿斯特拉罕的下属军职人员，曾将勒热夫斯基省长及其他长官所加于他们的凌辱，编写为表册，这个表册是很长、很长的。

“勒热夫斯基缴去特种兵弓箭手的武器，而粮饷则扣压不发。澡堂须纳税 1 卢布 15 戈比，冰窖纳税 10 戈比，住户每间房纳税 20 戈比，利斧纳税 4 戈比，快刀纳税 2 戈比，造纸每磅征税 4 戈比，酿酒和用马力酿酒征税 15 戈比；士兵和步兵弓箭手纳税 10 戈比，幼年出征瑞典者的寡妇或妻儿无力付税，则将他们禁闭，并拷打追索，许多小院被出卖，儿女被抵押；官府向军职人员和市区居

民查问不动产买契，其因瘟疫或火灾遗失此项买契者，征税两三倍；渔场、盐场或其他手工场由包税人每船计征1卢布，2卢布至3、5卢布不等，小船减征半卢布。勒热夫斯基在承包税捐方面，同官吏是同伙。……他派人……走冰雪道路去砍木柴，许多军职人员因寒冻而死和随木筏漂浮沉没以及被俘……他命令书吏主管农奴事务，超过规定横征暴敛，并将超征金钱收进私囊。有关这种征税情况，他们（具禀人）向莫斯科和喀山呈报，但未获指示。他们想就上述各种凌辱从阿斯特拉罕送出呈文，亦未获放行……”①

这远远不能包括一切，但已抄得太长了，我宁愿止于此处。凡属知道各省省长怎样在所属地区作威作福的人，都不难相信可怜的阿斯特拉罕人民怎样受勒热夫斯基的鱼肉，虽然他们可能对勒热夫斯基的恶行，有时不免过于渲染。如果他们拒绝服从自己的顶头省长，其唯一原因便是因为任何忍耐有时都有限度。看来，他们应该说：“我们所以起义，是因为我们已经受了许许多多折磨，只要我们的处境得到改善，我们就乐于服从合法的当局。”但是关于阿斯特拉罕人身受其省长的凌辱的长篇叙述，却开头便说：“内乱是由剃须和穿德国服装引起的，”而其近因则由于谣传阿斯特拉罕人将在7年之内禁止结婚，他们的女儿和姊妹将嫁给德国人为妻。在他们致喀山人的文书中说，他们“将拥护旧俗”，我们在阿斯特拉罕已开始拥护基督教和剃须（即实际上反对剃须。——著者），并且主张穿德式服装和吸烟。在文书中写道，省长和长官都膜拜木制神像，“而且强迫我们膜拜”。起义者称这种神像为“木工雕作的

① 索洛维约夫：《俄国史》第3卷，第1384—1385页。

木质面孔，外国和俄国官长在面孔上装饰假发，不使皱裂”[①]。这里不能不提出来反对勒热夫斯基及其左右的事实，是完全没有根据的。显然，无论是这一凶恶的行政长官或其他同样凶恶的官吏都不曾膜拜这种“神”，而且不曾要求别人去膜拜。然而为什么阿尔汉格尔斯克起义的真实原因——而且确乎是充分的原因，竟然在其领导人的叙述（也可能在他们的想象）里部分地同可笑的乌有之事，部分地同一些不可能对居民有何危害之事（如剃须及德式服装），混为一谈呢？[②]

至于德式服装问题，由于当时的边区寻求自由的英俊善良青年，都是愿穿什么就穿什么，所以更加值得注意。顿河的哥萨克说，他们当中“有些人爱穿契尔克斯式或加尔梅克式的长袍和靴子，另一些人习惯穿俄国老式长袍，喜欢什么，便穿什么，他们哥萨克之间在这件事上是没有纠纷，也不相互耻笑的。”这好极了！爱穿什么，便穿什么！难道阿斯特拉罕人另有看法？如果没有，如果他们也不特别拥护某种“习惯”的服装，那么，他们为什么对于德式服装会感到那样愤慨呢？

第一，由于爱好便穿一种服装是一回事，而由于命令便穿一种服装则是另一回事。顿河的哥萨克说，他们任何人都可自由地接

① 索洛维约夫：《俄国史》第 3 卷，第 1383 页。

② 阿斯特拉罕起义的积极参加者之一曾在普列奥布拉任斯基司令部供认，他与其他起义者决定到莫斯科去，“到莫斯科后，将一切德国人，无分男女全部打死，同时找到国王，叩头请求保持旧信仰，不穿德式服装，不剃胡须。但是国王没有命令停止穿德式服装，也没有命令停止剃胡须，却将他打得要死。”（叶西波夫：《分裂派事件》第 1 卷，第 130 页。）的确，这位被告后来宣称这一切都是捏造，但其他证人的供词却使人相信这里的捏造成分是很少的。

受他所喜爱的“习惯”。他们骄傲地宣称：“他们比其他民族受到国王的重视（原文如此！），到现在还未接到关于胡须和服装的命令。”第二，阿斯特拉罕的省长勒热夫斯基虽然不曾膜拜木雕神像，但很尊敬黄金。他善于利用沙皇关于德式服装的命令，捞取一笔收入，这时他行动敏捷有力，正是莫斯科国家官吏在这种场合里所经常具备的特点。

阿斯特拉罕斯克的居民写道：“省长由于贪财，对于德式服装事，不曾给以时限，在许多节日和星期天派出上尉格拉祖诺夫和阿斯特拉罕人叶夫列伊诺夫到教堂和大街上撕毁男人和妇女所穿俄国服装，将他们仿佛赤裸裸地暴露于大庭广众面前。大小胡须都被连肉拔除。”在这种条件下，人们自不得不起来“支持剃胡须和穿德式服装”，即如在前面所指出，对两者都反对了。

当然，对于勒热夫斯基所采取的凶猛手段（连肉拔除大小胡须）和德国人的剃胡须的习惯，是必须加以区分的。但阿斯特拉罕人没有实行严格的逻辑思维的习惯，而且德国人（剃胡须便是仿效他们）对俄国人的态度，也增加了他们的愤恨。据阿斯特拉罕人说，派来治理当地居民的外国人对他们的压迫，比原来的俄国官吏更为沉重。“季维格涅伊（德文尼）上校同外国官吏一道强力抢走官宦的家人去做勤务兵，迫使他们做最肮脏的工作，用棍子打他们的面颊，有人求情，便将这人也打成残废。他们命令这些人和他们的妻儿过早地制作德式服装，致使他们出卖住房，将圣像拿去抵押，他们的胡须也被剃去和用力揪掉”[①]。

① 索洛维约夫：《俄国史》第3卷，第1385—1386页。

勒热夫斯基认为不需要保护阿斯特拉罕的居民，使其不受外国人的压迫。顺便一提：他曾指派外国人充当这些居民的长官，而这些外国人是最能效法他的教育方法的。① 波索什科夫抱怨说：我国的统治者视俄国人如草芥，使他们饱受外国人的侮辱。读者可以看出，他的话是正确的。所以正确，因为官吏轻视俄国人，使他们受到外国人的侮辱，加剧了民族主义的反感，这种反感乃是俄国转向西方的后果之一。这种民族主义的反感还使俄国纳税人民对同胞穿着契尔克斯式或加尔梅克式服装安之若素，而对于他们穿着德式长衣则认为是一种罪过。在普通俄国人的头脑里，德式服装的概念是同他们陷于对德国人的相当艰苦的依赖时所身受的困苦、烦恼和侮辱等概念相交织的。而由于在莫斯科国家，宗教不仅对社会制度，而且对一切习俗都有制裁作用，所以毫不奇怪，这两种概念的交织，又在其居民中产生另一种概念的交织：即德国习俗的概念与罪恶的概念的交织。这后一概念的交织一经产生，便在一切反正都反对彼得新政的俄国人的思想中把违背教规问题——即把笃信宗教的论点，放到首要地位。阿斯特拉罕人由于力求取得其他城市的支援，也把它放在首要的地位，他们说："我们已开始拥护基督教信仰，主张剃胡须，主张穿德式服装。"

在一定条件下，上述各种概念的交织是完全无可避免的。我们在研究旧仪派的分裂时，即已对此深信不疑。那时，我们还深

① 当然，阿斯特拉罕人对外国人加于他们的侮辱的怨言，也许同样不免夸大。但在这些怨言里，是有许多非常明显的实话的。大贵族戈洛温在莫斯科研究了阿斯特拉罕人的控诉，极感震动，因而决定请求沙皇无条件地宽大参加起义的人们（索洛维约夫：《俄国史》第 3 卷，第 1386 页）。

信，莫斯科人由于心理上的错误竟以接受西方习俗为违犯教规，这种错误对往后的社会思想发展过程，是非常不利的。怀疑外国人膜拜偶像，并不等于阐明了他们在有关工商业的一切方面优于俄国人的原因；同样，揭发军职阶级爱好德式服装，也完全不等于理解了俄国社会生活中大量“不公正”的原因所在。

这种偏差的不利，在阿斯特拉罕骚乱时也已暴露出来。阿斯特拉罕人在反对勒热夫斯基和其他长官对他们的侮辱时，赶忙宣布他们是为“拥护”剃须和为“拥护”德式服装而斗争。能够支援他们的主要是顿河哥萨克。但是顿河哥萨克并未接到关于穿德式服装和剃须的“上谕”。他们直率地说，他们在此事上得到国王的优待，认为他们不必仿效“其他民族”（参阅前文）。因此，他们没有理由把阿斯特拉罕人的事情当作自己的事情。当然，国家政权并不曾放过他们。顿河的哥萨克是有理由对沙皇的命令和官吏的暴行提出控诉的。然而阿斯特拉罕人的宣言对于有关顿河哥萨克的切身利益的问题，却一字不提。这样，笃信宗教的论点在这里便不曾促进具有反对派情绪的居民力量的团结，而是分裂了这个力量。

在伏尔加河一带，我们也看到同样的情形。阿斯特拉罕人派遣伊凡·多罗费耶夫带领军队前往该处。多罗费耶夫到达察里津后号召该地居民起义“拥护剃须”等等。但居民答道：

“你们来信，要我们同你们联合；但我们不愿同你们联合。你们在阿斯特拉罕同谁一起想的，你们就自己干吧……你们还给我们来信说，仿佛你们是拥护东正教的基督信仰的；而我们，感谢上帝，在察里津市都是基督教徒，我们没有任何分裂，也不膜拜木雕偶像。”木雕偶像问题遮盖了对政府不满的真正原因。此外，顿河人的榜样对察里津的居民发生影响。他们写信给多罗费耶夫说："顿河的哥萨克从各路来到我们这里，他们不愿参加你们的团体，他们拒绝了你们。"①

捷尔斯克和格列宾斯克的哥萨克很注意笃信宗教的论点，但他们都无多大力量。他们抱歉说，他们不能援助阿斯特拉罕人："我们向真正的上帝发誓，我们不可能给你们派出军队。你们知道，我们人数不多，且同蒙古汗国不和，我们不能像以往那样因汗国的入侵而使妻女蒙受损失。"②

如果阿列克谢·米海伊洛维奇能镇压"吉列夫叛乱"，那么，他的儿子领有欧式训练的军队，就更能轻而易举地敉平他们。陆军元帅舍列梅捷夫不费多大气力就结束了阿斯特拉罕人的起义。对于起义者，照例给予残酷的镇压。但是残酷的镇压没有解除人民不满的原因。两年以后，彼得不得不去平定顿河起义人民，他们曾认为不必"参加阿斯特拉罕人的团体"。

顿河的哥萨克没有接到关于剃胡须和德式服装的"上谕"。他们为此表示感激。但是对于彼得禁止他们接纳成批涌到顿河的逃亡者，他们是深为不满的。对于这一老问题，不可能有中间的解决办法。必须求得一种或者有利于俄国国家，或者有利于顿河军队地区的解决。任何解决只能依靠力量。这里顿河军队地区的利益是与不能安居在俄国国家范围内的所有大批纳税人民的代表的利益相符合的。

---

① 索洛维约夫：《俄国史》第3卷，第1382页。

② 同上书，第1381页。

一贯采取严刑峻法的彼得用苦役和死刑来威胁藏匿逃亡者的顿河人民。但威胁不曾，也不可能达到目的。哥萨克继续收容逃亡者。为使逃亡者重回原籍，彼得在1707年派遣多尔戈鲁基公爵带领军队前往。这便成为起义的信号。哥萨克部队长官孔德拉季·布拉温夜袭多尔戈鲁基，杀了他，歼灭了他的整支部队。

布拉温向哥萨克谈到他自己："我是刚直的拉津，不是那无头脑、把自己的脑袋丢掉了的拉津，我将领导你们。"他同其他地区的哥萨克，包括查波罗什的哥萨克在内，取得了联络。像对于一个哥萨克一样，对于他最重要的是旧的哥萨克的自由。他在历次文告里命令"无条件地收容所有从罗斯逃来的人"。可是，他所以想起拉津，却非偶然。斯捷潘·季莫费伊奇·拉津的经验表明：在适当的条件下，俄国的纳税居民都会欣然支持反对"莫斯科"的哥萨克。布拉温请求所有老百姓团结一致并保证他不会给他们造成任何凌辱，因为他"同他们无仇无怨"，而只是要对公爵、大贵族、高利贷者和德国人，报仇雪恨。这一思想在另一哥萨克"领袖"戈拉戈的一封"动人的信里"说得更为强烈。"我们同老百姓无仇无恨，我们只是要对大贵族和为非作恶的人，报仇雪恨。至于你们，穷哥儿们，请大家从各城各市联袂而来吧！骑马步行，赤脚露体都无不可。来吧，不要害怕！你们会得到马匹、武器、衣服和薪饷。"毫无疑问，这一号召对老百姓造成印象。当唐波夫的省长由于害怕业已出现在所辖县区的哥萨克的袭击而部署防务，号召郊区人民进入市区（城堡）时，他们说："我们在城里干什么！这不关我们的事！"就在这个唐波夫县里，有些乡村的居民"倾向盗贼"，也就是建立了哥萨克制度。这一情况，在科兹洛夫县，也照样发生。布拉温的事业，

在顿河进行得更为顺利。猎人从四面八方汇集到他的麾下，哥萨克市镇一个又一个地归附他。1708年5月他占领了车尔卡斯克。在伏尔加河一带，布拉温所部攻克了察里津。卡梅申的居民将军官、团部书吏和盐官投入水中，纷纷投效。总之，在拉津时代发生的事情，又开始重演。这使哥萨克和老百姓兴高采烈，而政府则坐卧不安。彼得在给缅希科夫的信中说："布拉温的盗行与时俱增。"他在派遣B. B.多尔戈鲁基公爵——即被布拉温击毙的Ю. B.多尔戈鲁基公爵的兄弟——去进攻起义者的时候，劝他读些旧"书"，了解阿列克谢·米海伊洛维奇的政府当年怎样平定拉津的起义。然而他过于夸大了危险，说斗争双方的力量，是过于悬殊。

B. B.多尔戈鲁基在给彼得的一封信里，用下列语句抱怨高级军职人员怠于职守："奉令同我一道前来的朝廷官员，不仅不向我报到，并且他们的名册也没有送来。而他们都是年轻和富有的人，因此才能服务军中；可是他们却擅离职守。……陛下，他们是对付这批盗匪所必需的。您知道顿河哥萨克的情况，他们不是正规部队，朝廷的官员是很能对付他们的。朝廷的官员同瑞典人作战无能，但对付这种人，则是很能胜任的。"①

他的这段话很好地说明了一方面政府力量和另一方面起义者力量的对比。甚至不能用于对瑞典作战的部队，也能保卫俄罗斯国家的现存制度，使不受顿河"非正规部队"和逃往顿河的纳税人的侵袭。布拉温是被战败了，他不愿活着被彼得俘获而用枪自杀了。起义的人们被平定了，一些倔强的哥萨克在涅克拉索夫的率

① 索洛维约夫：《俄国史》第3卷，第1459—1464页。

领下逃往库班。哥萨克终于安静下来了。

拉津对信仰问题是不甚了解的，为了吸引不满分子，他把自己说成是尼空大主教的信徒。布拉温却显然深知许多不满分子极端珍惜“往昔的安宁”。他宣称自己是这种安宁的保卫者，尽管他自己也许并不珍惜它，而且看来并不了解旧信仰的真正要求。他在文告中约许对“用自己的旗帜和美妙的奇迹去引导人们接受叶林的信仰，并引诱其抛弃真正基督教信仰”的人们，进行斗争。笃信宗教的论点，未必对信仰旧宗教的人们造成了充分确定的印象。

布拉温信徒的社会政治要求，也没有产生确定的印象。在他的一封“动人的信”里，包含着如下的纲领：“好长官、工商业者和一切老百姓，相互不应造成仇恨，不要无故打人，不许抢劫和破坏，其胆敢无故侮辱或打人者，处以死刑。”[①]波索什科夫对于犯了这种过错的人，会以为加以严厉的体罚就够了，而哥萨克却表现得更为坚决。但纲领的要求只是不准任何人无故打人、抢劫和破坏，这不过是一系列良好的愿望而已。至于当时需要和可能建立怎样的制度才能保护负担沉重的罗斯免于“无故的”破坏、抢劫和殴打呢，这一点波索什科夫不知道，整个苦难深重的罗斯也仍旧不了解。在布拉温或戈拉戈看来，这个问题可以简单地解决：即在俄国实行哥萨克制度。我们已经看到，乡村和城郊的纳税居民奋起反对沙皇安置的长官时，不反对参加哥萨克。但是吸收了哥萨克制度，只不过暂时消除俄国那些驱使老百姓起义的社会“弊端”而已；在一定经济条件下的社会劳动分工，仍将再使劳动群众受奴役。在这种

① 索洛维约夫：《俄国史》第3卷，第1454页。

情形下，他们因被奴役而承担的某些最繁重、最有侮辱性的后果，也许要消失，这当然对他们有好处。然而这也不过是梦想而已。社会力量的对比，事先便已决定任何破坏罗斯已建立的社会政治制度的企图，必将归于失败。“非正规的哥萨克”部队是经不起同政府军队的较为严重的冲突的。至于俄罗斯国家的“老百姓”，布拉温和戈拉戈虽力图号召他们起义，也很难期待他们给予重大军事支援。身受残酷压迫的人民，对彼得极为不满，而且很高兴地听说彼得不是真沙皇。这种情况，我们前此业已看到。但值得注意的是，甚至布拉温及其战友也没有决心反对沙皇政权。他们虽然击毙了Ю. В. 多尔戈鲁基，但又辩解说，他的行为“没有违反国王的命令”。在布里温的一篇文告里更直率地说，他愿意维护基督教信仰，“拥护笃信上帝的沙皇”。罗斯的纳税人民的绝大多数无论身受怎样的考验，对自己的命运无论怎样不满，但都不愿意支持沙皇的敌人。像拉津在他以前和普加乔夫在他以后都重视这种情绪一样，布拉温对它也是重视的。

纳税群众的防备自己——这里在人间——不受殴打、抢劫和破产的完全自然愿望，转化（当然，不是完全地）为维护旧信仰的幻想。他们的这种自然愿望愈是不能实现，则他们的幻想便愈是牢不可破。分裂派在彼得统治时期便获得了许多新的信徒[①]。分裂

① 1718年，分裂派的叛徒皮季里姆报告彼得说，“分裂派在各城市达20余万人，其人数正在日益增多：在巴拉汗斯克，尤里耶夫斯克和波沃尔斯克等县，超过2万人。”（叶西波夫：《分裂派事件》，第2卷，第219页）实际上，根据皮季里姆的报告，他们的数目比这还要多（同上书，第200页）。

派重复了当时的一种常见的怨言，说彼得“不爱人民而爱德国人”[①]。他们解释说，这是由于彼得是“换来的”。不仅如此，他们还宣称彼得是反基督徒。“抄书吏”格里戈里·塔利茨基呼吁东正教徒不要服从反基督的国王，不给他纳税。不要纳税，不要服从国王！这听起来是很激烈的。但这没有必要，因为国王是反基督徒，他的末日已经到来。这就是说，在通常的时候，如果不出现反基督徒这种可怕的事情，则应心甘情愿地服从国王并向他纳税。人民群众甚至在作出极端的结论时，也表明他们完全未能放弃在莫斯科国家发展的历史条件下所形成和巩固起来的社会政治观念。这一值得注意的社会心理现象，为民粹派的理论家所完全忽视，我在论分裂运动的产生及其一般特点的一章里，已作详细探讨。我在那一章里就已指明，分裂派在反对反基督徒时，主要是用业经人民尝试的旧办法：即自中央地区逃往边境地区，逃往“美好的荒原”。然而在这里，人民思想的进一步发展，却是受到极端的阻滞的。我不愿意重复，在这里只提出几个新的例子[②]，以证明我在那一章里所说之不谬，这些例子都是彼得时代的事情。

分裂派教师库兹马·安德烈耶夫曾在普列奥布拉任斯基司令部受到残酷的公爵Ф.Ю.罗莫达诺夫斯基的审讯。他供述，自幼即与他的父亲（一个寺院的农民）和兄弟数人住在莫斯科。最初，他贫苦无靠，靠乞讨度日。后来，他找到某些职业：夏季为人修补铜锡用具，冬季在莫斯科河经营“各种雪橇”。但他们并不经常住

---

① 分裂派说：“我们的国王，其状如兽，戴着像狗毛一般的假发。”

② 叶西波夫：《分裂派事件》第1卷，第60页。

在城里,“他们去克尔任斯克的森林,住在荒野里去挽救自己的灵魂,因为在莫斯科信仰改换了,已开始按照新版经书不正确地举行仪式;弥撒用5个圣饼,而根据旧版圣礼记,则应用7个圣饼,是减少了等等。”①

同一案件的另一分裂派分子尼基塔·尼基福罗夫亦供述如下:

他是舒伊市的商人,由于注意到圣书中关于荒野居民的记载而逃到克尔任斯克森林的巴拉汗斯克县,以挽救自己的灵魂。“他识字,在森林里建造了一间房,与逃来的一位老人费阿多尔·安德烈耶夫住在一道”②。

伊凡·安德烈耶夫由于另一分裂派案件而被审讯,供述如下:

“以前,他是布拉戈维辛斯克郊区大主教领地的家仆。在下诺夫戈罗德,这一孤独贫农的儿子与其父同住,研读圣书。父死,伊凡年甫20岁便离开这一郊区,在各处城市和乡村流浪,而居住在下诺伏戈罗德城外的荒地克尔任斯克,……”③

这样的例子可以举出许多。但它们大都彼此相似,故不必浪费篇幅和时间。我们最好看看文件,它们使我们能够判断这些不满意其周围的现实而寻求“新城市”的人们的思想趋向。

普列奥布拉任斯基司令部将从克尔任斯克荒地居民那里抄没的手稿,编成书目如下:

(1)《圣僧传略》,(2)隐居的圣僧传记,(3)论宗教信仰笔记2

① 叶西波夫:《分裂派事件》,第594页。

② 同上书,第603页。

③ 同上书,第2卷,第61页。

册，(4)淫僧记，(5)信条抄本一册，(6)撤莫沙尔主教叶夫谢维，笔记3册，(7)12月18日阿朋多克(?)的讲话，(8)圣徒阿列克谢的生平，(9)论可怕的基督审判，(10)向俗人布道，(1)齐赫文斯克的圣母节，(12)隐僧忏悔录，(13)神甫向一切昏睡中人说教，(14)3月24日演辞，勿简单地宽恕罪恶，(15)圣母的教规，复活节和圣母节的祭祷歌，附白天及午夜赞美歌，(16)论忏悔和布道……

书目远不止此，但我所列举的这一部分，已可使我们充分了解这些"荒地"的逃亡者在寻求"新城市"中所找到的是怎样的精神食粮了。他们在那里所能阅读的只是一些讨论宗教信仰及祭神仪式的资料；"耶路撒冷的天堂"吸引了他们的全部注意力。而且就从这方面说，分裂派教师们的眼界也是极端狭隘的。阿弗拉姆·伊凡诺夫神甫参加分裂派时，同意按照"分裂派的信仰"作弥撒，但被迫按下列誓词宣誓："第一，所有反对全球7大教堂的异教徒，都应受诅咒。第二，所有的异教徒都应受诅咒，既否定他们和他们的戒律，也否定同他们一道的人们，并按照异教徒的传说，剃胡须并穿戴异教的服装"[①]。在这样的道路上是不能前进的，只有原地踏步。

旧仪派的分裂运动，是对莫斯科国家转向西方的一种反抗。但在彼得朝代，我国产生另外一种与彼得改革有直接因果关系的分裂。我所指的是总主教职地方视导斯特凡·亚沃尔斯基终其一生顽强，然而并不英勇地反对到底的"新哲学家"。他们的最显赫的人是德米特里·叶夫多基莫维奇·特韦里季诺夫。

① 叶西波夫：《分裂派事件》，第619—620页。

在17世纪90年代初，特韦尔斯克的“普通城郊居民”特韦里季诺夫带着几个亲属来到莫斯科。那时，他穷困不堪。为了寻求工作，他求助于在莫斯科住满了整个德侨村的外国人。结果，他终于在第一家莫斯科的私人药房里找到了一个职位。他聪明而好学，“开始向医师和药剂师探求科学知识”。但是，当时的实用医学不能满足他的精神要求。同时，由于很大一部分莫斯科居民对于居留在德侨村的外国人的宗教观点，都抱着敌视的态度，所以他对新教很感兴趣，并愿求得理解。在这件事上，立陶宛罗斯的宗教文献给他以部分帮助。1562年他在涅斯维日获得一本白俄罗斯文的《路德教义问答，即为普通人写的俄文远古基督教圣书》。此外，他还获得了1628年在斯德哥尔摩出版的《路德教义》及《祈祷文》。这两本书对于他都有很大影响。关于白俄罗斯文的书，他说其中所写是“任何人都应理解”的真理，而路德的祈祷文则为他所“极为赞誉，并加以亲吻”。他开始按照新教的习俗，努力读圣经，而且作了许多摘要①。现在很难说，他曾否变为一个完全真诚的路德派的信徒。然而无可争议的是，他的宗教概念是同东正教教会的理论完全分歧的。他反对崇拜圣像和斋戒，否认教会的传说，认为教会的教阶制度没有必要。所有这些新的观点，对他说来都是深刻的信念。人们说他自称为圣徒、为真理的说教者。而值得指出的是，这位圣徒的说教，获得莫斯科先进居民中某些人的同情。在他的信徒之中，人们历历称道的有鞋匠米哈伊尔·车帕鲁，钟表匠亚

① 他不仅读了圣经的斯拉夫语文译本，而且读了拉丁文本，他的拉丁文是靠自学和“不正确的教学”学得的。

科夫·伊万诺夫，蔬菜商安德烈·亚历山大罗夫，理发师福穆·伊万诺夫，锅炉村服役人尼基图·马尔丁诺夫，以及该村前服役人米哈伊尔·安德烈耶夫·科索伊。

米哈伊尔·科索伊曾参加1682年特种常备兵弓箭手的起义，因此被流放到西伯利亚。10年后，他回到莫斯科，行迹秘密，由于害怕被察觉，遂周旋于外国人中。外国人的影响，使他能够接受特韦里季诺夫的新宗教观点。一位学识渊博的"博士"给他以强烈的印象。关于特韦里季诺夫，他说："这才是真正的总主教呢！"

请读者恕我说几句离题的话。当1908年发现木星的第八个卫星时，发觉在它的运动中有一个值得注意的特点。这卫星距离自己的星球太远了，所以自己的星球对它的吸引力仅略大于太阳的吸引力。因此，太阳在这卫星的运动中所造成的摄动很大，而卫星绕木星运行的轨道则经常改变。结果，每一新的周转都有新的轨道和新的周期。

当我们想起米哈伊尔·科索伊的精神发展过程时，这一从天体力学观点看来很有意义的现象，便会不期然而然的进入脑际。他在1682年与弓箭兵一同起义，那时莫斯科的旧事物曾对他和绝大部分弓箭兵有吸引力。为了将他变为"古代宗教"的拥护者，使他决心"为其牺牲"，也许不大费事。但是环境——他自西伯利亚秘密逃回后在莫斯科的秘密逗留——使他脱离旧影响而接受了新影响。于是，他便反对旧概念而赞扬特韦里季诺夫的宗教自由思想。然而他的思想运动的新轨道是完全不确定的。他欣赏特韦里季诺夫否定教会的教阶制等思想，这使他得出一个意外的结论，认为应当使这位教会教阶制的敌人，成为总主教。显然，他的思想时常再度陷进旧影响的范围。然而米哈伊尔·科索伊大约不止一人。我们有一切理由设想，由于某种情况而在那一过渡时代受到西方影响的小部分劳动人民中，个别人对新宇宙观不甚了解，时而对这一文化，时而又对另一文化的吸引力，轮流地俯首听命者，绝非例外。

“旧信仰”的拥护者，把彼得看为一个面目行为都很可怕可憎的人，而特韦里季诺夫却热烈同情彼得的改革。H. C. 吉洪拉沃夫说：“像列温、塔列茨基、多库金和一系列类似他们的旧信仰者在圣书中寻章摘句，揭发新流派的污点，证明彼得为反基督徒一样，特韦里季诺夫亦在他的笔记里自圣经中摘录了所有他觉得足以证明俄国社会，特别是宗教界必须实行新的根本改造的语句。”[①]他认为彼得曾给他的臣民以信仰自由。他说：“感谢上帝，现在在莫斯科，谁愿信仰什么，便可信仰什么。”他自己与旧仪派相反，是坚决拥护信仰自由的。他说，可以在一切信仰中得救，而对于旧仪派则责备说：“只有你们才有理性——你们是用火和鞭笞来进行威胁的。”

特韦里季诺夫的友人说他是一个“颇通政治的人”。也许，他们所以对他有这种评价，是指他待人接物的“政治”态度。人们都说他在这方面是很高明的。至于本义上的政治，他显然并无任何兴趣。他的批评思想几乎在任何时候都未超出宗教范围。但在这一范围以内，他却是想得非常勇敢的(就他的时代和环境而言)。

---

① 参阅《吉洪拉沃夫文集》第 2 卷，第 161 页论文：《18 世纪初期的莫斯科自由思想家和斯特凡·亚沃尔斯基》。所有关于特韦里季诺夫的资料都引自这篇论文。

再加上他欢喜宣传说教，所以不能不引起宗教界对他的愤恨。况且在当时，要被人指为可怕的异教徒，是毋须接受很多新思潮的。亚沃尔斯基说他“Contra ordiem ecclesiasticum ejusque potestatem et decorum”（“反对礼仪礼节排场”）。这已经很够了。但特韦里季诺夫所证明的一件主要事情，是“僧侣们必须自食其力，好似保罗创造”。这样，他便重新提出了关于教会财产的老问题，**并对此作了否定的解决**。宗教界由于以彼得为代表的世俗政权业已非常粗暴地对待教会财产，所以对他必然更加怨恨。特韦里季诺夫马上被指责为罪恶多端的异教徒了。

彼得在1702年的诏书中说：“我们受命于最高权力，不愿强制规定人们的信仰，而乐于让每个基督徒负责关心其自身灵魂的解救。”然而事实上，分裂派在他的统治下，特别是在其统治的后期，遭受残酷的迫害。不仅那些称他为反基督徒的人们认为给他纳税和对他服从是太不应当。特韦里季诺夫是竭尽心力同情他的改革的，也因其宗教自由思想而备受痛苦。如果不是亚沃尔斯基同财政机关的冲突，他的遭遇就会完全不堪设想。在特韦里季诺夫的“反神伙友”①中有一名财政监督，由于他的努力和职务联系，彼得命令将案件移送参政院处理。在参政员中，有些人不很愿意支持亚沃尔斯基的要求，因为亚沃尔斯基强调“世俗权力是一回事，而宗教权力则是另一回事”。他们没有放弃让亚沃尔斯基感到他的要求的完全没有根据的机会，而彼得则在这件事上欣然给他们以支持。在沙皇的盛怒之下，这位大主教教职地方视导一方面请求

① 亚沃尔斯基这样称呼特韦里季诺夫及其信徒。

沙皇的宽恕，同时却不曾停止对其牺牲者的迫害。特韦里季诺夫的案件使他备受折磨，拖延很久。他于1713年被捕并被亚沃尔斯基革除教籍，历时5年，才被释放，直到1723年才争得“宽大”并“允许恢复教籍”，而这也主要是因为倔强的亚沃尔斯基大主教职地方视导在这时业已身故。应该补充说：就在这时，如果他不放弃他的新宗教观点，他还是不会得到“宽大和恢复教籍”的。

彼得坚决支持他的财政监督和亚沃尔斯基发生冲突。他很巧妙地使亚沃尔斯基记取一句谚语：“人人都要安分守己。”[①]但信仰自由本身，在他看来并无价值，即使有，也是非常之小。他认为，为了信仰自由是不需要激怒亚沃尔斯基及其信徒的。特韦里季诺夫对彼得是没有正确的认识的。

① 关于这点，参阅《告洪拉沃夫文集》第1卷，第113页。

第四章　彼得最近继位者统治下的贵族政治情绪——枢密院成员的策划——一般贵族反对这一策划——“学术侍从”对这一策划的态度

与西方往来的日益频繁，在俄国人面前展开了前此为他们所不能理解的欧洲生活的一些方面。我们已经看到在彼得时期，若干最有见识的俄国旅行家对先进西方各国公民充分享受“自由、生活于无恐惧、无凌辱、无苛捐重税之中”，感到非常惊奇。[①] 莫斯科的居民对于这种生活，是毫不了解的。然而这种生活必然会引起他们当中一些智力较高的人们的兴趣。他们去到西方，有可能不只是学习“航海”一事。1712 年费奥多尔·萨尔特科夫从英国上书彼得说：“报告陛下，……我在这里利用空闲时间尽力选辑英国及其他西欧国家的管理章程。”萨尔特科夫是根据沙皇具有需要西欧方式的愿望而办这件事情的。同时，他从西欧国家“管理章程”中所选择的，其实只是“适合于君主专制制度，而不是适合于共和

① 参阅前引 П. А. 托尔斯泰的旅行日记。

国和议会制度的东西”[①]。与彼得共事，只能如此。但他在为沙皇选择适合于专制制度的东西的时候，在工作过程中也曾了解更自由的国家的“章程”，因而也许在他的脑子里产生了为什么不将这类章程移到罗斯问题。帕夫洛夫-西尔万斯基说萨尔特科夫是一个**极端西方派**，并引证了他的原话：“俄罗斯的人民与其国家人民一样具有同样的感觉与见解，只不过不准许他们去管这种事情而已。”[②]从这种信念出发，是可以设想出一系列不完全适合于君主专制的改革的。事实上，萨尔特科夫确曾向彼得提出了一些“建议”，其精神全然不符合莫斯科沙皇的政治口味和传统。

他想在俄国建立有权威的贵族政治。他建议保存贵族等级的土地占有特权，并按照所领土地的多寡册封各种贵族头衔，如诸侯、侯爵、伯爵、男爵、绅士等等。为了支持贵族等级，他还计划实行长子继承制[③]。

必须指出，萨尔特科夫在同情贵族制度方面，并不孤独。В. Л. 多尔戈鲁基在青年时代随从叔父 Я. Ф. 多尔戈鲁基公爵到法国，待了整整 13 年；此外，他还长期居住丹麦和波兰，回国时对西欧的贵族政治抱有强烈的同情。Д. М. 戈利岑公爵对西欧贵族政治的同情，亦不后人；按照 Д. А. 科尔萨科夫的说法，他“是古老的莫斯科大贵族体制和欧洲思想的幸运结合，他代表了这种大贵族的优异方面”[④]。西班牙

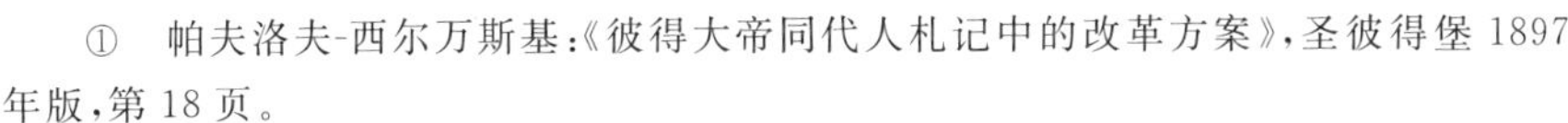

① 帕夫洛夫-西尔万斯基：《彼得大帝同代人札记中的改革方案》，圣彼得堡 1897 年版，第 18 页。

② 帕夫洛夫-西尔万斯基：《彼得大帝同代人札记中的改革方案》，第 22 页。

③ 同上书，第 25—26 页。彼得实现了萨尔特科夫的长子继承制主张，但按照自己的意思作了修改，去掉了这个主张的等级性质。

④ 《安娜女皇的登基》，喀山 1880 年版，第 34 页。

大使德-利里阿公爵认为戈利岑说过："我们何必要革新，难道我们不能像我们祖先那样生活，不让外国人来到我国把新的法律强加给我们吗？"如果戈利岑公爵对于革新曾作这种评价，那也毫无疑义，应将其当作"弦外之音"（cum grano salis）。完全可以理解，这位出身名门的人物是不愿屈从于在俄国服务的外国人的。彼得的改革自然要引起他的不满，因为它使门第在官阶面前退让。然而戈利岑不可能希望在彼得改革前形成的莫斯科旧生活的恢复，这是完全明显的。莫斯科门第最高的贵族也都是沙皇的"奴隶"，都不得不顺从地忍受与此相当的待遇。就凭这一点，这位开明的公爵也是不能与这种生活妥协的。无怪乎他要攻读洛克、格罗茨、马基雅维利和其他政治作家的书了。西方的影响唤起了他对自身的人类尊严的自觉。他梦想使俄国的贵族家族也能在国家生活中获得像瑞典贵族那样的重要性。当情况使他有可能试图实现他以前只能梦想的东西的时候，戈利岑却犯了许多重大错误，这些错误使我们明确地了解到，在政治策略问题上，就是那时最开明的俄国活动家，也都极端无能。然而便是他的这种错误，也比彼得前罗斯的大贵族，表现出更为广阔得多的政治眼光。

除了那些由于西方影响而唤起，加强并形成其贵族政治意图的各门人物之外，还有一些身居最高级官职的"人物"，他们虽然实际上只求尽快博得赞赏而加官晋爵，却也不知不觉地将西欧国家人物的地位同俄国"国王奴隶"的地位比较，从而在心灵深处认为前者优于后者。例如，在彼得时便已升迁到参政院检察长职位的亚古任斯基伯爵，便是这种人。他对于自己个人目的之尊重高于世上一切。为了达到这种目的，他愿与任何人结伙，愿干任何勾当。然而我们看到，在适当情形下，他也能向那些在他看来能够决定俄国军职阶级今后命运的人物求助，向他们慨叹说："我的爷们啊，多给我们一点自由吧！"

俄国人政治观点的扩大与明朗化，不仅由于他们到更为自由的西欧国家的旅行日益频繁。改革以来，他们开始欣然阅读西方的政治著作。根据彼得的命令，翻译了普芬杜尔夫著《欧洲史概论》一书。这本书简明地叙述了西欧各国当时的政治制度。但这本书并不是教育"国王奴隶"的唯一教材。在18世纪初期，在俄国业已流传着《欧洲各国政治简述》一书的手抄本。本书的作者倾向无限制的君主制度。他特别喜爱讨论那些从以前的代表制转换为君主专制的国家的历史时期（如1682年的丹麦，1680年的瑞典）；波兰的国家制度受到作者的强烈攻击，而对于完全受制于国会的英皇地位，则倍加怜悯与惋惜[①]。

自然，在这方面同情他的不仅有"学术侍从"，我们已经看到，他们是完全拥护专制制度的。当时从莫斯科贵族中产生的"俄罗斯小贵族"，热情地帮助伊凡雷帝去贬抑大贵族而建立无限制的沙皇政权，是既不喜欢英国的贵族制度，也不喜欢波兰的政治上无政府状态的。П. А. 托尔斯泰在其游记里显然一方面满意地写过威尼斯公民经常生活于"无恐惧、无凌辱、无重税"之中，同时却在同一游记里严厉地批评波兰人，说他们不能"无吵闹、无殴斗地干成任何一件国家大事"[②]。贵族所以拥护君主专制，部分地是由于从祖先遗传下来的习惯：读者当能记得，在彼得改革影响之下产生的

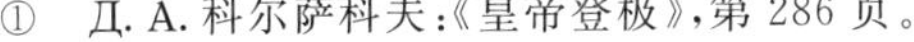

① Д. А. 科尔萨科夫：《皇帝登极》，第286页。

② 《俄国档案》，1888年，第1卷，第196页。

小说，其主人翁是完全保持着莫斯科人的政治观点的。此外，俄罗斯小贵族所以决心维护无限制的君主专制，还由于他们都处于名门贵族和农奴之间的中间地位。他们担心，一旦名门贵族成为局势的主人，他们会受到比无限制国王更甚的压迫。同时，他们还害怕官宦阶级反对国王的运动将引起农民反对官宦阶级的运动。然而尽管如此，就是那些宣扬专制制度的政治著作和论述，只要它们能向俄国读者介绍一些西欧国家的比较自由的制度，也能扩大俄国读者的政治观点。试举同一《西欧各国政治简述》为例。

该书的作者无论多么严厉地攻击了英国宪法，但他毕竟告诉了俄国人：若无下院的同意，便不向国王纳税。他在描写威尼斯的参议院时对参议员的威力作了这样的说明："人们有时谈到的古罗马的元老的情况，现在可以适用于威尼斯的参议员，他们虽然不是皇帝，但他们所受到的尊敬却不亚于皇帝。"他对于荷兰国的仿佛不得已的赞扬，同样值得注意。他在描绘了荷兰的物质幸福情景之后说："荷兰国用许多鲜血换得了自由，他们尊重自由甚于其他财富。"他还赞扬了瑞士："瑞士的军事力量，至为光荣，很难找到一个力量能够超过它的民族。三百年前为保卫家园和自由而英勇作战时，表现如此，现在他们仍在反对入侵，完全保持了这种自由。"[①]西欧的社会生活有一种特点，俄国人在谈到它时难免常常使用"自由"一词。由于俄国读者认识了这一特点，所以他们的理解便超过了美好旧时代的莫斯科政治观念的水平。这一点，我们在科托希欣和其他17世纪的西方派的身上业已看到。至于那些

① 参阅 Д. А. 科尔萨科夫：《皇帝登极》，第286—293页。

读过格罗茨、托马兹、洛克或博卡里尼等作家著作的人，他们的认识水平比旧莫斯科认识的水平更高，那就更毋庸解说了。这些作家的著作曾被译成俄文，流传在我国当时的知识界中。

彼得改革使俄国人更能看到“其他各国人民”怎样生活，了解其思想代表人物想的是什么。这是毫无疑问的。但在谈到这一点时，必须经常记住：能够了解西方先进各国人民的社会生活和社会思想的俄国人，几乎都完全属于官宦阶级。就这方面说，这一阶级的有才之士，比来自民间的有才之士有着无比优越的条件。有些人能够读到洛克、马基雅维利、霍布斯，最少也能读到托马兹和普芬杜尔弗等人的著作，而另一些人则除《圣僧传》、《淫僧记》和某一阿朋多克“关于修辞学”的“言论”等书外，极少获得其他精神食粮。因此，很自然，有些人的思想多少有所前进，而另一些人的思想，除个别人外，则是在旧莫斯科习俗和“古代宗教信仰”的迷魂阵里踏步不前。

西方生活和西方著作的教育影响，由于罗斯完成的各种事变所造成的印象，而益趋巩固。在彼得统治下，军职人员生活不易。彼得要求他们工作、工作、再工作。但他们都看到，以彼得为代表，坐在皇位上的确乎是一个勤俭的当家人和不倦的工作者。彼得的这一功绩，谁也不能，并且看来谁也不打算抹杀。在他的最近的继位者的统治下，军职人员所看到的却是另外一种景象。叶卡捷琳娜一世扮演着女统治者的角色，却同她的丈夫完全不一样。据克柳切夫斯基说，她“很少从事她不很了解的事情，生活漫无秩序，虽然身体多病，且肥胖过头，却习惯于与亲友饮宴，坐到次晨5时方始休息。于是，行政管理松弛。据一位大使说，所有的人都只想盗窃贪污，她在临死前一年，竟任意挥霍到650万卢布。当不满分子在幕后的秘密集会上为失宠的亲王欢呼的时候，秘密警察每天都在绞杀说话不当心的人们”[①]。“失宠的亲王”登位（1727年5月）以后，事情更不如前。这一教养极坏的孩子的全部时间，都用在同所喜欢的人们枯燥无味的娱乐上。在叶卡捷琳娜一世时，是缅希科夫当权，现在的全权代理人则是阿列克谢·多尔戈鲁基公爵和他的儿子伊凡。西班牙公使德-利里亚公爵向本国朝廷报告说：

“在莫斯科，大家都不满地谈论着沙皇的生活方式，并将过错归罪于他周围的人。爱国的人们，看到国王每天早晨衣冠不整地同宠臣的父亲——阿列克谢·多尔戈鲁基坐着雪橇到莫斯科近郊去，同值班的高级侍卫整天留在那里，像小孩子一般玩耍，而对于皇帝所应知道的事情，一窍不通，都感到失望”[②]。

看到了，——有眼睛的人
为祖国而伤心……

当军职阶级开始比以前更加认识到他们在国内的重要性时，对统治者行为的不满产生了，并且开始强化起来了。彼得大帝建立的军事力量的新组织，也是军职阶级力量的新组织。彼得死后，这种重新组织起来的军职阶级力量，特别是近卫军，立即由事变的过程推上俄国历史舞台：彼得的皇后是在近卫军的帮助下即皇帝位的。近卫军大声疾呼，如果大贵族起来反对她，他们将击碎大贵族的脑袋。此后在整个历史时期中，统治者的个人命运都取决于

① 《俄国史教程》第4卷，第346页。

② 《寄到西班牙的关于俄国的信，第十八世纪》第2卷，第146页。

近卫军的情绪和宫廷内部阴谋的进程。

潘丘利泽夫在所著《近卫军史》中指出，近卫军的补充方式，经常“同居民群众保有密切联系”[①]。假如像潘丘利泽夫那样，将“居民”理解为军职阶级，则所指完全正确。此外，他还应指出，近卫军既然同军职阶级保持密切联系，那它自然就是军职阶级保护其自身利益的工具。不这样是不可能的。然而近卫军不是由具有一定程度的有知识的人组成的团体。它虽然保护贵族利益，却不可能是贵族中先进部分的理想的代表。它的观点是多数人的观点，因而它在保护贵族的等级利益时，只能使用能够为“居民群众”所能理解的手段。因此，近卫军在18世纪俄国政治舞台上的表演，给我们提供了判断我国小贵族的政治觉悟的丰富资料。

彼得大帝决定，俄国国王自己指定继承人。他的死，使他未能按照这个决定行事。他的14岁的孙儿也在死时无遗嘱。这两件对皇室不利的偶然情况，却对军职阶级有利，因为它们在1695年和1730年给军职阶级（至少以近卫军为代表）以进行坚决政治行动的理由。

彼得二世死后，发生了一个问题，即是否要尊重叶卡捷琳娜的遗嘱。按照这个遗嘱，如果第二个俄国皇帝无嗣而死，则皇位应传给戈利什廷斯基亲王的妻子，彼得的女儿安娜家族。根据彼得法律的确切含义，叶卡捷琳娜一世仅有权指定其直接的继位者。因此，在彼得二世死后，她的遗嘱没有法律效力，应该选出新的国王。

同皇位最接近的是枢密院，其成员很快便相互取得协议。彼

① 潘丘利泽夫：《近卫军史》，圣彼得堡1899年版，第1卷，第179页。

得二世临终的当晚，他们选出了伊凡·阿列克谢维奇的女儿库尔良德大公的遗孀安娜为皇帝，他们希望这一既不富有，又几乎孤独的妇人会比皇族其他成员更容易接受他们所制定的选举条件（《Кондиции》）。用戈利岑公爵的话说，这些条件的总的意思，就是“要对他们宽容些”，或如他当时所解释，就是要“增加他们的自由”。

过去参加选举瓦西里·舒斯基的大贵族，曾企图增加他们的自由。在选举米哈伊尔·罗曼诺夫时，名门贵族亦曾提出同样的愿望。然而现在，彼得改革后，由于西方的影响，大贵族增加自由的愿望采取了更为确定的性质。给安娜·伊凡诺夫娜提出的“条件”更准确地表达了“条件”起草人向新女皇的要求。她必须签字承担下列义务：

“兹立约最坚决地承诺，我的最大关怀和努力将不仅在于希腊东正教的内容，而且将尽一切可能促其传播；同时，在接受俄罗斯王位后，将终身不结婚，无论生前或死后不指定继位人。此外，还承诺接受忠谏，维护国家的完整与福利，永远保持业已建立的枢密院由 8 人组成，不经该院同意，1）不向任何人发动战争。2）不媾和。3）不加重我忠实臣民的任何捐税。4）对于国家及陆海军上校以上的重大官职，绝不封赐，甚至对任何贵族案件亦不裁决；近卫军及其他部队都归枢密院统辖。5）对贵族的生命、财产和荣誉，不经审判不得剥夺。6）不赏赐世袭领地和村庄。7）无论俄国人或外国人均不得充任宫廷官职。8）不使用国家收支款项，对于全体忠心臣民，均予爱护”。

根据这些条件，安娜对于她的未来权力的极端有限，是完全清楚的。“条件”还明白指出，如果违反上述条件，她将受到什么威胁：“如破坏这些承诺，则将被剥夺俄国王位。”

她签署了所有这些条件：以一个库尔良德大公的贫穷寡孀的地位，换得全罗斯女皇的地位，尽管其权力很小，但她毕竟什么也不曾损失，却赚得了很多东西。

枢密院成员的主要鼓舞者是前面业已不仅一次提到的 Д. М. 戈利岑公爵。他认为安娜在米塔瓦签署的条件应成为新的、更广泛得多的政治改革的起点。戈利岑决定——不过，显然不是很快地决定——赋予参政院以一定的政治作用，并建立两个新的机关：由 200 名议员组成的**贵族院**和**城市代表院**，后者的任务是保卫商人等级和全体无特权、非贵族的罗斯的利益[①]。但是，按照某种德国说法，戈利岑是打如意算盘，所以他的计划不一定能实现。

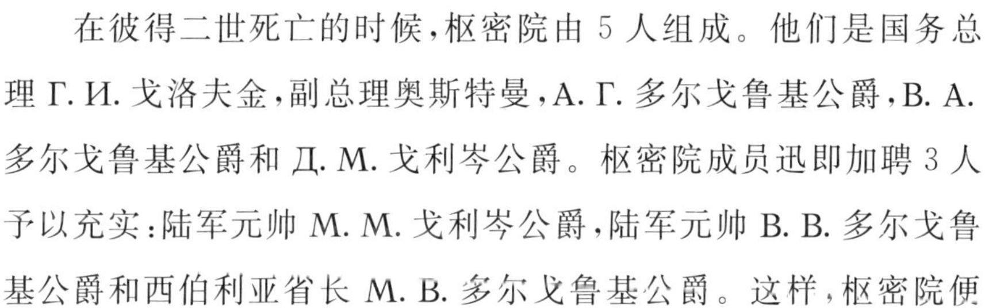

在彼得二世死亡的时候，枢密院由 5 人组成。他们是国务总理 Г. И. 戈洛夫金，副总理奥斯特曼，А. Г. 多尔戈鲁基公爵，В. А. 多尔戈鲁基公爵和 Д. М. 戈利岑公爵。枢密院成员迅即加聘 3 人予以充实：陆军元帅 М. М. 戈利岑公爵，陆军元帅 В. В. 多尔戈鲁基公爵和西伯利亚省长 М. В. 多尔戈鲁基公爵。这样，枢密院便

① 戈利岑代表枢密院、参政院、僧侣、将军团以及“全体俄国人民、全体僧俗官员”起草的效忠安娜誓词草案第十二节写道：“对商人等级应予救济，不使遭受侮辱，他们在城市里应有自由，任何人都不得将商品卖到一个人手里，商人的捐税应予减轻，任何其他官员都不得对商人进行干扰。”（科尔萨科夫：《皇帝登极》，第 187—188 页）我认为，指出这里所表达的对垄断的害处的认识和对“商业自由”的认识，是有益处的。同样，关于禁止“任何其他官员”对商人进行干扰的许诺，也是值得注意的。俄国商人在彼得以前便争取这一禁令，而且我们往后还可看到，他们在臭名远扬的叶卡捷琳娜制法委员会时代，也没有停止争取这一禁令。

有了8名成员，而且安娜必须永远保持这个数目。在当时组成这个院的8人中，戈罗夫金和外国人奥斯特曼两人都不是贵族，而其他6人则均为最显赫的贵族门第。这个情况在一定程度上赋予这一企图掌握全部权力的中央机关以贵族制度的特性。但是，必须说明，俄国的贵族——如果仅就其在18世纪存在而言——不只是由两个公爵家族：即戈利岑家族和多尔戈鲁基家族组成。特鲁别茨基、博里亚京斯基、车尔卡斯基公爵、穆辛-普希金伯爵以及其他若干人都完全有根据地算是"世代相传的贵族"。枢密院成员要将该院永远限于8人，从而在许多其他贵胄家族中引起不满。对枢密院成员心怀不满的贵族，于是竭尽所能，力图防止这一策划的实现。

改革后的俄国名门贵族已在一定程度上领会了西欧贵族的政治观点和意图。但是，到了实现这些观点，达成这些意图时，便又重复了莫斯科罗斯的常见现象：即我国的大贵族不能以联合的力量去反对国王的独断专横，而是囿于氏族或小派系的目的，相互攻讦，因而在实质上使这种专横的权力易于取得胜利。多尔戈鲁基家族和戈利岑家族虽然崇尚欧化，却都未能摆脱这一怪异的大贵族的积习。他们虽然认为采取公开步骤，使俄国在政治上欧化的时机业已成熟，但他们又将自己的策划建立在过于狭隘的基础上，使其成为一种极欠考虑的宫廷阴谋（普罗科波维奇称之为"儿戏"）。反对枢密院成员的"儿戏"的，不仅是受到他们排挤的贵族。各种爱慕荣华的官员，如前已提及的亚库任斯基，也都起来反对。他在彼得二世死后，向枢密院成员发出前已引录的请求："我的爷们啊！请多给我们一点自由吧！"可见，他已知道，"自由"比"不自由”要好得多。但他是从个人的观点看待争取自由的斗争问题的。在增聘入枢密院失望以后，他立即开始效忠君主专制制度的既勇敢，又灵巧的阴谋。以他为代表，“官员”向业已夺得政权的“家族”要求让步；得不到这种让步，便同那些“家族”进行暗中的，却是无情的斗争。这也使 Д. М. 戈利岑家族所密谋的事业，减少了成功的希望。

然而，现在一如彼得大帝逝世以后，事情的成败归根到底取决于近卫军，即取决于有组织的贵族。潘丘利泽夫在所著《近卫军史》中认为必须提请他的读者注意，18 世纪我国一切国家政变的参加者都是自觉地奔向自己的目的的。试看他的话有多少正确性。

普罗科波维奇在描述枢密院成员的“儿戏”时，对它在贵族中所造成的印象作如下说明。

大家都说：“如果按照这些老爷们（即枢密院成员们。——著者）的意愿去做，为所欲为，则整个祖国亦将陷于大灾大难之中。老爷们自身不能协调；他们有多少人，就几乎有多少个相互诟骂的头面人物，罗斯现在出现了一种尖酸刻薄的人物，这种人物在以前许多公国分崩离析、贫穷困苦时亦曾有过。”①这里容我有些夸张。但普罗科波维奇的证词，得到了波兰-沙克逊大使 У. Л. 列福特在 1 月 26 日（新历 2 月 6 日）所写密报的证明：

“达官显贵所制定的新管理形式，在小贵族中引起不安。在他们中间可以听到这样的议论：显贵的大官们主张限制君主独裁制

① 杜克·利里伊斯基公爵的《儿戏》等等（附录），第 199 页。

和君主专制，其权力应由枢密院来节制。枢密院逐步将政权夺到自己手中。但是谁能担保将来不会出现象枢密院成员那么多的暴君来代替一个国王，他们的压迫不会增加对我们奴役呢？我们没有枢密院所必须遵守的法律，如果由该院的成员颁行法律，那他们就可以随时取消法律，那时俄国便要开始出现无政府状态了”[①]。

一般贵族帮助莫斯科的历代国王镇压大贵族。现在，当两个大贵族家族要利用彼得二世之死以取得对国内局势的决定性影响时，一般贵族由于有了比较明确的政治觉悟，自不能成为大贵族的驯服工具。满腹经纶的 Д. М. 戈利岑直到不能采取任何重大步骤来吸引贵族支持枢密院时，才明白这一点，这就应该说是奇怪了。

小贵族是无条件地拥护君主专制的。但这一阶级的上层和中层则准备提出他们的条件。这两个阶层都企图或多或少地减轻其对国家和国王的从属性。他们想将贵族的强制服役限制于一定的期限，保障其自身和其财产不受最高当局的任意侵犯。最后，并对国家管理过程取得合法影响。不满意枢密院成员的贵族，在各式各样小组中起草了将近 10 种方案，签名者达 1 000 余人。这些方案为我们审查俄国贵族欧化部分在当时的“思想轮廓”提供了极好的资料。

瓦·尼·塔季谢夫起草的计划要求取消枢密院，其叙述最为完整和最有系统。计划认为必须“帮助女皇陛下”建立“上政府”或参政院（由 21 个“成员”组成），其活动由“下政府”（由 100“成员”

---

① 《俄国历史学会文集》第 4 卷，第 347 页。参阅科尔萨科夫：《皇帝登极》，第 92—93 页。

组成）补充，“下政府”的任务实质上是主管国内经济事务。上政府和下政府出缺时，其递补人选由这两个机关的联席会议决定[1]。联席会议还应选举省长、副省长及军队的主要司令官。

计划还规定了新法律的制定程序。“如女皇陛下命令制定某种法律，应即迅交各委员会详细审议，数日后，每一共同制定或由某人单独制定的法律草案，应在会议上向上政府宣读，在充分讨论后，呈请女皇陛下批准”[2]。

不明确的是，通过这种程序制定的法律草案，女皇是否必须批准。然而，很显然，立法的倡议权应属于女皇。

其次，计划还要求限制贵族服役期间为20年，豁免其充当水兵和手工艺者，取消彼得制定的长子继承法，并通报“真正贵族”周知。世袭老贵族规定登记入特别册书，以有别于新贵族，新贵族是由士兵、骠骑兵、独院小地主[3]和书吏出身的。贵族门第之取得，应由氏族的古老性或赏赐特权证书决定。

政治拘捕问题亦未被忘记。计划规定在政治拘捕时应有警察代表在场以保护被捕者的零星什物。同时为了对审讯是否公正，进行监督，规定指派两名参政院成员参加秘密审讯办公室。

由《论科学与学校之利益》一书作者起草的计划，不能不对贵族的教育表示关怀。它指出必须在所有城市开办学校，并保证其

---

① 计划禁止从一个家族选举两人参加上政府，因为“如果父子、兄弟、叔侄、岳父和女婿参加同一政府，实等于一人兼有两票，这是非常混乱的”。显然，计划起草人不愿重见枢密院成员遴选时所发生的引起普遍不满的现象。

② 科尔萨科夫：《皇帝登极》，第159、160、161页。

③ 独院小地主是俄国农奴时代低级官吏后裔出身的小地主，土地不多，可蓄农奴，与农民同赋役。

校舍与年度经费。塔季谢夫如果不对商人等级有所设想，那他就不是“彼得的小学生”了。他所提出的计划建议豁免商人向军队提供宿营房屋，采取措施使商人免受压迫[①]，并“设法繁荣纺织业和商业”[②]。

为了讨论这些建议，须由“全体贵族选出至少100名适当人员”。在这一草案上签字的人（共249人），请求枢密院“通过宫廷承宣官在当天或明天向贵族宣布会议的召开，并指定开会的地点”[③]。

其他计划都没有写得这样详细。它们的某些细节，有时很重要的细节，都同刚刚研究过的草案有所不同。它们的大多数都不取消枢密院，而是同它妥协，只坚持枢密院的人数应予扩充。有一个计划对“名门权贵”的权利，提出了颇大的要求，认为他们应在军职阶级中构成一个特殊阶层，以别于普通贵族，并比普通贵族具有更大的政治重要性[④]。有些计划谈到“不堪税捐压迫的农业”——也就是谈到农民，希望减轻租税负担[⑤]。关于国家管理，他们都主张应由“全社会”参加，唯一的分歧仅在于政府的成员问题。根据某些草案，“最高会议”应由枢密院、参政院、将军团[⑥]和贵族组成；而另一些草案则排除了参政院，部分地还排除了枢密院（在最高会议选举时，应自行选聘议员）。在一份草案里甚至说：“往后为了改

① 我们从波索什科夫那里获悉，商人所受军职阶级的压迫是多种多样的。
② 科尔萨科夫：《皇帝登极》，第161页。
③ 同上书，第162页。计划是在2月5日送到枢密院的。
④ 同上书，第165页。
⑤ 同上书，第174页。
⑥ 即前四级的大官。

弦更张，维护国家的利益，应设想议会，并由社会建立之。”[①]值得注意的是，正是在这紧急时刻，某些俄国贵族反而不提波兰的和立陶宛——俄罗斯小贵族的议会。

所有这些差别并不妨碍这些计划草案保持其完全的贵族性质，且其存在本身足以证明，在当时的俄国贵族之中，确有一个阶层完全不想无条件地恢复旧的政治秩序。这一阶层以斥责枢密院成员的排他性，是希望利用安娜的可能让步，以消除或者哪怕只是减轻军职阶级对国王的从属地位。如此说来，Ф. 萨尔特科夫的话并不完全错误，他写道：“俄国人民具有如其他各国人民同样的感觉和判断，只要让他们管理这种事情就行了。”彼得改革曾“指挥”我国军职阶级的某些人去争取一定的政治权利。但当时的环境在迫使他们去争取这种权利上虽是充分有利，而在使他们的意图变成现实上，却是不够有利的。

我们在前面已经引述过的近卫军史学家说：“贵族们已经觉悟到，无论是农奴制在地区上的推广或其内部的发展，都只有在最高政权的协助之下，才有可能。”[②]这未必完全如此。贵族的等级本能也许在这里比等级觉悟起着更大的作用。但无论如何，贵族自求解放的企图，必因其维持，甚至加强农民的奴役地位的企图而趋于减弱，则是毫无疑问的。此外，大多数贵族在政治上都非常落后，所以对于君主专制的优点，从来不曾怀疑。这种旧式的落后贵族在近卫军里也占大多数，然而整个事变的结局，都归根到底要取

① 科尔萨科夫：《皇帝登极》，第 170 页（着重点是我加的。——著者）。

② 潘丘利泽夫：《近卫军史》第 2 卷，第 221 页。

决于他们。因此，近卫军显得完全不愿支持任何立宪意图，便毫不足怪了。

革新派的力量弱于保守派的力量。然而问题尚不止于此。革新派相互之间怎样也不能协调，从而更加削弱了自身的力量，而使保守派易于取得胜利。在这里，责任几乎应该完全落在“名门权贵”身上。他们好久不能懂得，最少也一定要对贵族中最有影响的阶层做些让步，这样便可将他们拉到自己方面来。但当他们终于懂得这个道理时，他们的错误要改正也不可能了。

П. Н. 米柳科夫认为，枢密院成员并无任何寡头政治的目的。为了证明这一点，他引述了亨利·费克的一段话。这亨利·费克是彼得大帝的著名助手，对共和制很感兴趣，并提出种种建议来帮助枢密院的成员。他说：“俄罗斯帝国现在开始同瑞典和波兰并驾齐驱了；俄罗斯人现在是聪明的，所以像缅希科夫和多尔戈鲁基那样的宠臣不可能再有了，那样的宠臣是一切罪恶之源。”[①]但这段话非常不确定，所以什么也未证明。同样，米柳科夫所引录的 Д. М. 戈利岑的话，说“从今以后，将出现一个幸福的、繁荣的俄国”云云，也无说服力。比较明确的是另一戈利岑，陆军元帅米哈伊尔·米哈伊洛维奇·戈利岑的评语。他说，我国将不会再有任意的杀戮、流放、没收，新政府将减少不必要的支出，取缔过分的课税，给商业以自由，保障每人的财产，建立银行以降低高利。可是这一切只是从一个枢密院成员，因而是从一个对政变最感兴趣的人那里

① 参阅《俄国知识界史纲》中的论文：《枢密院成员和贵族》，第 20 页，圣彼得堡 1902 年版。

发出的单纯诺言。问题在于到底用什么办法，也就是到底要有怎样的政治制度才能保证枢密院成员们及其支持者所热烈宣扬的诺言的实现。然而对于这一问题，枢密院成员除了明确表示不愿满足贵族中开明部分的政治要求之外，什么别的答复也没有给。П. Н. 米柳科大对立宪党的政治要求作如下叙述：

"立宪党以为，新的国家制度应由专门的立宪会议来制定，这个会议的社会成分应比枢密院更为广泛。未来制度的立法权不应成为某一统治团体的垄断，而应是'全民'政府所有"①。

枢密院成员对于这些要求的态度怎样呢？他们的态度是：

"他（即 Д. М. 戈利岑。——著者）已将他对贵族的让步写进他所起草的誓词里，这篇誓词将于女皇到达时向她呈交。誓词 16 条中的第一条规定枢密院的职责，所用语句与提交该院的某一计划草案所用相同。按照这个规定，枢密院的存在，并不是为了会议本身的任何权力，而是为了谋取更好的国家利益，更好地帮助女皇陛下管理国家"。戈利岑复述了那一计划草案的漂亮词句，"'不是由个人指挥法律，而是由法律指挥个人'。同样，关于选举枢密院成员候选人的誓词，也是从那一计划草案中抄来的。誓词规定，候选人应选自'主要家族，将军团和贵族中忠于社会的人士'，但从同一家族，不得选出两人以上。这在事情的本质上，并无任何让步。候选人的选举不是在枢密院、参政院和将军团全体会议上举行，而是交给枢密院和参政院办理。为了解决最重大的问题，戈利岑同

① 《俄国知识界史纲》中的论文：《枢密院成员和贵族》，圣彼得堡 1902 年版，第 3 页。

意召开人数较为广泛的会议，但其所采取的形式，却使这种让步失去任何真正意义"[1]。

参政院、将军团、部务委员会官员，知名的贵族，在宗教事务上还有东正教最高会议成员及最高僧正，都只有发言权。固然誓词的其他各点，对于贵族的一些次要又次要的要求，曾予满足，但如米柳科夫所指出，这些让步不可能带来协调，因为贵族不能从这些条条里看到主要的东西：即由他们的代表参加制定新制度和享受国家政权的最高权利[2]。

当米柳科夫说，贵族的要求也是很狭隘的，因为他们所谓应该保证其参加政权的"全民"，实际上只是这批贵族时，是不能不同意他的意见的。我在上面就已指出，所有向枢密院提出的抗议，性质上都完全是贵族的。不过狭隘的程度各有不同。那些以贵族这个概念来包容"全民"这个概念的人，其政治眼光固然是狭隘的，然而有些人甚至认为以贵族的全民这个狭隘概念还未免流于广泛，则其政治眼光的狭小，就更等而下之了。同时，如果想想枢密院的成员既不愿与贵族分享政权，又竟然同名门贵族相互敌对，致使他们的许多代表成为不满分子的领袖，则人们在当时和在现在，为什么和在什么意义上指责戈利岑及其同道同情寡头政治，便完全可以理解了。

现在谈谈普罗科波维奇。按照他的说法，多尔戈鲁基之流不愿为人民，而只是为自己谋利益。他们企图即使不能获得沙皇的

---

① П. Н. 米柳科夫：同前书，第 36—37 页。着重点是米柳科夫加的。

② 同上书，第 37—38 页。

全部权力，也力图获得一部分权力。普罗科波维奇称他们这种意图为诡计，因而这样断言："这种诡计所以并不神秘，因为他们不想实行人民统治（这样的统治通常称为自由共和国），而是使8人会议具有极端的统治力量，这种少数统治者的统治方式，不能称之为当选者的统治，希腊的贵族政治；……难道希腊人把寡头政治称为苛政或暴政吗？"[①]

普罗科波维奇是枢密院成员的不可调和的敌人。他幸灾乐祸地传播他们的错误。这是显然的。然而同样显然的是，枢密院力图将权力转移到"少数统治者"的手中。

普罗科波维奇还说，当时大家都认为"如果照这些老爷们（即枢密院成员们。——著者）的意愿去做，不顾一切，整个祖国亦将陷于极度灾难"[②]。这当然是言过其实，不是大家都这样说的。我们所知道的科兹洛夫旅长的报道，说他从莫斯科来到喀山，兴奋地对当地居民说，安娜女皇如果破坏条件，她便会被立即送回库尔良地亚，她现在就是一只最坏的鼻烟盒也不能从国王的宝库里拿出来，她不能再以村庄和金钱作为赏赐，不能将其亲戚引进宫廷，并且最妙的是：现在我们国家的管理已开始比任何时候都有秩序，等等。这就是说，当时仍然有人并不因为权力集中于8人组成的枢密院而感到愤慨。然而事实上，大多数贵族对于这种权力的集中是极为担忧的。要消除这种担忧的心情，只有对贵族"全民"中的立宪派的政治要求，立即作出让步。而这又为戈利岑所不乐意。

① 《杜克·利里伊斯基公爵的札记》（附录，第196页）。

② 同上书，第199页。

米柳科夫说，那篇誓词是戈利岑对让步的最后答复，是让步的最后界限，而且实质上，它并不是没有满足贵族的要求。这种特殊的“多数主义”尤其令人感到惊奇，因为如果说，俄国的大贵族在17世纪已是一株“冻坏了的树”，那么，现在在1730年，限制最高权力的倡议甚至不是由整个树。——彼得的改革带来了比以前好到不可计量的贵族军事力量的组织，已使这株“冻坏了的树”更加凋落了，——而是由树的两个分支提出的。这两个分支的政治力量有多么弱，可从以下事实明显看出：即枢密院成员经常把“条件”说成是安娜的志愿步骤，甚至大家提议称新女皇为专制君主时，他们也未稍加反对。

所以事实上，枢密院成员是希望以幕后阴谋的方式战胜君主专制的。他们的希望没有得逞。枢密院成员愈来愈加没有出路。多尔戈鲁基的大贵族“多数主义”的毛病，看来不像Д. М. 戈利岑那样厉害。他终于明白了这一点。他同意增加枢密院成员的人数，并由贵族的人选去研究社会需要，“使人民知道，他们愿意开始注意人民事业的利益”。但是已经迟了，立宪党业已同专制君主派实行妥协了。

君主立宪派于2月23日在博里亚京斯基公爵的私邸开会，决定请安娜取消枢密院，恢复旧的政治制度。同时，立宪派又在A. M. 切尔卡斯基公爵的私邸讨论了当时的局势。不知道，在他们这次集会上到底谈了一些什么。但是，应该说，立宪派当时并不很相信他们的愿望有实现的可能。当塔季谢夫带着在博里亚京斯基家里的保守派会议上起草的请愿书并建议他们签字时，他们并没有严词拒绝。塔季谢夫的建议得到A. Д. 康捷米尔的热烈支持，对到会的人们发生了强烈影响。部分人当时就在请求恢复君主专制制度的要求上签了名。其后，康捷米尔和马特韦耶夫伯爵又出去征求新的签名。第二天一整天都花在这一鼓动工作上；傍晚，政变业已准备就绪，并将达成的协议通知了安娜。她所要做的，只是撕毁枢密院成员所制定并由她签字的“条件”了。2月25日午夜4时，这件事亦告完成。

当然，在这件事上也不免有些节外生枝。

2月25日晨，切尔卡斯基公爵带着同党，尤苏波夫公爵率领近卫军军官在克里姆林宫的接待室里会合。他们请求女皇接见。当然，女皇立即接见了。于是，塔季谢夫向安娜宣读了请愿书。请愿书首先对她“在枢密院所起草的各项条件上签字，表示感激”。请愿书写道：“不仅我们，而且我们的子孙后代亦将永远对您感恩不尽，我们由衷地用我们的言论来表达对您的尊敬。”但是，这份感恩的请愿书同时表示了某些“疑虑”，为了消除这些“疑虑”，它请求女皇允准将军团、军官和贵族由每一家族选出1至2人举行会议，以便研究各种情况，制定国家管理的形式[①]。

安娜感到困惑，其原因是：前一天，她在接到关于“协议”的通知时，原期他们请求恢复君主专制，而他们却要求她召开立宪会议。在这种情况之下，每一分钟都是宝贵的。安娜的妹妹叶卡捷琳娜（梅克林堡公爵夫人）拿着笔跑到她的身边，坚决主张：“立即签字！”安娜签了“照准”，并邀请贵族立即在宫里另一大厅里讨论他们的请愿书。贵族遵照办理。

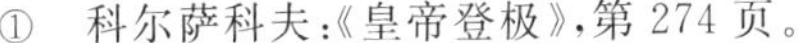

① 科尔萨科夫：《皇帝登极》，第274页。

这样，类似立宪会议第一次会议或临时安排的立宪会议开始了。

会议开得不很久。为了再次感谢安娜接受了他们的请求，请愿者相互磋商后，决定向她提出新的请求，请她不再服从枢密院提出的“条件”。然而他们刚刚还对女皇签署了那些“条件”，约许其子孙后代将永远感激啊！这新的请愿书写道：“兹以至诚请求最仁慈的女皇接受您的光荣可敬的祖先过去有过的那种专制君主统治权，而将枢密院送给皇帝陛下的条件，予以销毁。”

凡事往往开始难。立宪会议的第一次会也成为最后一次会议，会议本身自愿如此。经过一番曲折（第一请愿书），贵族恰好走到前一天所协议和女皇所期待的地方（第二请愿书）。这一曲折谁需要，而且为什么需要呢？

要解答这个问题是不很容易的。显然，塔季谢夫、康捷米尔·马特韦耶夫等都为君主专制制度做过宣传鼓动工作，但没有说服所有立宪派，其中保持立宪派倾向的那一部分贵族，遂决定于2月25日试图孤注一掷。他们的政治观点已表达在第一请愿书中。这是可以理解的。不能理解的只是这请愿书何以恰恰由塔季谢夫宣读。塔季谢夫在1730年的作用，下文将予仔细研究。然而第一请愿书恰恰由他宣读，这一情况对于请愿书的命运，是不能有何影响的。这一请愿书的命运是颇为奇特的，因为那些在请愿书上签了字的人们，忽又认为必须请求恢复君主专制。但是，必须记住，贵族主张限制皇帝权力的，只占少数。其大多数则对这一意图或不置可否，或持反对态度。贵族大多数敌视立宪的情绪，明显地表现在近卫军的行动上。在宣读第一次请愿书时，近卫军军官喊道：

“女皇，我们是陛下的忠实奴隶。……但我们不能容忍陛下的奸臣。只要陛下下命令，我们便可将他们的脑袋砍下摆在陛下的脚下”[①]。在这种叫喊之下，贵族自不能在自己的第一次立宪会议上显示其巨大的政治自信。他们怎样也不能对抗近卫军的“利用武器来批评”，而感到自己如在陷阱，因为拥护安娜的志愿参加者，已将宫中的一切出口占据了。

为了逃出陷阱，请愿者不得不放弃限制君主专制的主张，而请求恢复旧的政治秩序。然而他们虽然提出这一请求，却并没有放弃其他要求。由康捷米尔宣读的第二请愿书在要求恢复君主权力之后，提出了以下意见：

“最忠诚臣民请求陛下像在彼得大帝时那样，设立一个主持行政事务的参政院。以代替枢密院和高级参政院，并充实其人数为21席，在主持行政事务的参政院成员、省长和长官出缺时，贵族可以入选”[②]。

请愿书于结束时表示希望有公正的法庭，减轻税负，使“我们”即贵族根据陛下的真正整顿，能够宁静和安全地生活于幸福和富裕之中。

新请愿书中下列语句，亦非毫无意义：“同时，最忠实的臣民请求按照最仁慈的陛下签署的文件，现在就把将来的我国政府形式予以确定。”我国政府的形式问题似乎已在恢复君主专制的请求里，完全解决了。但也许落在陷阱里的请愿者在把这几句话写进

① 科尔萨科夫：《皇帝登极》，第274页。

② 同上书，第275页。

第二请愿书时，是为了安慰他们自己（或他们的那些等在宫墙外面的同志们）的立宪良心罢。无论如何，尽人皆知，获得了全部权力的新女皇，其真正整顿，却不曾给任何立宪梦想以余地。在安娜朝代里，任何类似的梦想都受到了惩罚。只要持有前述“条件”一纸，便可被控国事罪。甚至近卫军也有自由思想的嫌疑。新成立了两个近卫团——伊兹迈洛夫团和近卫军骑兵团，安娜的狂热走狗受命担任两团的指挥官。近卫军重骑兵最初曾受政府赏赐，后来亦受刑拷，因为他们当中的大多数虽要求恢复君主专制，但也有些人在某些立宪方案上签了名。政府密切注意那些受过刑拷的人，特别是不愿他们留在莫斯科。[①] 尽管如此，对贵族还是作了一些让步，使他们相信在君主专制之下，也能满足贵族最普遍的愿望。安娜在取消枢密院后，按照贵族的愿望，恢复了参政院，其权力与彼得所建立的相同；准许以投票方式选举军官，取消长子继承制，限制贵族的强迫服役期为 25 年[②]，建立贵族中级军校，毕业后直接派为军官，等等。米柳科夫甚至认为，为了完成当年彼得一世所设想的新“法典”，采行一种与塔季谢夫计划草案相类似的制度；这一法典的条文“应在由贵族代表和僧侣及商人中有识之士组成的委员会里讨论，然后在该委员会和参政院的联席会议上审查，最后送呈女皇批准”。因此，米柳科夫总结说，1730 年的那些政治方案的思想和愿望对于安娜女皇立法的影响，是毋庸置疑的。就这方面说，1730 年的政变（即政变的企图。——著者）已小规模地作出了

① 1831 年 9 月向他们公布了一道上谕，不许他们在莫斯科闲逛。（潘丘利泽夫：《近卫军史》第 1 卷，第 220 页及第 221 页。）

② 不过，这一让步后来又被收回。

著名的叶卡捷琳娜委员会大规模作成的事业[①]。然而非常值得注意的是，贵族愈是得到解放，其在立法和行政上的影响愈是得到巩固，则其对限制国王权力问题的兴趣，愈益减少。往后我们可以看到，这一普遍情况的例外——无论是虚构的，还是真实的——都只能在事实上证明这一普遍情况。因此，另一学者 Д. А. 科尔萨科夫的意见，是完全正确的：他断言贵族在安娜的统治下取得某些利益之后，离开他们在 1730 年所企求的增加自身重要性的思想，便愈来愈远了。"他们的理想缩小了，所以 1767 年著名叶卡捷琳娜委员会上的贵族声明，比 1730 年的贵族观点，要低得不可计量"[②]。

枢密院的"儿戏"遭受完全失败后，Д. М. 戈利岑向朋友说："宴会是准备好了，可是客人没有口福。我知道，我会成为它的牺牲品！好吧，我在为祖国受难，我已接近我的生涯的末日了，但那些迫使我哭的人们将要比我哭得更厉害啊！"

这一刚直的大贵族的"多数派"，在宴会的准备上没有显示出政治的艺术。我们知道，责备他有寡头政治的倾向，不是没有根据的。但最好是说他有小派别的倾向。可是应该说句公道话。科尔萨科夫就说过：安娜的胜利同样造成了寡头政治，并且不是俄国式的，而是外国式的寡头政治。"比伦苛政时期"便是对俄国未能结束其旧政治制度的残酷惩罚。当然，俄国在这里是无罪而受过，但社会生活的客观逻辑是不承认任何轻松的环境的。

① 《俄国知识界史》，第 51 页，另参阅科尔萨科夫：《皇帝登极》，第 298—299 页。

② 《皇帝登极》，第 302 页。

彼得的改革启发了军职阶级若干人（小部分人）的政治观点，却未能改变俄国政治力量的对比，因此亦不能直接造成我国政治制度的改变。相反，彼得改革的直接后果之一却是这一制度的持续巩固。甚至先进俄国人的求知意图亦在很大程度上有助于它的巩固。如果说，开明的贵族不能不认识到西方的"自由"优于旧俄罗斯的不自由，而另一方面，我们业已看到，因彼得改革而形成的"学术侍从"却完全同情君主专制。他们在1730年以事实证明了这点。普罗科波维奇、康捷米尔和塔季谢夫便竭尽所能支持安娜。当然，可以设想，塔季谢夫自己也不知道他到底想要什么：他虽然在理论上拥护君主专制，却写了立宪方案；他在写好这个方案以后，于2月23日晚到切尔卡斯基公爵的私邸去策动立宪派同阴谋恢复君主专制的党派妥协；最后，还是他，在策动立宪派恢复君主专制后，复于2月25日晨向安娜宣读了要求立宪的请愿书。怎样多的矛盾啊！但是这些矛盾都是由于他怀疑安娜——一个"缺少法律知识"的"妇道人家"——有能力像一个专制君主那样治理国家。他的这种怀疑向我们说明了为什么他一方面起草立宪方案[①]，同时又认为必须坚决驳斥君主专制的敌人。

他同这些人的争论，对于说明当时一般有知识的贵族的"思想面貌"（умоначертание）特别是对于说明"学术侍从"中开明人士的思想方式，是颇为重要的。

反对他的人说："将统治全体人民的大权交给一人，不能没有危险，因为无论这人如何英明、公正、温和，但不能没有过错，不能

---

① 由切尔卡斯基公爵署名的著名方案。

在一切事情上全无缺点。特别是如果这人放荡不羁，任性非为，则对于无辜，必致发生无礼和不公正的暴行和愚弄。”

为了反驳这种责难，塔季谢夫提出了我们前此已经知道的理由：即君权起源于父母之权。一切家长有兴趣的，就是要关怀他们的家人。塔季谢夫论断说：“如果有这样的傻瓜，既不了解自己的利益，又不懂得智者的劝告而为非作歹，则可把这视为上帝的惩罚。”

此外，反对他的人还指出，宠臣仇视和迫害对国家作出真正贡献的人，“而为自己贪婪地敛聚财产”。

对于这一责难，塔季谢夫解答说，宠臣在共和国里为数更多，他并且引述希腊和罗马的历史，说那里“某些重臣相互倾轧造成很大的破坏，我们最怕的就是这种事，而这种事却在君主专制国难以找到”。塔季谢夫断言，必须将“明理和忠诚的”宠臣与“暴恶的”宠臣加以区分。明理和忠诚的宠臣，“应受到永远的崇敬和感激”；塔季谢夫说，B. B. 戈利岑便是这样一种宠臣。

君主专制的敌人还控诉秘密审讯处。他们说，这种审讯处使我们在“明理的各国人民”面前感到羞辱，受到痛斥；此外，它还败坏了我们的国家。因为“一言不慎，便遭杀戮，拷打并使无辜者子女的财产被抄没”。然而塔季谢夫对于秘密审讯处并不感到愤慨。他证明，只要将这种事情交给笃信上帝的人去办，便无任何危害。“至于恶人和渎神的人是不会长久得意的，他们会销声匿迹的”[①]。前已述及，塔季谢夫所起草的宪法草案，没有废除秘密审讯处，而

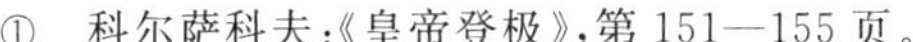

① 科尔萨科夫：《皇帝登极》，第151—155页。

只是改造它，从参政院指派两名代表参加。

塔季谢夫的所有这些论点证明他的政治“思想面貌”是有很大的局限性的。他的这些论点所反对的那些人，毫无疑问，都具有更为广阔的政治观点和更高度的自尊心。然而塔季谢夫是那时最有学识的俄国人之一，在学问上，他比他的许多论敌——即令不是全体论敌，都要优越。而且，就我们所知，他是完全不愿在最高当局面前卑躬屈膝的。但这里的问题究竟何在呢？

我们试想普罗科波维奇和康捷米尔，这两人都比塔季谢夫更彻底地拥护君主专制，而且按照当时俄国的标准，也都是非常有学问的人。姑且假定，关于普罗科波维奇，我们不能肯定地说他反对枢密院成员和立宪派的“儿戏”，不是由于——最少部分地不是由于某种个人利益。况且，他又是属于僧侣等级的，而僧侣等级是与官宦阶级对立的。但是我们却没有任何根据去怀疑当时还很年轻的康捷米尔的诚意。这里的问题不在于诚意，也不在于知识的渊博，而在于对君主专制的看法，即能否将君主专制看成俄国的进一步开明的最可靠保证。热烈颂扬彼得启蒙活动的“学术侍从”便是开明君主专制的热情拥护者。

这样看来，我们在这里看到一种离奇古怪的现象：俄国启蒙运动的辩证法，恰恰使那些学识最为渊博，看来似乎应该比任何别人都更热烈地拥护政治自由思想的人士，却反而放弃了这一思想。换言之，学识在俄国竟然成为特殊的政治蒙昧主义的一个来源。

与这相似的某种离奇现象，我们在西方亦曾看到：西方的启蒙思想家也信仰开明的君主专制，或——在这一场合里说得更准确些——专制制度。但在西方，这一现象要短促得多。而在我国，就是在 19 世纪，也还在进步人士中长期没有消除的一种信念，以为政府应该，而且可以走在“社会”的前面。这是俄国社会思想发展的相对特点之一，其根源在于我国历史过程的相对特点。

第五章　文艺作品中的社会思想

I

俄国文学史家对于彼得改革后时期在艺术创作方面的初期作家的态度，不经常是公正的。直到现在，我国还颇为广泛地流传着一种观点，以为最初，我国文艺作品的特点是完全或几乎完全缺乏内容。例如，就在不久以前，有一位学者断言：

“新生的世俗文学无疑地必须首先熟悉形式。康捷米尔在这方面奠定了端绪。他的讽刺诗往往完全脱离了生活和现代实际，这是它们的主要缺点。然而重要的是，由于他，某种文学形式才为人们所公认。既然有了形式，则文学在其进一步发展中，就会为这种形式取得生动的内容了”。

这段话无论从**理论**的观点或从**实践**的观点说，都是不正确的。

一般说来，**形式**是与**内容**密切联系着的。诚然，在有些时代，形式比较强烈地脱离了内容。然而，这是特殊的时代。在这样的时代里，不是形式落后于内容，就是内容落后于形式。但是必须记住：内容落后于形式，不是在文学刚刚开始发展的时候，而是文学业已趋于衰落的时候——这种衰落常常是由于其爱好和意图在文学中获得表现的那一社会阶级或阶层的衰落的结果。例如，当代的颓废派、未来派以及其他相似的文学现象，就都是由资产阶级的某些阶层的精神衰落引起的。顺便一提，文学的衰落经常表现于人们对形式的重视开始远远超过于对内容的重视。可是内容与形式是极为密切地联系着的，所以对内容的轻视，便迅速地在最初带来美的损失，而随后更使形式完全丑化。为了举例，我将再次提出文学中的颓废派和未来派，或许还有绘画中的立体派。但在文学（或艺术）刚刚开始发展的那些时代里所发生的现象，是同我们在衰落时代所看到的现象完全相反的。那时，不是内容落后于形式，而是相反——形式落后于内容。这一点在康捷米尔的那些仿佛完全没有内容而且脱离生活的讽刺诗里，是表现得再明显不过了。这些讽刺诗里所包含的思想，有一些直到现在还完全保持其意义（如关于教育的思想）。然而这些思想的表达形式，却使现在阅读康捷米尔的创作，不能不费相当大的气力。就在康捷米尔以后，文学必须作出长期的巨大的努力，使自己真正成为优美，也就是说，要为它所处理的**内容**找到适当的形式，这种内容在每一特定的时期，都是由俄国的社会关系决定的。

别林斯基在其"同现实妥协"时期，如所周知，是不大喜欢讽刺作品的。但在晚年，他对讽刺作品的态度便迥然不同了。这时他满意地，也可以说是骄傲地指出：以讽刺作品开始的我国文学，对于我国社会甚至是实际道德观点的生动来源；以康捷米尔为代表，讽刺文学曾向愚昧、偏见、争讼、诽谤、刁难、贿赂、盗窃公款等等，无情地宣战，它看到这种种现象在旧社会里不是缺陷，而是一种生活的规则，一种道德的信念。别林斯基对康捷米尔由讽刺作品的这一评价，是同实际情况毫不矛盾的。试问，如果这种讽刺作品没有内容而且脱离生活，它怎能成为任何人的道德观念的来源，它怎能向社会的缺陷宣战呢？

以为制定形式是我国文学在18世纪，乃至部分地在19世纪的特殊事业，这个思想在我国为车尔尼雪夫斯基所坚决和明确地提出。但车尔尼雪夫斯基的这一思想尚不曾获得我在上面引述的这位学者所赋予的那种一般意义。第一，车尔尼雪夫斯基恰恰是把那种按照他的说法，“经常构成我国文学的最生动，或更确切地说，唯一生动方面”的“讽刺方向”作为例外的。第二，讽刺作品以外的一切，他说都是缺乏内容的毛病，这不仅在18世纪，而且在19世纪——直到果戈理出现以前，都是如此。车尔尼雪夫斯基断言，许多他的同代人业已不满意普希金的诗的内容。他补充说：“但在普希金的诗里，其内容比他的战友们的诗的内容加在一起，还要多一百倍。”在这后一类人的诗里，几乎完全没有内容：“在他们的诗里，形式几乎就是一切，在形式里面几乎什么也找不出。”[①]

对于这一观点，我们当代的学者是很难同意的，且亦不可能表示同意。所以不可能，因为我们现在已不能满足于启蒙思想家的观点：我们是从另一角度去观察社会及文学的发展过程的。

车尔尼雪夫斯基认为把文艺作品中的讽刺方向称为批评的方向，会是更为正确的。他确定批评的方向是一种“在仔细研究和再现生活现象时，深刻意识到所研究的现象是否符合理性和高尚情操的标准”的方向[②]。

---

① 《车尔尼雪夫斯基全集》第2卷，第13页。关于普希金的战友，车尔尼雪夫斯基所指的是亚济科夫、科兹洛夫等。

② 同上书，第12页。注第1条。

他深信在果戈理出现以前，我国文艺界的活动家对于这一是否符合问题的意识，是非常不发达的。因此，他才说直到果戈理时代为止，这种文学几乎是完全没有内容的，果戈理破天荒地引起我们对自身的认识。

像所有启蒙思想家一样，他过分将他和他的同道们所信奉的“理性及高尚情操的标准”理解为绝对的东西。他忘记了这种标准是随着时间及空间条件的变异而变异的。由于他自己的理性和高尚情操在许多方面同前此各时代的文学家的理性和高尚情操有很大的差别，所以他以为就这些文学家而言，形式几乎就是一切，除了形式之外，他们几乎什么也没有。

这是唯理主义的观点。现时我们最好不从唯理主义的观点、而从历史的观点来考察社会发展现象。

在上面不止一次指出：在彼得时代以后，最早的文学活动家，在一定的意义上，都是热情的启蒙学者。塔季谢夫写《论科学与学校之利益》一书，康捷米尔的第一篇讽刺文为“对诽谤者理论”的讽刺，绝不是偶然的。康捷米尔在为这篇讽刺作品所写的序言里说：“讽刺作品可以说是这样一种作品，它用风趣的笔法来讥笑不良的言行，力图借此改正人类的道德风尚。因此，它的用意是同任何其他劝善的著作相同的。”完全可以理解，他对讽刺作品的任务既然抱着这样的观点，则他自不能对自己的讽刺作品的内容淡然置之。但同时应该记住：在我国文学发展的初期，劝善的成分，业已有力地渗透到那些同道德毫无直接关系的部门。

II

在为同一讽刺作品写的序言里，康捷米尔承认："我在写我的作品(讽刺作品——著者)时，特别仿效的是戈拉茨和法国人波厄洛，从他们那里因袭了许多东西，将其收进我国习俗。"这里寥寥数语已对我国第一位讽刺作家的活动，作了正确估计。他"仿效"了戈拉茨和法国人波厄洛，而且不只是仿效他们：他在一切发现有好东西的地方，都把它收集起来。但他在仿效外国作家的同时，还将所因袭的东西"收进"俄国"习俗"。他究竟怎样做到这一点，可从他的第5篇讽刺作品的写作经过中看出，其经过叙述于该篇注解中。

我们在注解中读道："诗人出国之前，模仿波厄洛的第8篇讽刺作品写过一篇讽刺诗。后来，发觉(他的讽刺诗——著者)几乎都是用法国讽刺作家的词句组成的，便选出诗中一小部分写成这篇讽刺作品。"但第五篇讽刺诗是康捷米尔的最长的讽刺作品之一。他从波厄洛那里抄来的"诗的一小部分"，几乎完全消化在他自己所写的诗中。而这篇他自写的诗是同俄国的社会生活有着显著的直接关系的。凡读过他的第五篇讽刺作品的人，想必不会忘记其中关于在节日里，人们普遍酒醉如泥的美妙描写的：

……人们尚未午膳，
太阳尚未升到顶空，
街道上几乎挤满了躺着的躯体。
我最初望去，

还以为是你们害了时疫，
但闻去却无尸体的恶臭。
这时我看到，
另外一些人踩着这些躯体，
有的人举着手，
有的人面孔绯红，
　艰难地抬起头。
软弱的两腿不能起立，
一句话：
都已烂醉如泥。

如果不是已经太长，我倒愿意继续抄下去。这里使人吃惊的不是脱离生活，而相反是对于最丑陋的人民“习俗”之一的现实主义的再现。同样，他描写的商人典型——很用心地遵守一切教会礼节，同时却最丧尽天良地欺骗自己的主顾，也是直接取材于生活的。这一膜拜上帝的商人（他经营伏特加酒）对于责备他欺骗主顾解答说：

此外，商品到店，
我已花费很多。
你知否——
馈赠法官、执事、书吏要花费多少？
写文告、统治我和给我指示的就是他们。
你知否——
为了得到这些指示，
仅仅鞋子要跑破多少？

你知否——

白白喝酒的又有多少？

先卡和伊凡、差官和他们的仆从

他们都要抱着酒瓶睡觉啊！

所有这些贪官、所有这些警察人员，他们甚至要“抱着酒瓶睡觉”；这也都不是从波厄洛的讽刺作品中抄来的，而是直接取材于俄国生活。然而在康捷米尔的第五篇讽刺作品里，可能最好的是关于一位宠臣的描写。我很愿向读者提一提这一段出色的描写：

马卡尔昨天在人民看来还是一个糊涂虫，

只好用他去砍柴和挑水。

谁也看不出他有丝毫脑筋，

他那恶劣的心地装满了黑炭。

命运向这同一马卡尔微笑了，

今天他已成为宠臣，

一切都得心应手，

变得正直、高贵和多能。

一切聪明都奇迹般在他身上轮番出现，

国家应期待他作出多么大的贡献！

当时看过不少这类宠臣的俄国人民，应该承认这一照片是完全与原样相符的……

他们不能不承认，康捷米尔关于这类宠臣的命运的描写也是惟妙惟肖的。

……马卡尔很快就滑倒了，

他滑到冰窖里去了。

他的光明的日子来得很快，
也同样消逝得很快。
他突然回复了当年的愚蠢，
在黑貂之中，
羞辱、悲伤地度着贫困的余生。
谁要迫不及待地爬上他的位置，
同样的劫运亦将等着他们。
然而人们却要相互倾轧，
轮流地赶上同样的劫运。

的确，当时的情况就是如此：胜利者迫不及待地享受自己的胜利，在彼得堡过着奢侈的生活；而失败者则被放逐到西伯利亚，在黑貂之间度过余年。康捷米尔用嘲笑的方式痛斥贪婪虚荣之辈的无情相互倾轧，这一事实再一次证明他的讽刺作品是多么接近我国当时的社会生活。

假如我们将他的第五篇讽刺作品与他在写作中所模仿的波厄洛的第八篇讽刺作品作一比较，不再提前面说过的俄国讽刺作家从法国作家那里所作小量直接抄袭，则我们便可得出如下的结论：

在形式上，波厄洛的作品无比地高于康捷米尔的作品，但就其直接取自生活的具体内容而言，它却比康捷米尔的作品贫乏。

这一结论，若用以审查可惜直到现在还在我国异常流行的关于 18 世纪俄国文学的意见，也许是不无补益的。

因为篇幅所限，我不能详细地在这里研究康捷米尔的其他讽刺作品的内容。我只想说：就令这第五篇讽刺作品的内容最为丰富，而作者的其他讽刺作品，也无任何一篇是脱离生活的。

甚至以第六篇讽刺作品而论，它所写的是一个抽象的题目《论真正的幸福》。

康捷米尔在这篇讽刺诗里证明了中庸之道的优点：

只有这种人才能终身幸福，
他安于微末，
　看破尘世浮华，
他摆脱了使他人痛苦，
　使希望破灭，
　使德行的道路必然堵塞的种种思虑，
他知道在宁静中默默地生活。

也许，初看来，很可能这种关于中庸的优点的议论必然要在抽象概念的范围里兜圈子。然而并非如此。康捷米尔所以得出中庸优点的信念，不是通过抽象的思考，而是通过对他在第五篇讽刺诗里所惟妙惟肖地描写的社会生活的密切的观察的结果。《论真正的幸福》这篇讽刺作品的道德观，乃是他从对这种生活的观察中得出的逻辑结论。

研究康捷米尔道德观的学者未能经常注意到这一点，因而他们对于这一道德观的判断犯了很大的错误。我在另一地方已经谈到这一点，但对此值得再谈一谈。

按照加拉霍夫的意见，康捷米尔的道德哲学一如他的性格，是羞怯的、不勇敢的。"它宣扬善，但羞答答地怕伤害了恶。这不是一个完全不可侵犯的道德，这是半道德，近乎冷淡无情、漠不关心。"康捷米尔这样喜欢戈拉茨，并非偶然，因为戈拉茨也只是"企求宁静和舒适的中庸之道，而对未来则漠不关心，'要求不高'"。

按照加拉霍夫的说法，则康捷米尔一如戈拉茨（请参阅第108及其后各页），并不追究社会的缺点，而“只是对它们加以嘲笑”。

但是讽刺作家要用什么方式去追究社会缺点呢？他就是“只有”对之加以嘲笑啊！他一般地除了嘲笑的武器之外，是没有别的武器的。而且问题全然不在于他是否追究社会缺点，或者“只有”对之加以嘲笑：而在于他是怎样嘲笑的。按照讽刺作家的情绪，他的嘲笑采用极不相同的格调。如果我们仔细听听康捷米尔的格调，那我们就可发现，它全然不像加拉霍夫所说的那样“平静”。受过康捷米尔嘲笑的同代人都怨恨康捷米尔，这不是没有原因的。而且岂止他的同代人而已！甚至客观的历史学者索洛维约夫对康捷米尔评论宗教界时所用语调，也碍难苟同，这位可敬的学者埋怨说，“康捷米尔谈到妒忌一定是妒忌大教堂的教士的，……康捷米尔甚至对于牧师念祈祷文时仓皇失措，不知道该唱什么”，也要责备，他还嘲笑“牧师家庭的食欲”等等①。

读者会同意，类似的嘲笑，这种“平静”的讽刺家语调，都能引起对他的严重迫害。然而康捷米尔是不能用其他的、真正“平静”的语调来写作的。他在第四篇讽刺诗《致我的缪斯（诗神）》中谈到自己时说：

……我知道，
当我写颂词时，
缪斯呀，——
当我想要败坏你的道德标准时，

① C. M. 索洛维约夫：《俄国史》第4卷，第1496—1497页。

不论我咬断多少指甲
　流出多少汗水，
也难以写出两句小诗，
　就令它们不成熟
　　生硬
　　逆耳，
　就令它们在字面上仿佛是
　　引导到神圣的生活。
你的精神懈怠，
你的言辞梗塞在齿缝里，
　无情趣
　无力量
　不美丽
　不新奇。
但当我看到对道德的危害时，
智慧便自然出现，
笔下的诗迅速流动。
我感到那时游泳在自己的水中，
我不想使自己的读者张口打欠。
我像是司令官在敏捷，愉快地赶取胜利，
又像是牧师在葬礼后急忙去享受丰富的午餐。

别林斯基对于康捷米尔作为诗人，是评价不高的。他说，康捷米尔在所写讽刺作品里，表现为政论家，“热情和机智地”论述了道德问题。这一论断是比加拉霍夫的评语更为公允的。显而易见，凡是热情地批评社会缺点的人，他们离开漠不关心显然是很远的。

将康捷米尔的讽刺作品的格调同戈拉茨的讽刺作品的格调等量齐观，是没有根据的，因为在康捷米尔的作品里洋溢着愤慨，或至少是强烈不满的格调；而在戈拉茨作品里则只有取乐的笑语调子。正如我在上面所指出，是的，康捷米尔是不能用戈拉茨的格调来写作的，因为在"学术侍从"时代的俄国情况，是与奥古斯特时代的罗马情况极不相同的。这个时代的罗马人实际上成为对旧的共和制度的道德标准丧失信心的冷淡人；而"学术侍从"则坚决信奉自己的理想。虽然这种理想完全不是共和制的。其实，康捷米尔与戈拉茨的相似处，仅仅在于他们都倾向于"黄金的中庸之道"。然而这一倾向，即使是在戈拉茨身上，也不值得加拉霍夫——而且不只是加拉霍夫一人——那样无条件地非难；至于康捷米尔的这一倾向更无疑地是一种高得多的道德概念的标志。只要考虑到历史的条件，对此是能深信不疑的。

III

由于罗马共和制度的逐渐崩溃，普遍对公共福利抱着漠不关心的态度，伴之而来的贪图发财，竞求粗野的物质享受：戈拉茨便是这种情况的一个明证，他在给米岑纳特[①]的第一封信里抱怨说，大家同声呼喊：

① 古罗马政治家兼作家，奥古斯特皇帝亲密顾问之一。他曾庇护诗人维琪尔、戈拉茨等的诗人团体，利用其有利于帝国的创作并给以物质援助。其名遂成为维护科学文艺之代表。——译者

Cives, O Cives! quaerenda pecunia primum est;

Virtus post nummos.

公民们，公民们！你们要首先捞钱；

德行在其次。

在罗马社会的这种情绪之下，“黄金的中庸之道”的宣传，遂作为对漫无节制的金钱欲的反动而产生。当然，这种反动应始终没有力量，因为它丝毫没有改变当时造成轻视罗马德行的那些社会关系。的确，这种反动没有提出任何社会变革的目标。由于觉得自己无能为力——这是完全自然的，——它遂陷入怀疑主义。我们不可能赞美它，但也不能忘记：任何人只要能够进行这种宣传，便证明他不可能在道德上堕落到当时绝大多数罗马人那样的程度。

我们已经知道，康捷米尔翻译了给米岑纳特的第一封信里引起我们注意的那一段，译文如下：

公民们！公民们！

你们首先要努力捞钱，

德行在其次……

康捷米尔很高兴戈拉茨本人经常说，而且努力证明“德行在其次”（“Virtue post nummos”）这个规则是没有根据的[①]。我们的讽刺家也曾向他的同代人“经常说，而且努力证明”同样的事情。在发财致富和竞求粗野的物质享受的欲望也已发展到无限度的地步的社会里，——虽然这种发展的原因不与罗马相同，——他号召要

① 《康捷米尔全集》第1卷，第400页，第76首诗的注解。

实行中庸之道。

M.谢尔巴托夫公爵在说明安娜女皇时代俄国统治阶级的道德状况时，在其论述俄国道德之败坏一书中说：当时流行的，是对神和人的职责抱着轻视的态度[①]，“妒忌、虚荣、贪财、奢侈、偏私、谄媚、逢迎，每人都想借此增进自己的地位，满足自己的意愿。”

虽然这一说明的语调可能使人怀疑其正确性，但不能不承认其很接近真实。统治阶级的最高层——即拥挤在皇帝左右，支配着全国命运的那一批人——事实上对“神和人的职责”是抱着完全蔑视的态度的[②]。这时在这充满着“妒忌、虚荣、贪财、奢侈、偏私、谄媚、逢迎”的环境里，出现了一个宣传完全不同理想的人，他断言幸福完全不在那些道德和智力都不发达的大多数人所追求的地方：

在自己的土地上，
造一处小小的居室，
给我的中庸意志以所需要的东西：
中等的娱乐，不匮乏、粮食也不多。
在这里——
我能够按照自己的习惯
邀集朋友，
在余暇时祛除苦闷的压迫。
在这里——

① 当时义务我们称为职责。

② 在安娜的继位者——彼得二世及叶卡捷琳娜一世的朝代里，这批人也很少记得这种职责，但问题并没有因此而变得缓和些。

远离喧嚣，

用所有其他的时间去阅读古拉丁及希腊文，

探求事物的活动和原因，

学习他人的典型，

了解道德风尚中的利弊和善恶。

我的一切愿望尽在于此。

这种理想没有任何急进的东西。这真正是“黄金的中庸之道”的理想。但康捷米尔的中庸和莫尔恰林[①]的中庸及精细，是没有任何共同之处的。他主张不要卑躬屈膝，而要保持人的尊严，不要逢迎那些可能利用的人，而要从事学习，“研究事物的活动和原因”。在当时的社会里，宣扬这种中庸之道的人，可谓真正的“生活的导师”。诚然，造成我国统治阶级上层的极端堕落的俄国社会关系，并没有因为康捷米尔的宣传而有任何改变。这种宣传的影响所以很弱，其原因之一便是他的读者范围是不大的。他的讽刺作品很久仍是手抄本。只是在1743年，他才准备把它出版。但那时也仍然没有出版。所以直到19年后，在1762年，当法文及德文译本在国外出版后，它才初次与俄国读者见面。然而康捷米尔讽刺作品的直接影响尽管很小，但这种影响却并不违反历史的运动，而是顺应着这个运动的方向的。能够爱好科学和为了科学的利益而轻视低级生活幸福的人，其数目在俄罗斯虽然增加得很慢，但毕竟是增加了的；而且由于这种人数的增加，康捷米尔所致力的那种理

① 莫尔恰林为格利鲍耶陀夫喜剧《聪明误》中的讽刺作家，他体现着伪善、卑躬、阿谀谄媚和趋炎附势，其形象已成为普通名词。——校者

想的影响也增加了。可以毫不荒诞地说，既然随着时间的推移，甚至非常中庸的加拉霍夫也认为康捷米尔的理想不够严格，——就是说，既然欧化的俄国人的道德概念已有很大的进步，则这种进步的发生就不是没有康捷米尔的影响的。

IV

Habent sua fata Scriptores![1] 康捷米尔命运多舛。一些观点距离急进主义再远不过的学者，都责备他的中庸之道。这本身就不免有些奇怪。然而也许更奇怪的是责难康捷米尔几乎成为一种习尚，现在有些人甚至不肯费事去重新审查他的"案子"，却纷纷对他进行攻击。不言而喻，这是一种不可饶恕的失误。

例如，И. Я. 波尔菲里耶夫断言，康捷米尔为了逃避斗争，迫害或不愉快的事情，"主张在选择真理和谬误时也要保持中庸；甚至允许作恶，如果不遭迫害便不能为善"。

为了证明所言不误，他首先引录了康捷米尔的第二篇讽刺诗的一小段，外加第七篇讽刺诗的更小一段：

试先研究这最后一段。原诗如下：

不能为善吗？
那就作恶吧，但不要伤害自己人；
最好是避免任何过错，
不可以吗？
那就克制些，当心子女众目睽睽！

① 拉丁文，书有书的命运（书的命运是由读者对它的看法而决定的）。——校者

波尔菲里耶夫惯于重复当时对康捷米尔的流行攻击，没有看出在他所引录的这几行诗里，所说的不是成年人应有何种理想，而是成年人应该怎样教育自己的子女。康捷米尔对他们说：如果你们自己是有过错的，那就应当最少不让子女看到你的过错，不让他们模仿坏榜样。他详细地解释了他的意思：

当你等待客人到来的时候，
一个仆人打扫庭院和门廊，
另一个擦洗和收拾全部房屋，
再一个准备餐具器皿，
你自己监督巡查，
叫喊、不安、害怕客人，
　会看出最小的垃圾
　会察觉最细微的尘垢。
但你却不注意子女的目光，
　这目光绝不怕发现你的可耻行为。
子女毕竟比客人更亲，
你应该更多地爱护他们。

由此看来，老人所劝告的是：不要让天真的子女看到你的可耻行为[①]，而文学史家却说这位随和的讽刺诗人的理想包括可耻行为！这哪里有公理？然而问题还不只此。

我们的严格的学者不知为什么在这个问题上没有看到，康捷

① 在以"不能为善吗？"这句开头的那首诗的附注里写道："如果你难于控制你的欲念，弃绝恶行，至少，你也应该使自己的恶行不为子女所看见；如果你要作恶，那也不要危害自己的子女呀！"这里所说的是坏榜样的道德危害，是再明白也没有了。

米尔是“彼得的小学生”之一，这些小学生完全有理由——我几乎要说：“有责任”——担心旧莫斯科罗斯对新的改革后的罗斯的影响，在同一讽刺诗——我再说一次，这首诗所说的不是理想，而是教育。——康捷米尔以敬爱的情感指出彼得大帝：

……他跋涉远方，
将自身作为榜样，
从异地获得莫斯科寻不到的东西，
一人兼备道德和艺术的荣光。

最后——最后，但不是最不重要(last not last)——我们的热情的彼得崇拜者，是一个18世纪的人物，这个世纪一般正确地认为教育具有重大意义，而在教育的过程中，榜样最为重要。在同一讽刺诗里，我们读道：

我们将我们所有的最大部分
　都归功于自然，
但如果我们愿作深刻的研究，
那我们就会发现只有教育才是事情的根本。

这乃是洛克的思想。康捷米尔的教育观点差不多完全来自洛克[①]。榜样在他的眼光里有多大的意义，可从以下诗句中看出：

榜样的教导比什么都有力量，
就是牲畜也能教它向父母学样。
鹰雏很快就会高飞，

① 参阅洛克：《关于教育的若干思考》(*Some Thoughts Concerning Education*)，《洛克文集》第4卷，第32节，伦敦1767年版，第15页。

小狗会在院内捉弄小鸡，
山羊头顶头地顶撞，
小鸭孵化出来就会游水，
它们未受思想的教导，
它们也没有听到这方面的劝告，
对它们不能给予这一切，
它们只会模拟仿效……

模仿作恶的父母，意味着练习行恶。因此，而且只有因此，康捷米尔才希望坏父母至少也要将自己的“耻辱”向子女隐蔽。对于这种愿望能有什么可以非难呢？

И. Я. 波尔菲里耶夫还谴责康捷米尔在第二篇讽刺作品里所表示的一种意见，认为我们不必要经常说出真实：

谁能经常说出真实，
固然是选择了最好的道路；
但若将真实闭而不宣，
也不能成为罪过。
可就是不敢用谎言去掩盖真实：
谁能保持这一中庸之道，
他便幸福……

在波尔菲里耶夫之前，就有人[①]斥责过这一意见认为它是能够达到严格的道德规范的人所不应有的。但在这一问题上，对康捷米尔的责备也是没有根据的。可以像黑格尔那样严厉地批判康

① 特别是加拉霍夫。

德的伦理学说。但谁也不能说康德在其实际的道德要求上不够严格。然而严格的康德是会完全同意康捷米尔的。他的这句话是人所共知的："即使你所说的一切都应该是真实的，然而凡人也不一定要公开地把任何真实都说出来。"[①]

康德由于什么情况写了这些话，这对我们也是有意义的。德皇弗里德里希·威廉二世在一件上谕里，对康德在《纯理性范围的宗教》一书中所发表的关于宗教信仰的观点，表示不满。当然，康德不能放弃这一观点。但他认为他在伦理上往后不应再发表这一观点。他回复皇帝说：他往后"不再将任何涉及宗教的论述公开发表"。直到思想较为自由的新皇帝即位为止，他神圣地履行了这一诺言。

我想，法国的启蒙思想家若处在康德的地位，表现会有不同。他们会认为自己有权散播自己的宗教观点，尽管皇帝极端反对这种观点，亦所不顾。试问可否从这里得出结论，认为法国启蒙思想家的道德标准要比康尼兹堡哲学家的道德标准更为严格——或者如果愿意的话，——更不严格呢？我想不可。我们在这里所能说的只是一点，即在政治方面，康德的情绪与法国启蒙思想家不同：法国启蒙思想家的反对派情绪，是同他格格不入的。

莫利耶罗夫·阿利舍斯特要求人们应在任何地方和任何时候都将所想的一切，全部吐露出来。

Je veux que l'on soit homme et qu'en toute rencontre Le

① 请参阅库诺·费舍尔：《新哲学史》第 4 卷：《伊曼努尔·康德》。（圣彼得堡 1901 年版，第 97 页。）

*fond de notre coeur dans nos discour se montre, que ce soit lui qui parle, et que nos sentiments Ne se masquent jamais sous de vains Compliments.*①

他的朋友菲轮反对说：

Il est bien des endroits ou la pleine franchise,
Deviendrait ridicule et serait pen permise;
Et parfois, n'en déplaise á votre austère honneur,
*Il est bon de cacher ce qu'on a dans le coeur.*②

两人谁对？都对。必须诚实，这是对的。但完全的坦率往往是不许可的，甚至是可笑的，这也是对的。用什么来解决这一矛盾呢？不是用道理，而是用伦理的嗅觉；这种嗅觉会教导我们，何时应说实话，何时可以，而且应该把真话藏在心里。这里，一切取决于条件。而且不仅取决于对话者的个人生活条件，同时也取决于时代的条件。19世纪时，俄国也出现过一些俄国的阿利舍斯特：试一回忆巴扎罗夫及其笨拙的、然而无限度的诚实吧！但当巴扎罗夫式的人物出现时，那些在过去由于康捷米尔主张不要在任何时候都把所想的一切和盘托出而责备他主张实行道德上的折中主义的人们，有许多人想必要对他们感到愤慨的。

---

① 应该做一个大丈夫，经常说出心底的话。愿人们说由衷的话，任何时候都不要用空洞的恭维来遮盖我们的意见。

② 完全的坦率时常是可笑和不允许的；无论你们的严肃的诚实品德对此多么不满，有时却仍以藏起你心底的话为好。有趣的是，阿利舍斯特本人也没有立即决定对奥龙特的十四行诗表示其否定态度。更为值得指出的是，如皇帝命令他说这诗为好诗，他就说这是好诗。由此看来，在这种特殊条件下，他比康德还要走得远些，康德只不过同意缄默而已。

无论当时的情况怎样，无可置疑的是在康捷米尔时代，巴扎罗夫之流的诚实是完全不可思议的。

历史发展过程，保证阿利舍斯特能够避免同他的腐朽的同代人发生任何交往[①]。同样，巴扎罗夫之流也可以像恰茨基在他们之前那样对自己说："逢迎可恶"，而把自己的精力用到自然科学上去。康捷米尔时代的欧化贵族就连这种有限的自由也没有享受。像他们整个等级一样，他们必须服役。而谁去服役，他便必须——如不服侍人就可以避免，——走康捷米尔的"黄金中庸之道"，比康德更要热衷得多地实行"三缄其口"的艺术。

V

别林斯基说：无论苏马罗科夫[②]的才华怎样，他对"芝麻绿豆官"（指受贿的小官吏）的攻击，却在任何时候都是值得俄国文学史家的称颂的。

对于这一见解，只有一点可以反驳，即苏马罗科夫（1718—1777 年）之值得称颂，不只是由于他对"芝麻绿豆官"的攻击。

俄国文学史家赞赏他对一般作家，特别是对诗人所提出的那些要求：

> 写诗不像许多人想象的那样容易，
> 不知者仅在音韵上努力。
> 不要让音韵役使我们的意境，

---

① 参阅他在第 6 幕第 1 场中的独白。

② 俄罗斯古典主义代表人物之一。在悲剧《霍烈夫》等作品中，提出公民与天职、服务社会、为国家利益作自我牺牲的意见。——校者

音韵应成为我们的奴隶。

在同一书简(《论诗作》)的另一地方，他重复地说：

诗不是突然从理智中流出，
无知者提不出明晰意境。

在这一书简的末尾，我们看到一些真正金玉之言：

戏剧也罢，牧歌或颂歌也罢，
一切都值得赞赏：
作家呀，
只给头脑以教育，
便可性灵所至，
　挥笔成章……

不要以为在他的眼光里，教育是成功的诗作的充分条件。他断言在缺乏热情的条件下，"诗作"仍是冷冰冰的，而无论作者在诗里多么深化了思想。大家知道，他劝那些想写恋歌的人先恋爱[①]。自然，并非一切好的悲歌都归功于不能不承认是过于英雄的方法中产生的。但是这一劝告是好的，因为它向我们表明苏马罗科夫是多么重视情感的。

苏马罗科夫对俄国文学的巨大贡献在于他所表示的一种坚定信念，认为

我国优美的文字能够表达一切。

他在全部文学生涯中一贯保持了这一信念，而且像他善于保

① 既然你想写，
那首先你应恋爱。

持俄文的纯洁那样，很关心俄文的纯洁[①]。

有些学者，如H.布利奇等，认为苏马罗科夫的讽刺作品比康捷米尔的讽刺作品更有内容，这是很大的错误。相反，苏马罗科夫的作品在内容上比康捷米尔的作品更为贫乏。但作者的讽刺诗《对变化无常的世界的合唱》，都包含着不少对官吏的非常有趣，而且真正严厉的攻击。作为一个讽刺文学家，苏马罗科夫给自己提出的目标，比同"芝麻绿豆官"作斗争更要广泛得多。早在第一篇讽刺作品里(《彼伊特及其友人》)，他就说：

我无论住在什么地方——
　在莫斯科[②]，在森林或在田野，
也无论我是穷还是富，
我再也不忍受，
　对卑鄙的事物不去揭发。
…………
…………
只要我不因衰老或死去而凋落，
我将不停地写作以反对罪恶。

---

① 我国的文字甜蜜、纯洁、丰富和华美，
但我们对它的美好宝库所贡献的却很贫乏。
为求我们不因对它的无知而受辱，
我们应将整个的宝库略事修理。
我们不应大家都竞竞于韵律，
而善于写得正确却为人人所必须。
(参阅《小寓言》《文字的损坏》)。

② 苏马罗科夫在其讽刺诗中，把莫斯科这一专有名词用了小写字母。

至于他认为哪些社会和伦理现象属于罪恶，我在上面提到的《对变化无常的世界的合唱》说得最明确。

山雀自海外飞来，大家问它外国的“礼节”是怎样的。它答道：那里一切都变化了：军官公正，官吏不受贿赂，商人不欺骗，醉汉不在街上走，在街上不打人，演说家不胡说八道，诗人不写歪诗，然而也许我们最感兴趣的是：

那里不剥农民的皮，
不将村庄作赌注，
不向海外贩卖人口。

由于苏马罗科夫大家都知道是农奴制的坚决拥护者，所以“变化无常的”海外“礼节”的这最后三点特别值得注意。有些学者不无惊奇地问自己：他的这种奴隶主的信念怎能同他对坏地主的凶恶攻击相协调呢？但实在说，这里并不需要什么协调。任何以某一阶级（或阶层）服从另一阶级（或阶层）为基础的社会制度的真诚思想代表，任何时候对于滥用统治阶级所享有的特殊权利，都是竭力反对的。他们愈是真诚地相信这种特权的存在为其共同利益所必需，便愈是积极地反对滥用这种特权。只有当现存社会制度接近死亡，而这个制度的思想代表又开始怀疑这个制度的合理性时，才会产生掩饰这种特权的被滥用以逃避世人耳目的虚伪愿望。苏马罗科夫是完全没有这种怀疑的。因此他才能毫不自相矛盾地既维护农奴制度，又同时严词斥责非人道的地主。他相信地主的利益同他的农奴的利益是一致的。按照他的意见，农村的“幸福”不仅在于地主一人的富有，而且在于全体居民普遍富有。所以他说，地主作为所属国民的“首脑”，应该连小手指也加以保全，“因为人体的首脑和小手指是痛痒相关的”。[①] 贪得无厌的地主不是房屋的建造者，而是房屋的破坏者。而国家所需要的却是房屋建造者，因为这可以增加富裕。房屋破坏者不仅危害被他剥皮的农民，而且危害整个国家。苏马罗科夫的见解便是如此。他的意见对房屋建造者有多么推崇，便对“房屋破坏者”有多么憎恶。凶狠和贪得无厌的地主的行为，是“违反道德及政治准则的”。他是“自然界的恶魔”，而且——苏马罗科夫在这里是代表 18 世纪的人说话的，——是“一个对自然史或对一切科学都愚昧无知之辈，是一个不通文理的畜生”[②]。

无论以苏马罗科夫为代表，还是以康捷米尔为代表我们是把他们作为俄国贵族的欧化部分的思想家的。这位贵族步兵学校的出身名门的学生，对于贵族等级是要求得很严的。但是他从来没有想到，贵族也会抛弃贵族的观点。他的第七篇讽刺诗包括整个他深信应为每一诚实人所必须遵守的生活准则要点：

遇事要勤恳，
诺言要遵守，
须慎重以对敌，
愿欣然而友好！
凡人有过，
要宽恕而不报复，

① 见《论房屋建造》一文。

② 传说，苏马罗科夫不能漠不关心地听到“有人当他的面把人叫做下流坯子。他非常懊丧地离座而起，拿起帽子走了，有时不再回到这个屋里。”见布利奇：《苏马罗科夫和他那个时代的评论》，第 92 页。

对人不谄媚也不吹捧，
对任何人不卑躬屈膝也不妄自尊大，
　不攻击也不怯懦。
戒浮夸，
戒虚伪，
为祖国之子孙，
矢志尽忠于国君！

不用说，如果苏马罗科夫时代的贵族彻底遵守这些准则，他们在道德的发展上必然前进甚多。讽刺家以为贵族若要在这方面有所前进，是不必反对当时理所当然的事，不必使自己的头脑超出贵族的眼界的。苏马罗科夫的头脑便从来不曾超出这一范围①。

不错，有时在他的讽刺诗里，也听到一种仿佛革命的语调。例如，在谈到“贵族门第”时，他质问：

我们所以为贵族是否因为
人们在工作，
而我们却由于是贵族
　便吞没他们劳动的果实？
贵族同庄稼汉有何差异？
他们彼此都是土地上的有灵魂的躯体。

他对这一问题的答复，从表面看，仿佛充满了追求社会平等的

① 他在上叶卡捷琳娜二世奏章中写道：“我是祖国的子孙和成员，根据理性我所愿望的不是要推翻古代的法律而确定新的法律，而是要在有可能时修改它们。在没有法律，或法律不详细或不明确的地方，则制定、修改或解释它们。”按照现时一些国家的说法，这是一种典型的自由主义的保守派的主张。

意图。

我是尊贵的。

也求得自己的光荣。

但我如不适宜于担任任何职务，

我的祖先虽是贵族，

我也不算高贵。

但这不应使我们受到迷惑。苏马罗科夫的语文，在这里比他的思想要前进得多。

康捷米尔亦曾以同样急进的精神发表意见。在所写《道德败坏的贵族的妒忌和骄横》这篇讽刺诗中，菲拉列特向叶夫根尼说：

亚当不曾生出贵族，

他的两个孩子：

　一个开垦花园，

　一个放牧咩咩的羊群。

诺亚的方舟拯救了所有平等的普通农民，

只要他们道德美好。

我们都是来自这些人们，

　一个早些，

我们由她得到井、犁，

　另一个较迟。

从这首诗里，似乎应该得出一种结论，认为必须消灭贵族的特权。但是我国当时的讽刺作家，是不愿从这里得出这样的结论的。菲拉列特赶忙告诉他的对话者说，他知道贵族“非常重要”，“贵族身上有许多好处”。苏马罗科夫尊称贵族为“祖国的第一等成员”。

他也许不能想象，如果祖国没有贵族，怎么能够存在。

苏马罗科夫的社会政治理想最明确地表现在他的下列诗句里：

命运指示女皇胜利，
英明地拥有这个帝国；
我们只有在她统治的时日，
为了社会的福利，
求光荣于劳动。

这里以为，“我们”求得光荣的物质可能，是由农民的农奴劳动巩固地保证的。在康捷米尔和苏马罗科夫的讽刺作品中碰到的种种外表上急进的冗长词句，只不过表示享受特权的祖国“第一等”成员，不应安于祖先的成就，他们应该用他们自己的劳动和他们自己的光荣来支持他们的“贵族地位”而已。

康捷米尔笔下的菲拉列特非常明确地说出了这一思想：

如不用自己的手为自己劳动，
去继承祖先用劳动取得的光荣，
空有一个头衔
也是完全无用。
册封证书已经发霉
并被蛀虫咬坏，
只有德行才算高贵：
我们贵族的儿女就是证人。

苏马罗科夫也同样说：

贵族这头衔，

我们世代相传，
试问：
为什么给我们以贵族身份？
既然我的祖先为社会利益生活在人间，
他便给自己取得了报偿，
为我付了定金。

苏马罗科夫同一讽刺诗(《论贵族》)对贵族所说的一些章句，特别值得注意。他向贵族提出忠告：

你的头中如果没有脑筋，
那你还是种田或砍树去吧；
你同下层人无大差别，
祖先的头衔不能使你变得伟大！

这里所写的是贵族的整个空想："下贱"人种田砍树，这不仅在法律上(de jure)如此，而且在事实上(de facts)也是如此；下贱人被剥夺了某些权利，不仅是因为他们的阶层出身，而且是因为——这是最主要的——他们的愚蠢。同时，享受崇高社会地位的贵族所以得到"光荣"，不仅是由于他们祖先的功绩(这些功绩只是一种"完全")，而且是由于他们自身的才干。换言之，苏马罗科夫希望"贵族"能在这字的词源意义上成为贵族，就是说，希望贵族等级由本国最优秀的人们组成。他觉得这是可能的。这一事实表明他是多么幼稚又多么坚决地保持了他的贵族观点。

像在康捷米尔的作品里一样，苏马罗科夫的作品对于那些不愿用自己的劳动去争取光荣的贵族的猛烈攻击，部分地是"门阀"和"功绩"之间的斗争在文学上的表现。这个在莫斯科罗斯时期便已开始的斗争，直到彼得改革以后都没有停止，而且我们看到，也不可能停止。但在彼得改革以后，由于新的因素，即由于“彼得的小学生”的西欧启蒙倾向，这个斗争更为复杂化了。

启蒙派不能与“门阀人物”的懒惰的蒙昧主义妥协，这些人物把门第抬得比知识高得多。的确，不是所有门第人物都有这种蒙昧主义。他们中间，有些人也是极为重视教育的。而我们的讽刺作家的矛头，也不是针对着他们的。在康捷米尔的诗里，菲拉列特作保留的声明说：

我知道，
每当儿孙们在道德上有所成就的时候，
有时会不公道地把祖宗的功绩忘怀，
但我们如果只是依靠他们[①]，
我们的头脑将可怜地在迷惘中徘徊。

他的恶狠狠的攻击只是对准那些游手好闲的贵族而发的，他们逃避劳动、不愿学习，而只爱好西欧时装，熟知：

燕尾服的后襟
不应软而应硬，
长半俄尺……等等。

苏马罗科夫的讽刺作品也是针对游手好闲、无所事事的名门贵族而写的。对于这类人的攻击是有一定的社会意义的。如果军职阶级的思想家不攻击各式各样的“旷废职守”的人们，那才是咄咄怪事。但是同“旷废职守”者的斗争却未能扩大我们的讽刺作家

---

① 指祖宗。

的眼界，也没有发表他们更广泛的思想。对于当时的社会制度，他们的思想仍旧是保守的，尽管在表达的形式上是激烈的。

词句的激烈本身，是西欧影响的结果。康捷米尔和苏马罗科夫讽刺作品中对“贵族门第”的观点，很像朱味那尔[1]和——如就年代顺序更接近的来源而论——波厄洛的观点。

法国的讽刺作家在所写第五篇讽刺诗《真正的贵族》中向丹约侯爵说：

丹约啊！
贵族并不是神话中的喷火兽，
他出身自有许多半神的氏族，
他像你一样走着他们祖先的道路。
然而我却不耐烦看到这些花花公子，
他们娇生惯养就凭着他们是空洞的名门贵族，
无耻地利用别人的功劳而自命崇高。

波厄洛比康捷米尔和苏马罗科更加措辞严峻。他说，如果有人举止下流，即令他是希腊神话中海尔库力士的苗裔，他也要毫不客气地称他为：

下流胚、骗子，
叛逆、欺诈者、狡猾的撒谎者，
患着狂犬病的疯子，
名树的枯枝。

---

① 朱味那尔，捷齐姆·尤尼（纪元60年代至127年），罗马大讽刺诗人，诗中反映了图拉真和亚德里安统治时期罗马奴隶社会没落情形，揭露了帝制暴政和贵族恶习。——校者

波厄洛很高兴地回想起法律对人人平等的幸福时期：

生活在平等的法律之下，
人人都很满意；
只有根据自己的功劳，
才可得到贵族和国王的称号。

波厄洛是资产阶级出身的法国知识分子，这种知识分子毫无反对旧秩序之意，而且用各种形式歌颂了它的光荣。但在他的时代里，这种秩序尚未衰老。尽管如此，在波厄洛的笔下，关于真正贵族门第问题的议论却与俄国贵族出身的讽刺作家的作品，意义不尽相同。

法国君主专制制度由于得到第三等级的支持，战胜了封建贵族。俄国这个制度依靠军职阶级，粉碎了大贵族反对派。这是一个很大的差别。法国第三等级需要完全消灭任何特权。而俄国的军职阶级虽然反对大贵族的特权地位，但他们又力图把自己变为特权等级。

正是在18世纪，当我国讽刺作品产生的时候，军职阶级的这一意图已在颇为广泛的程度上实现了。因此，这个阶级的思想代表人物怎样也不能使其对门阀的攻击达到法国第三等级思想家所告诉他们的那种广泛范围。当然，波厄洛本人并不是一个革命家。他只是怀念那个人人在法律面前平等的黄金时代。但在他以后大约五六十年，法国启蒙思想家却宣布必须恢复那个曾经存在于社会平等的黄金时代的公正社会制度。在法国的土壤上，关于过去的惋惜感叹颇为迅速地转变为关于未来的实际纲领。我国作家要能领会这一纲领，便必须先抛弃贵族等级的观点。康捷米尔和苏马罗科夫都还未能做到这一点。

对教育万能的幼稚信仰，阻碍我国18世纪上半期的文学家去设想社会政治改革。苏马罗科夫说："无知是谎言的来源；游手好闲为无知的神殿奠定基础；精神错乱建造了这神殿；没有受过教育的力量——这种力量有时与偏见混杂不分，使它趋于巩固。"只要推广教育，甚至连法庭中的不公正亦可根除。但教育是要由中央政权来推广的。

像塔季谢夫一样，苏马罗科夫也希望妇女能受教育。在《向变化无常的世界的合唱》中，山雀说：

在海外无人胡说：
女子无才便是德，
只要她脸儿红润、
　裙儿雪白。

VI

苏马罗科夫是一个接触了西欧教育的18世纪的典型俄国贵族。他对最高政权的历史意义和当时任务的看法，是同塔季谢夫完全相同的。他在寓言《松明一束》中写道：

无可惊讶：
俄国在压迫下光荣已衰落，
长期不再昌盛强大。
当时在欧洲，
还没有建成这样伟大的国家，
那里一国之内，

诸侯众多，

仇恨永结[①]。

现时，鞑靼人决心归服俄国了，而以前他们却给“罗斯各方”带来了威胁。直到约安（显然是指约安三世）为止，情况都是如此。

没有可靠的森林、牧场和耕地，

直到俄罗斯出现了约安，

他在克里姆林，

建造了华美的宫殿[②]。

苏马罗科夫谈到他的时代时，总是把最高政权描绘为俄国文明和真理的源泉。如果说他勇敢地奋起同罪恶作斗争，那么支持他这种勇气的则是希望得到女皇的支持。

当我向人民宣扬真理，

用讽刺教育了一些人们的时候，

诚实的人们看到我对世界的贡献，

反对游手好闲增加了对我的友谊。

无知怎样也不能把我搅乱，

俄国的智慧女神将保卫我，

她为了净化她的人民的道德，

作出了不少光荣不朽的贡献。

在同一讽刺诗的另一地方，他叹道：

让骗子去践踏真实和法律吧！

---

① 寓言《松明一束》。

② 指《大贵族会议》。

我会找到真理给我保卫，

纵令我将死于致命的罗网，

女皇也将庇护我的子孙后代。

他既对最高政权抱着这样的态度，则他乐于用颇为庄严的颂歌来颂扬这个政权，便是可以理解的了。我们现在不能太多地引用这类“诗”作了。不说这种作品的文字拙劣，它们的无穷逢迎阿谀的内容也使我们不愿多作接触。使我们很怀疑的是这种“古怪的诗风”似乎控制了颂歌作家。当我们读到特列季亚科夫斯基说安娜是“女皇之极峰”时，我们不禁轻蔑地耸起肩膀。他为同一安娜登极而作的奉承诗，也同样给我们以不快之感：

天空都在闪耀着无比高贵的面容，

太阳的万丈光芒照耀着我们；

  大地上果实累累；

  我们呼吸着健康的空气，

  正义的精神花开遍地；

  恩泽施于我辈，

我们个个欢乐，像河流的闪光

一切罪恶都在地狱中灭亡！

如此等等，谄媚到令人窒息！读到这种文学作品，使人感到这是对文学的莫大侮辱。

如果以为这种颂歌之作是多灾多难的瓦西里·基里洛维奇·苏马罗科夫一人所独有的过错，那是很不公平的。我在关于罗蒙诺索夫的一章里，就已指出，这位天才的“阿尔汉格尔斯克庄稼汉”也有同样的错误。自然，苏马罗科夫也未能免于这一错误，他在伊丽莎白女皇生辰献给她的颂歌，极尽谄媚奉承之能事：

你使我们的时代充分享受快乐，
俄罗斯因你而万代繁荣，
你使我们生出新的力量，
世界因有你而灿烂华光，
这时的冰冻毫不足畏，
我们认为大地上盛开着玫瑰，
我们认为果实将压满枝头，
河水与河岸交击成欢，
那冰结的水流呀，
忘却在我们的脚下……

现时任何人都会说：不体面！然而史学家应该记住，有许多条件足以减轻这些不体面的文学作品的过错。我们的颂歌作者漫无限制地阿谀逢迎。这很遗憾，是无可争辩的。但是，第一，在颂歌中的阿谀词，乃是当时习惯所要求。这是一种可恶的习惯。但当时的读者和听众都知道，在颂词中的过分吹捧应该打个折扣去听(cum grano salis)。而且重要的是，——这一点我特请读者注意，——颂歌作者之崇拜君主政权，“不仅是由于恐惧，而且是出自良心”。他们希望君主政权，而且只是希望君主政权倡导俄国的进步运动。他们怎能不在自己的颂歌里赞扬和歌颂它呢？

最后，还须说明一点。我国在19世纪长期保持一种颂扬当局的习惯，这与其说是为了赞扬他们已经做过的事情，毋宁说是为了表达按照颂扬者的意见对他们所能作和应作的事情的愿望。在我国18世纪的颂歌作者中，似乎只有特列季亚科夫斯基一人不允许自己在赞扬当局的仿佛无限明智的借口下，向当局提出忠告。我们已经知道，罗蒙诺索夫的颂歌便包含了关于俄国教育的一系列方案。在苏马罗科夫的充满逢迎之词的颂歌里也充满了大量良好的实际建议。

在1763年11月叶卡捷琳娜二世的命名日，他“歌唱”道：

我看到俄罗斯的巍峨城市，
又看到赏心悦目的果树园。
好像是伊甸园或彼得的花园：
人们开阔了新的河流，
全俄的道路焕然一新。
山岳涌出黄金，
海洋翻腾着金色的浪花，
草原的村庄
也覆盖着许多地区的荒地。

这实际上是一篇关于国民经济领域的训示。再看关于国内政策方面的训示吧：

苏马罗科夫在1771年6月29日皇太子保罗命名日写的颂歌里，一方面向全世界颂扬崇高的命名者的德行，同时告诉后者，像他这样的君主应该：

不把虚构与法律搅混，
理智用真实来装饰，
不要听信妻室的闲言，
不要宽纵伪善者的无礼，
不要服从迷信，

迷信但能软弱心意。

不仅如此，在这篇极尽阿谀的颂歌里还说：

当君主实行暴力的时候，
他便是人民的敌人而不是皇帝。
狮虎能噬人，
但那最微末的动物——蛇，
并不因被轻视而变小。
当它爬着咬了谁的时候，
才知道它便是那条蛇……
…………
昏君是一个卑鄙偶像，
又是一个海上的无能舵手，
在他的墓碑上写着：他是毒物。
他的国家将灭亡，
他的光荣要完结。
不再见颂扬，
灵魂归地狱。
英明皇帝垂千古，
不因盖棺便休止；
光辉日月皇帝号，
此号便是民父母。

我不知道，这样的训示对于那些身居高位的读者发生怎样的影响，因为训示本是写给他们看的。我想，差不多什么影响也没有。但这些训示应有助于阐明**普通人**（尽管他出身于贵族）的社会政治概念，这是显而易见的。这种充满阿谀之词的颂歌是很难使当时比较开明的读者受到迷惑的，因为他们理解，这不过是一种空洞的形式。18 世纪后半期的讽刺文学已开始尖刻地嘲笑这种颂歌作者的阿谀辞藻[①]。另一回事是同一些颂歌作者对当局所作的忠谏。这些谏言表达了当时先进俄国人士的政治观点。对于这些谏言，想必谁也不曾嘲笑。相反，像讽刺作家一样，颂歌作者在提出这些谏言的时候，在公众读者面前，是表现为启蒙思想家的。

VII

但我国的戏剧文学却比祝词、颂歌、赞词对读者有更大得多的教育作用。H. 布利奇说得对，舞台表演是一种高尚的娱乐，这种娱乐是莫斯科罗斯的那种粗野娱乐所望尘莫及的。同一布利奇又说："不仅在宫廷，……而且在有思想的同代人中，都把剧院看为一种教育手段"，[②]这是完全自然的。

关于喜剧怎样能够教育观众，这是毋须多谈的。不言自明；完全同讽刺一样，通过嘲笑。至于悲剧的教育作用，则是较难于理解的。

我国 18 世纪的悲剧是不很出色的。例如，我们在本章里将要专门研究的，苏马罗科夫的悲剧，我刚才引录过的这位学者称之为"粉饰过当，但取材颇有价值的稀少的石印本[③]"。不禁要问，这种

① H. C. 吉洪拉沃夫在论述 E. И. 科斯托罗夫一文中指出，颂歌诗人们 1769 年《合著》(смесь)怎样成功地表现"普通人有道德么？其次，我不知道诗人用抒情音调歌颂德行，而我从来没有读到对他写的农民以及弱者有称赞的颂歌"。(《吉洪拉沃夫文集》第 3 卷，第 1 分册，第 188 页。)

② 《苏马罗科夫》，第 26 页。

③ 《苏马罗科夫》，第 152 页。

稀少的石印本哪里来的教育作用呢？它的演出怎能成为高尚的娱乐呢？

苏马罗科夫的悲剧用以教育观众的不是它的美学价值。这种价值是微不足道的。他的悲剧的教育意义在于演员道白中所表达的道德和政治观点。至于这些观点，则自然时常是由一些角色说出的，而我们如果从心理可能的观点去判断，那是怎样也预料不到他们会有这种观点的。然而 H. 布利奇却断言，“一般说来，这些悲剧中的道德观点都好似被歪曲的，因为它们都远远不像是我国的观点”等等，这是完全不正确的[①]。实际上，有许多这种观点直到现在还很同我们的观点相似，而且毫无歪曲之处。

试举最重要的观点之一关于一般责任，特别是对祖国的责任的观点为例。这是我们常常在苏马罗科夫悲剧角色的独白里听到的。且看其在那里的色调如何。

舒斯基公爵的女儿克谢尼娅受到僭王季米特里的死的威胁，公爵对女儿说：[②]

为了祖国的城市，

女公爵呀，死吧！

同样，诺夫戈罗德市行政长官戈斯托梅斯尔教训他的女儿伊利梅娜说：[③]

在责任说话，

或应表达对人民的爱的地方，

---

① 同上书，第 146 页。

② 《僭王季米特里》，第 5 幕最后一场。

③ 《西纳夫和特鲁沃尔》，第 3 幕第 1 场。

那里没有情人，
那里便没有父亲，
那里也没有亲族。
谁能负起自己的责任，
纵受灾祸，
亦所安心。

哈姆雷特表示过一种信念，认为：

无论是被俘，
无论是自由，
……高贵的心，
都应是正大光明[①]。

我们在温柔的奥费利娅那里也听到：

我不愿拿耻辱
去寻求光荣。

私情和责任的斗争是苏马罗科夫的悲剧《霍列夫》的第一个(在时间上)“情感的高潮”。

俄国公爵基伊的兄弟——霍列夫，爱上了被基伊推翻的前公爵扎夫洛赫的女儿奥斯涅利达。她以俘虏的身份住在基辅，也对霍列夫表示相爱。但他是她的父亲的死敌，所以她认为不应该顺从自己的感情。她在第1章第3场里承认爱他，但否定任何同他结婚的想法，因为这是道德所不允许的。

① 《哈姆雷特》，第1幕第2场。(这里指的是苏马罗科夫所写的《哈姆雷特》一剧，而不是莎士比亚所写的。——译者)

我的公爵呀，
不要再抱着这种希望吧！
命运要我受这苦难，
命运已把我你永远分开，
爱情空自将我们连在一起。
斯涅利达怎能同这样一个人结婚：
他的哥哥推翻了我父亲的王位，
无耻地把我同胞的尸骨堆积成堆，
扎夫洛霍夫野兽般坐上王位，
同胞们遭受无情的屠戮和摧毁，
我们的碧血染红了整个城市，
奥斯涅利达也被俘成为奴隶。
皮龙啊！
你为什么免我于一死？
你留给我生命，
可你怎能使我感到光荣？
或者你是为了使我更艰难地忍受压迫？
我与其存活在这沉重的不自由中，
眼看强盗坐在我父亲的王位上，
倒不如就此死去！

在奥斯涅利达的心中，爱情与责任感斗争着，这同在柯尔涅尔那里，希曼娜心中的爱情与责任感斗争着一样。而无论在这里或者那里，斗争的心理过程是没有任何被歪曲之处的。无论在希曼娜或奥斯涅利达那里，责任感都战胜了爱情。这丝毫并不证明歪曲。

霍列夫的心情也丝毫没有被歪曲。在他那里也进行着同样的情感的斗争:"责任感驱使他去同逼近基辅的敌人作战。但这敌人是他所钟爱的女孩的父亲。因此,霍列夫不仅动摇,而且感到剧痛。这时,道德上的折磨使他发生深沉的思考,这些思考对于我们的时代也不是没有意义的。"基伊对他说:

拿起武器吧,
你的责任在召唤,
战场上的光荣,
期待你以胜利。

霍列夫回答说,他早就学会了不害怕敌人并忍受疆场上的痛苦,但他不能不想到战争的牺牲:

但贪婪的死神吞噬了多少战士啊!
寡妇怎能赞美她的丈夫
　倒在敌人的血泊里
　勇敢地手握刀剑长眠?
唉!多少死于刀剑的父亲、丈夫和子弟成为禽兽的食料,
多少灵魂被抓进了地狱!

怎么办呢?难道这一战士会想到任何时候都不应用暴力去对抗罪恶?否。他只是要确定自卫和对别人进行侵略之间的区别。他不认为对扎夫洛赫作战是正义的,因为扎夫洛赫只是想把他的女儿从俘虏中解放出来。霍列夫说:

当责任要我们作凶死的牺牲的时候,
我们就去死,

但现在并没有这一要求。
当非死不能拯救人民的时候，
我们将一齐跳下深渊，
我将首先跳下。
但现在人民和王位都未受到威胁啊，
而给我们剑又只是为了自卫。

他不只是举出了这一卓越的差别，他痛苦地认识到扎夫洛赫的合理要求可能导致可怕的流血，因而想起人们一般在军事冲突中带来大量不必要的残忍：

当我们出于责任而与敌人作战
并且不区分自卫与报复的时候，
我们彼此本来都在流血，
我们貌似勇敢，
却比恶兽还要凶狠；
低贱的阿谀给恶行以什么名义？
杀人抢劫被称为英雄，
我们结束了战争，
　报复已获胜，
眼看贫苦人痛哭悲啼，
却不怜悯。

结果，在霍列夫那里，责任对爱情也占了上风。当刚刚要实行自杀的奥斯涅利达要求他给她以逃到父亲那里的可能时，——必须指出，她的父亲也是反对她同霍列夫结婚的，而且已在进攻基辅，——他拒绝了。按照他的意见，在这种情况下，他的这种行为将是叛变，而叛变的行为是奥斯涅利达本人也不会赞同的。

……你想想，考虑一下，
我能这样恢复你的自由吗？
那时全城将对我有什么议论？
你自己也将说些什么？
…………
奥斯涅利达能够爱一个叛逆吗？

不，应该公正！应该给我国18世纪文学以应有的地位。是时候了，应该否定那种在我国流行的以为这时期的文学无内容的意见。它是有内容的，当然，是它自己特有的调子。

旧莫斯科罗斯的居民，如果不能逃往“美丽的荒原”，必须负担这样那样的赋税，如果不能借口“不知下落”而躲避，便必须为皇帝服务。但他们是很少想起他们对祖国的“责任”的，也极少想到一旦与别国居民发生敌对冲突，应如何自处的。他们完全心安理得地从事烧毁、掠夺，甚至对与他们同血统、同宗教的立陶宛罗斯的城市和村庄，也用各种方法夷为废墟。彼得改革后产生的文学很快就看出了从旧时代遗留下来的概念的贫乏，并想方设法予以补充。一切文学部门，就是人所共见的颂歌也不排除在外，都曾致力于此[①]。讽刺作品的影响完全可能比所有其他各类文学的影响更大。然而一般悲剧，特别是苏马罗科夫的悲剧还是作了不少贡献[②]。这就是文学

① 只有我所引录过的那类故事才是例外。但这完全是一种特殊的文学。

② 苏马罗科夫的学生克尼亚日宁所写悲剧，应认为差不多是我国18世纪上半期的最有思想的悲剧。

在罗斯欧化的伟大事业中的伟大功绩。

VIII

在国家的利益要求死的时候，一般的死者应该忘记他本身的利益、悲剧就是这样教导的。至于登上王位的人物，悲剧则要求他们首先尊重法律。我们已经知道的俄国公爵基伊的兄弟霍列夫就说：

那些创造了法律的人，
对于自己的法律自己也要服从。

他又详细举出了一个统治者应有的品质：

君主应多深谋远虑，
如果他想戴上王冠不受诋毁；
如果他想光荣不朽，
他应是公正而慈悲[①]。

上面提到的女公爵克谢尼娅祷告上帝：

让我们看看一个在位君主，
　服从真理
　弃绝非法的意志吧！
暴君只以他的意愿为法律，
真理已经泯灭了！
但公正的沙皇
　为了他们的光荣不朽，

① 苏马罗科夫：《哈姆雷特》，第5幕第1场。

应在臣民幸福的基础上
  建立各式法律规章[①]。

我们感到惊奇的是,这位对政治表示了深切兴趣的少女,竟要求信仰自由,要求统治当局对臣民采取宽容的态度。

世界上只有这样有皇帝身份的男子是幸福的:
他不使我们的灵魂受到束缚,
他把社会利益看得高于自己,
他由于宽容而美化了沙皇的高位,
他给臣民以平安的时日,
只是对恶行奋战不息[②]。

严厉,但公正的公爵基伊在解释他为什么一点也不担心他的臣民会叛变时,指出了他对臣民的态度。他向大贵族斯塔尔韦尔赫说:

试想,叛徒能搞出什么名堂?
在无数人民中许多人真心矢忠于我,
难道他能引起他们的愤恨?
我的统治建立在仁爱之上,
人民自然地对我崇敬。
他们视我为慈父,
由衷地对我忠诚[③]。

戈斯托梅斯尔的女儿伊利梅娜劝告西纳夫公爵说:

---

① 《僭王季米特里》,第 2 幕第 1 场。
② 《霍列夫》,第 2 幕第 1 场。
③ 《西纳夫和特鲁沃尔》,第 2 幕第 6 场。

你已开始慷慨无私地统治这个国家，
人民显得平安幸福；
自然所以产生了你，
就是要使你的智慧臻于真理，
要你揩去哭泣着的奴隶们的眼泪[①]。

这措辞是多么值得注意啊！臣民是统治者的子女。但同时他们又是他的奴隶。不仅伊尔梅娜一人这样说。在同一幕的第1场里，西纳夫从他的兄弟特鲁沃尔那里也听到这样的劝告：

啊，公爵呀！
对于你的奴隶，你的亲爱的子女，
不要用别的方式去统治啊！

在《哈姆雷特》一剧里，波洛尼所宣扬的是毫无掩饰的独裁制度。

谁来宽恕皇帝？
人民掌握在皇帝的手中。
皇帝是上帝，不是从属国家的人，
谁穿上了王袍、戴上了王冠，
他便是全部真理、权力，
对他说来，
没有法律。

但赫尔特鲁达完全以伊尔梅娜——即苏马罗科夫本人的精神反对他的这种意见：

---

① 同上，第2幕第5场。

聪明公正的皇帝不应这样，
英明的皇帝应在各方面成为榜样，
他比所有臣民更遵守真理，
在真理的基础上建立所有的法律。
应永远铭记：
人的一生都是短暂的，
皇帝也是这样的人。
殷勤的奴隶都是他的子女，
从他的节杖里流出无穷的欢乐。

皇帝遵守真理，从他的节杖里流出快乐，然而他的子女——臣民，却仍是他的奴隶！这是当时（先进的！）俄国意识形态的一个很重要的特点。或许，可以说像18世纪的所有先进作家一样，苏马罗科夫是开明的专制制度的拥护者。然而问题就在这里：他的悲剧所说的，实质上就是开明的专制制度的一种，除称之为开明的君主独裁制外，便无其他名称。

俄国的悲剧是模仿法国悲剧的。然而我们往后便可看到，法国悲剧里没有把独裁制（哪怕是开明的独裁制）理想化。而且就是无限制君权制的以前坚决拥护者波修埃，也认为必须声明臣民对君主的奴隶式服从，是同法国道德相抵触的。这是完全可以理解的。

在这一问题上，思想的秩序也是同事物的秩序相符合的。罗蒙诺索夫说："因为我国的诗创作是刚刚才开始的，所以不适宜的东西不应吸取，好的东西不应抛弃。应该注意仿效什么，仿效谁。"比他更早一些时候，Ф. 沙尔特科夫在英国研究欧洲各国的"规章制度"时，也只是挑选了"适合于君主专制的东西，而不是选择了适合于共和制或议会制的东西"，以备本国之用。我国 18 世纪的文艺作品也是这样。它也是力求不吸收不适用的东西的。它从西欧社会政治思想的丰富宝库中，仅仅选择了"适合君主制度，而不曾选择适合共和制或议会制的东西"。而且对于"君主专制"这一概念，它也赋予本国的色调。思想的秩序取决于事物的秩序。

尊重法律，对自己的子女——奴隶应该"宽容"，保护被欺凌的人，……这些要求同上"十字架请愿书"的人们对莫斯科君主提出的要求有何区别？任何区别也没有。这一点应该记住。

彼得改革没有变更了臣民对俄国君主所提要求的范围，而臣民因种种缘故是和"俄国现实"不妥协的。彼得改革不能改变它，因为改革的直接政治后果是使社会力量的变动无损而有利于中央政权。唯一的差别是，"十字架请愿书"的要求是由一个业已衰朽的社会阶层——大贵族提出的，而对开明的独裁制发出的关于尊重法律和对臣民采取"宽容"态度的谏言，则是来自俄国拥护西方启蒙运动的阶层。这个阶层命定要成长和巩固起来，尽管这种成长和巩固的过程是迟缓的，有时还要使其中的贵族门第的代表失望。

苏马罗科夫在所写《哈姆雷特》一剧中，通过赫尔特鲁达之口提醒君主要注意人生是短暂的，也就是要注意死后对恶行的责任，但赫尔特鲁达只是顺便提到这一问题。而僭王季米特里——也是完全意外地！——却详细地谈了这个问题。他梦见他在地狱中受折磨的可怕情景：

莫斯科周围的美好地方消失了，

地狱从深渊中向我张开大口，
在地狱里我看到阴森的台阶[①]，
在地狱里我看到悲惨的情景。
在地狱里我也在火焰中燃烧……

针对这种可怕的情景，还是这一残酷的暴君把仁慈的皇帝享受天堂幸福的极为美好情景与之对立：

我再仰望天空，
看见了天堂的村落，
在那里——
自然界的仁慈皇帝无限优美，
天使向他们飞洒天堂的玫瑰……

这种对比的目的是很明显的：使统治者知所警惕，向他们提出警告，让他们知道他们本身的利益——并且不是暂时的，而是永久的利益！——要求他们尊重法律，表现"宽容"或（完全一样）"仁慈"。我们试一回忆库尔布斯基曾用阴间的审判来恐吓伊凡，那我们便可相信，彼得改革在这一最后论据（ultima ratio）的意义上，也没有在神圣罗斯引起任何直接的改变，因为罗斯居民在他们的君主表现得过于不"宽容"时，就曾诉之于这一论据。

我还想指出苏马罗科夫悲剧的另一特点。像18世纪的法国悲剧一样，他的悲剧也攻击天主教。有些地方，这种攻击还是很激烈的。对于僭王季米特里关于俄国不愿服从罗马教皇的神圣性的意见，他的心腹之臣帕尔缅反驳说：

我认为人与我有如兄弟，
伪教士为了向愚民宣扬他们的伪神圣，

为了谋取私利而使他们的神话受到崇敬，
却散布了堕落荒淫。
…………
英国、荷兰和德国半壁，
　都已卸除这一重负；
整个欧洲完全排除以往恐惧的时期，
　很快就要到来，
这过分傲慢的僧侣
　把自己看得与凡人完全不同，
　愚民对他像上帝般崇敬，
也将从宝座上推翻下来。

僭王季米特里认为这种言论是“大胆”的。但这种“大胆”却由于一种情况而趋于缓和，即苏马罗科夫剧中的主角虽激烈地攻击西方的教会，但对东方的教会却是极为尊敬的。在同一悲剧（《僭王季米特里》）里，格奥尔吉·加里茨公爵祷告上帝，请不要让天主教战胜东正教：

啊，上帝！
请为罗斯排除这一灾难吧！

妙极了，无论在苏马罗科夫的讽刺作品或“寓言”里，都看不到对俄国宗教界的攻击，而这在康捷米尔那里却是屡见不鲜的。这是因康捷米尔的情绪同彼得大帝的情绪要接近得多，而彼得一世是很看不起“大胡子”的。在苏马罗科夫的时代，当局对这种大胡子的态度要“宽容”得多。而大胡子方面就连过去对彼得改造活动的那种消极反对态度，也完全放弃了。像阿尔谢尼·马齐耶维奇那样的反对派行动只是例外，不能算数，它只能证明常规的正确。

无论苏马罗科夫的政治思想的界限由于时代的条件，是多么狭隘，但其发表在诗，特别是在悲剧中者，都完全没有曲解当时俄国人的概念，而只是澄清了这些概念，因为它毕竟向统治当局提出了若干同莫斯科独裁制的规则相违反的要求，这个规则就是：我们可以随心所欲地屠杀或赏赐我的奴隶。谁也不会说，像苏马罗科夫剧中一位主角（姆斯季斯拉夫公爵）关于高贵的那种见解，对于苏马罗科夫的同代人的政治发展，是毫无补益的：

啊！高贵是我们光荣的唯一来源，
法规便建立在这个真理上面，
你是英勇行为和公共福利之母，
唯有你才有力量把沙皇的高位支撑。
沙皇没有你便对人民大为忿怒，
你的节杖便成为反对自由的利剑。……

第六章　叶卡捷琳娜二世时代社会力量的相互斗争

I

关于俄国经济发展在18世纪下半期达到了多么高的水平问题，在我国学术界的著作中有两种意见。一种意见以切丘林先生为其最显著的代表，另一种意见则是由E. B.塔尔列提出的。

按照切丘林的说法，“必须承认，在整个（18——著者）世纪里，我国经济的向前发展是极为微弱的”。在国家的经济活动中，没有形成任何新的东西，它仍然停留在很低的经济水平上[①]。

与此相反，塔尔列则断言在叶卡捷琳娜二世朝代，甚至同欧洲大陆的最先进国家，如法国相比，俄国也全然不是一个落后的国家。关于自然经济在这个时代独特统治的“神话”，应予否定。在叶卡捷琳娜二世朝代的末期，我国的工厂和作坊“完全不是温室中的植物，而制造工业亦已大有发展，即令不是俄国输出的主要项目，无论如何也使俄国——根据外国人屡次的论断，——成为一个

① 切丘林：《女皇叶卡捷琳娜二世朝代俄国财政史》，圣彼得堡1906年版，第374、376、378页。

经济上不依赖邻国的国家”[1]。

这两种相反的意见中的每一种意见，都有它的极端性，因此要求作重要改正。

当然，18世纪后半期的俄国早已不是一个“仅有”自然经济的国家。我们知道，在大俄罗斯的黑土地带，当时还盛行地主对农奴剥削的代役租制度。自然，农民是用货币来偿付代役租的。耕种国家土地的农民和（教会财产收归国有后）经济农民向国家缴纳的代役税也都是用货币交付的[2]。这一切要求出外营生和相当大规模的货币交换。观察俄国生活的外国人早就指出，19世纪初期的俄国农民不仅从事农业，而且有很大一部分同时从事其他手工业。这位观察家说，曾看到整个农村全部由手工业者，即实际上由家庭手工业者组成。属于这类农村的有梅德韦季茨克和基姆雷村，这里几乎完全住着鞋匠。在莫斯科和特韦尔省，有许多织布工，在下戈罗德省，整个村子从事制铁；在通航河流的两岸，大力地发展着造船业。在莫斯科罗斯时期就已大有发展的手工业，18世纪下半期发展得更为迅速。同时，大规模工业亦大有进展——不过，主要是在数量方面。在叶卡捷琳娜登位时，共有984座工厂和作坊（矿场除外），而在她统治的末期，这个数字增为3161个。

① 见他的报告：《叶卡捷琳娜朝代的俄国是否经济落后的国家?》这个报告于1909年10月作于彼得堡大学历史学会，载《现代世界》1910年5月号。

② 的确，也有例外。1794年按每口征70戈比的人头税，提高到一卢布，就中增加额30戈比，在维亚特省和托波尔省均以半数征收粮食（В. И. 谢梅夫斯基：《叶卡捷琳娜二世朝代的农民》，圣彼得堡1901年版，第676页）。但是，我们看到，这种例外是很少的。

切丘林先生没有说，当时的俄国居统治地位的，只有自然经济。但是，应该承认他的意见是同塔尔列的意见直接对立的，因为他否认俄国国民经济的向前发展。这是他的不对。向前的发展无疑是有的。真理在塔尔列这边，因为他承认这种发展。但当这一有才华的学者断言，叶卡捷琳娜的俄国即使同法国相比，也不是一个落后国家的时候，他又太偏到相反的方面去了。

按照他的说法，在叶卡捷琳娜二世朝代的末期，我国的制造工业已经发展到即使它不是我国输出的主要项目，但无论如何也使俄国——根据外国人的屡次论断——成为一个在经济上不依赖于邻国的国家了[①]。

这是错误的。首先，外国的评论，远不如我们尊敬的史学家所感到的那样肯定。

例如比申，这是他在报告中不只一次引证的一个外国人。根据塔尔列先生所引述的比申的说法，世界上没有一个民族比俄国人更欢喜商业。但如我在我的《思想史》第1卷里所指出，许多外国旅行家也对中国人作过同样的评语。旅行家的这种评语，能否证明人们说中国与西欧相比在经济上是落后的等等，是犯了错误呢？显然不能。其次，比申承认俄国人不但善于经商，而且善于经营制造工业。同时，他还指出了俄国自彼得大帝以来所取得的成就。他以为这些成就表明，俄国人以前所缺少的是（更先进的外国

① 《现代世界》，1910年5月，第28页。着重点是塔尔列加的。

人）指导[①]。

塔尔列完全正确地指出：比申夸奖了某些俄国工厂出品并认为亚麻织品在俄国是最好的。此外，应该补充说，根据也是这个比申的意见，当时俄国出产的“只有粗亚麻布，还不会纺织细亚麻布和大麻纱。”他在这一般情况中只知道一个例外，即雅罗斯拉夫尔的纺织厂纺织和漂白了很好的细纱[②]。既然按照他的意见，亚麻布在俄国为最好，则在他看来，其他俄国制造工业部门，应该是较落后了。因此，毫不奇怪，他对俄国同西方各国的关系作了如下的判断：

“由此可见，俄国人还不能没有外国制造业和工厂的援助”[③]。

我们看到，与塔尔列相反。比申根本不以为俄国是一个能够成为**经济上不依赖邻国**的国家。

塔尔列还指点斯托尔赫。但斯托尔赫同比申并无分歧。他同样不认为俄国可以对本国产品感到满意。为求不再依赖外国人，按照他的意见，俄国还需要大约100年[④]。

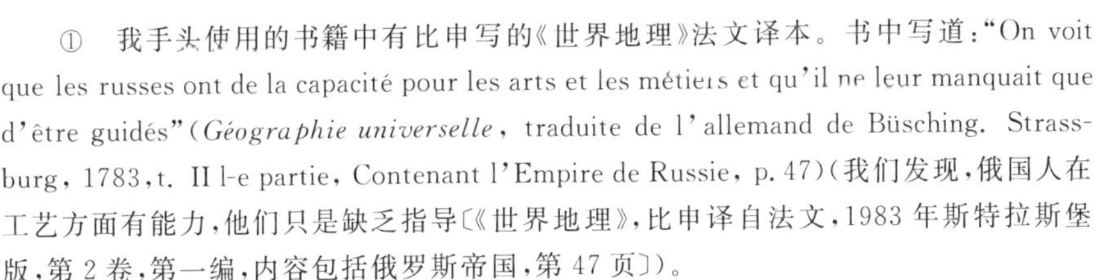

① 我手头使用的书籍中有比申写的《世界地理》法文译本。书中写道：“On voit que les russes ont de la capacité pour les arts et les métiers et qu'il ne leur manquait que d'être guidés”(*Géographie universelle*, traduite de l'allemand de Büsching. Strassburg, 1783, t. II l-e partie, Contenant l'Empire de Russie, p. 47)（我们发现，俄国人在工艺方面有能力，他们只是缺乏指导〔《世界地理》，比申译自法文，1983年斯特拉斯堡版，第2卷，第一编，内容包括俄罗斯帝国，第47页〕）。

② 同上书，第48页。

③ 同上书，第49页。

④ 《十八世纪末俄国历史统计概况》第3卷，第46—47页。*Historisch-Statistisches Gemäld des Russischen Reichs am Ende des achtzchnten Jahrhunderts*, 3Theil, pp. 46—47)。参阅第259、260、280、287、299、305等页。斯托尔赫在第305—306页上论及我国制铁工业时，甚至谈到我国对其他民族的工业的“可耻依赖”。

比申所引用的关于俄国贸易情况数字只是强调他的信念，即俄国尚不能没有外国工厂和制造业的援助。他说，俄国有许多“有用的商品”[①]，可以“让给”开始对这种商品有需求的国家。接着，他列举了这些“有用的商品”，原来它们都是人民劳动的原料产品[②]。

比申断言，我国主要城市之间道路，都是很好的（sont très bons）。这一意外的评语虽然由于他提出的另一种意见，说它们特别是冬季好（surtout en hiver）[③]而分量有所减轻，但就是在这一减轻的形式上，它也仍可以证明比申是一个大乐观主义者，他全然不愿对我国当时的经济状况作不好的批评。然而他的乐观主义却没有妨碍他注意到我们这“庞大的帝国总共仅有数百座城市，而且这些城市大多数是木筑的”[④]。他还说：德国人会很容易地把这种建造很差的城市“看作大村庄”[⑤]。他对俄国城市的可怜相毫不感到奇怪，因为他知道，“俄国的资产者也是农民出身的新人”[⑥]。

假如将比申对俄国经济状况的所有这些评语拿来同他对法国工业的描写加以对照，我们定会承认，他觉得法国的状况完全不同。他说“无数的”法国工厂和制造厂，在各方面都是赫赫有名的，

---

① 见法文译本：*Marchandises Utiles*（《有用商品》）。

② 同上书，第49—50页。参阅Büschings-Magazin（《毕尔申哥杂志》），第9卷，第210—225页的较为详细的货单。必须指出，塔尔列所发现的卡隆札记证明，法国向俄国输入了制造工业的成品，而输出的则是原料。

③ 同上书，第14页。

④ 同上书，第15页。

⑤ 这句话的原文是：Les bourgeois russes sont nouveaux et sortent des paysans，同上书，第28页。

法国的玻璃制品和镜子比威尼斯的还要好[①]。他指出，与俄国的输出品不同，法国输出品是大量制造工业的成品[②]。

II

塔尔列还曾欣然引证帕拉斯。实在说，我们从这位当然是极为认真的学者那里了解的有关俄国植物的知识，实较关于俄国经济发展水平的知识要多得多。虽然如此，当帕拉斯谈到他足迹所到的俄国地区的经济发展时，读者一定会从他的记述里得出一种大大落后的沉重印象。

塔尔列认为，帕拉斯对于阿尔扎马斯的批评具有重大意义。他说，阿尔扎马斯虽然很不清洁、外貌也不好看，但"帕拉斯觉得它非常安静幸福和人口稠密，而且它的繁荣就是由于制造工业的发展。他甚至举出这个城市来证明工厂和制造业对于整个国家的巨大利益"[③]。

事情就是这样。阿尔扎马斯确曾给帕拉斯以强烈印象。但是为什么呢？为了回答这个问题，必须了解这位旅行家关于阿尔扎马斯的工业到底说了一些什么。

他写道："在阿尔扎马斯只制造普通的皮革；不过那里有若干

① *Géographie Universelle*（《世界地理》），第 IV 册，第 47、52、54 页。必须指出，这种制品是法国人从威尼斯学来的。

② 同上书，第 55—56 页。1788 年由托诺赞收集并经莫罗·德·热涅斯引用的数字（见《法国工业统计》*Statistique de l'industrie de la France*，巴黎，1856 年，第 149、165、191、234 页）无疑地表明，法国工业实际上在当时已处于较高的发展水平，而对俄国工业还不能这样说。

③ 《现代世界》，1910 年 5 月，第 24 页。

厂也制作黑色软革。……那里只制作普通的肥皂”，……染坊“几乎只是出厂所谓染色土布，这种布大都由普通妇女买去[①]。除染色土布外。它们还制造土黄布，也是在这种妇女中推销的。这一点必须记住”。

在斯托尔赫那里，我们也随处看到他指出，俄国工业只是供应低质量的产品。高级产品，按照他的描写，都是从国外输入的[②]。

当然，我国制造业如果是为了满足人民的需要的工作，是能有广阔销路的。但在当时条件下却非如此。事实上，这种需要的范围一方面因为农民的贫穷，同时由于农民自己也制作了所需用品的很大部分，而大受限制。斯托尔赫曾断然肯定这一点[③]。所以，这样看来，自然经济在我国虽非居于“独特的”统治地位，但毕竟还是很普遍的。

如所周知，对于经济学者，重要的不仅是生产什么，而尤其是怎样生产，即用什么劳动工具和在什么生产关系之下生产。但在这个场合里，阿尔扎马斯的工厂所生产的到底是什么，无疑地也有重大意义。我们看到，它们几乎完全是为了满足国内市场上“普通人民”的需求而生产。这种需求由于俄国农民用其自己的经济的产品满足了最大部分的需要而受到极大限制。此外，这种需求是简朴的，所以易于用手工业制品来满足。但手工业是一种落后的工业。它的生产技术在我国直到现在还是原始的。当然促使商品生产转变为资本主义生产的内在逻辑，对于手工业也不例外；但这

① 见《帕拉斯游记》的法文译本（1783 年巴黎版），第 1 卷，第 71—72 页。

② 例如同上书第 3 卷第 250 页（以及其他各页）上关于呢绒业的估计。

③ 同上书，第 2 卷，第 117 页。

种转变在手工业里是完成得极为迟缓的。转变的迟缓在这里是落后的**结果**,同时又是巩固落后的**原因**。甚至在逐渐从手工业中产生的比较大的企业里,也经常留有这种落后的深刻印记。帕拉斯在阿尔扎马斯看到的那些企业,是都留有这一印记的。我们听他说过,这些企业只是制造低级或中级质量的产品。现在应该补充:按照这位旅行家的说法,这些企业的技术也是极为落后的[①]。

在谈到 18 世纪俄国的经济制度时,一刻也不能忘记,我国当时**农奴制**整个地居统治地位。根据第 3 次人口普查(1762—1766年)的数字,地主所属农民占大罗斯和西伯利亚全部农民人口之52.9%。这个比率差不多到该世纪末都无变动[②]。农奴禁止用自己的名字购买住房和店铺。他们只能在得到地主批准时才能借钱。农奴经商,甚至暂时离开地主的领地,必须得到批准。当然,经济强于法律。地主本身的利益促使他们准许其农奴从事一切可能的工商业活动。某些农奴甚至发了大财[③]。不难想到,农奴制的锁链使工商业的成就遇到多么大的限制。农奴制极端妨碍了我国自由工人阶级的产生。我们以后研究臭名昭著的制法委员会的城市代表向叶卡捷琳娜二世的政府提出的请愿书时,便可明显地看到自由人工的缺乏怎样妨碍了我国商工阶层的自觉心的发展。现在已可指出,凡在没有自由工人阶级的地方,也必没有资本主义

① 《帕拉斯游记》,第 72 页。阿尔扎马斯的钾碱工厂建造得很好,但它们都属于**公家**(《帕拉斯游记》,第 89—90 页)。

② 根据第 4 次人口普查,这个比率为 53.3%,但根据第 5 次普查,则为 53.1%。

③ 见 В. И. 谢梅夫斯基:《女皇叶卡捷琳娜二世朝代的农民》第 1 卷,第 332、333、334 页。

的生产关系（在较发达的形式上），而在没有这种生产关系的地方，其经济的落后，盖属必然。

也许有人要反驳我，难道法国不也是只有革命才排除了各种阻碍资本主义发展的法律残余吗？

这的确是如此。但尽人皆知，量的差别会转化为质的差别。法国居民历来都比莫斯科国家和罗斯帝国的居民少受束缚。这是波丹、克里扎尼奇和其他许多人都给我们指出的。18世纪法国的"旧秩序"虽然对第三等级极尽束缚之能事，但毕竟远远不及俄国的"严峻占有制"和"吃人制度"，这种制度在彼得改革后的猖獗并不亚于彼得改革之前，它既已在我国经济落后的基础上产生，便随着时间的推移自身也成为这种落后的最主要来源之一。如果在这种情况之下，叶卡捷琳娜的俄国会赶上——更不要说超过！——与其同代的法国，那就是咄咄怪事了。

还是在莫斯科国家时期，农民便宁可作"国王"的奴隶而不愿做地主的奴隶。各种名称的"国王"农民，虽然比地主的农民生活得略微好一点，但不能说"国王"的农民——耕种国有土地的农民，"公有"农民，无论怎样称呼他们都好——仍然是多少有些自由的农民。关于"公有"农民的状况，斯佩兰斯基于1826年写道："全国的县警察局长还都是那些地主，唯一的差别是他们可以更换，对他们有某些管束"[①]。变其可变（Mutatis mutandis），对18世纪来说，这也是完全公正的。"公有"农民所以受官吏的奴役，其唯一原

① 谢梅夫斯基：《18世纪和19世纪上半期的俄国农民问题》，圣彼得堡1883年版，第1卷，第193页，注释②。

因是因为他们这种无权的短工，早就是国家的奴隶。在祖布左夫县的国有农民给他们的出席制法委员会的代表的委托书里，有下列几句意义深长的话：

“按照我们国有农民的状况，我们不仅为名门贵族，且亦为最微末的官吏所鄙视，……当一人仰承别人鼻息，别人要怎样欺侮便怎样欺侮的时候，难道不会难受！”对他们侮辱得特别厉害的是“军职人员”，波索什科夫就已对这种军人表示辛辣的控诉了。

国家把这种无保障的、手足都受束缚的劳动群众完全看做自己的私产。国家根据自己的裁定，将这些“公有”的农民任意迁移，将他们发给地主，将他们派到工厂及作坊去。国家对“公有”农民的奴役愈是无边无际，他们当中的经济前进运动便愈是困难。图甘-巴拉诺夫斯基在所著《农奴工厂》一文中说，俄国的社会制度使18世纪产生的制造业能够获得所需的工人。他认为这是我国当时的制造业对西方制造业的一个重要优点，因为西方制造业很难获得充分数目的（自由）工人[①]。但是谁都知道，曾经为取得这种“优点”付出了多么大的代价啊！

农奴劳动总是要比雇佣劳动生产效能少些。这一点，也是熟悉俄国人民经济活动的外国人所不曾忽略的[②]。

塔尔列恰好对于那些仅能很肤浅地了解俄国工业状况的外国人的证词，也没有忽视。这方面他是对的。在这个问题上，就是外国旅行家一瞬息间的印象，也对我们不无重要性。既然这样，那就

① 《伟大的改革》（纪念册），第3卷，第142、143页。

② 例如，列维克在《俄国史》（*Histoire de Russie*，巴黎1792年版，第IV卷）里指出俄国农奴生产者在工作中缺乏精细认真。

很可惜，塔尔列不曾注意狄德罗关于俄国经济进一步发展的条件的议论。自然，狄德罗主要是一位哲学家——就这个词在18世纪法国的意义说。他在政治经济学方面是弱的。但在这个范围里，他完全不是一个瞎子。所以当他在向叶卡捷琳娜提出的建议里坚持必须发展俄国的生产力和增加产业工人的数目时我们就会感到我们的祖国给这位天才的法国人的印象是一个经济极端落后的国家的印象了①。

同时，可以明显看出，他很理解农奴制关系的统治，对于俄国经济的发展是一个多么强大的阻碍。

再说一遍：像切丘林的意见一样，塔尔列的意见也是一种极端。真理在这两种意见的中间。但我并不认为真理同这两种意见的距离是相等的。塔尔列是太偏了，可能真理同他的意见的距离要比同切丘林的意见的距离来得更远一些。

III

"如果私人能够了解国王的思想，普通人能够理解天才者的计划，那么，我就看到陛下正在悄悄地致力于建立第三等级。"

狄德罗这样向叶卡捷琳娜二世说过②。然而他错了；只是因为事实上爱慕虚荣的女皇在我国采取培养"中等人"的措施，不是"悄悄地"，而是大喊大叫。其实，她也很难"悄悄地"采取这种措

① Maurice Tourneux：*Diderot et Catherine II*（《狄德罗与叶卡捷琳娜二世》），巴黎1899年版，第284、288等页。彼得堡给予狄德罗的印象是很有意思的（第284—285页）。

② 《狄德罗与叶捷琳娜二世》，第183页。

施。所有由于某种原因愿望叶卡捷琳娜取得成功或其臣民得到幸福的人们，都对这种措施发生兴趣，并力争其实行。非常有名的修福元夫人——在她的客厅里对当时时髦政治经济问题多所议论，——很亲切地提到北方的西米拉米达[①]，说她没有第三等级是不行的。俄国驻法国宫廷的公使 Д. А. 戈利岑公爵在其给副首相 А. М. 戈利岑公爵的信里，也以不同的词句说了同一意思。这些信叶卡捷琳娜都很仔细地看过，信中讨论了承认农奴的私有财产权的利益。

Д. А. 戈利岑写道："私有权是形成第三等级所必要的。没有它，科学和艺术永远不能繁荣。"

在"沃龙佐夫公爵档案"里，印有《关于法国贵族的自由和第三等级的利益的简要说明》一书，所论亦属于 18 世纪。"说明"显然暗示俄国说：

"任何大国无论其如何强大，如无第三等级，皆不得谓为完善，这一点是必须明确地看到的。在这种国家里，奴隶的恐惧代替了鼓励；贵族所制定的严厉制度，苛求无度，是没有效力的，因为没有其他鼓励的动因。对于一个被剥夺了希望，不可能有进取心的人民，还能要求什么呢？但是对于有第三等级的国家，这种话就不能说了。在那里，第三等级的人只要他应该得到，便没有不能得到的地位。第三等级是伟大人物的学校，在这个等级里教育着各种善良的臣民，国王在必要时可从他们当中找到具有各种才能的人"[②]。

① 传说中的亚述女皇，希腊文学作品说她曾建造空中花园。——译者

② 《沃龙佐夫公爵档案》，莫斯科 1882 年版，第 24 卷，第 322 页。

为了使祖国趋于“完善”,《说明》的作者认为必须“在俄国建立第三等级”。基于这一目的,他主张“对所有著名的商人和光荣的艺术家出售解放”。一切“艺术”都应分为各种行会,而且每一行会都应为其全体会员购买解放。此外,必须把所有受过高等教育并取得必要证书的人们从奴隶依附地位中解放出来。

《说明》的作者说:“当每人都能按其才能各司其职的时候,则大家便可与其他已获解放的人们无形地组成一个第三等级的集团。”国库可从这一集团的产生中获得利益:“第三等级一经成立,其地位因解放而提高,从而在商业或工业中巩固地站住了脚,便更能偿付国家的租税,按照以前那样偿付,或如认为应当,也可改变租税的数目①。”

我们已经知道,国库利益的论点早就注定要在俄国政论家的议论中占一重要地位。

这种关于“中等人”可给国家带来利益的意见,表明对于第三等级在西欧社会发展史中的非常重要的作用,已有相当深刻的理解。而对于在俄国培植第三等级的关怀,更显示出人们业已意识到这一等级在我国的发展是非常微弱的。叶卡捷琳娜答像前述修福元夫人的信,也明确地表明对这后一种情况的理解。信中说:“我再次答应您,夫人,我将对此关怀,但在俄国建立第三等级对我该有多难啊!”

顺便说一句:一个学者在讨论我们在这里所考虑的问题,即叶卡捷琳娜朝代的俄国是否一个经济落后的国家问题时,对于当时

① 同上书,第323页。

的活动家——无论是俄国的，还是外国的——的这些意见，是不能不加注意的。

关于当时俄国的工业状况。我们已经知道的数字证明那时的活动家的意见是正确的。此外，我们还有一些统计数字更能证明他们的意见是有根有据的。

第一次人口普查表明，属于商工等级的居民（商人、行会会员及小市民）不及纳税居民的3%（2.9%）。1769年即约半世纪后，这两类居民的比率仍旧是商工等级仅占俄国本部纳税居民之1/34。这当然不是说，俄国的经济没有任何进展。在将近半世纪里，为出卖而进行的生产扩大了，手工业发展了，制造工业的数目增加了。这一切虽然进展得很慢，但还是进展了。这一切无疑地引起了俄国生产者在社会生产过程中的相互关系的某些改变。那些利于保持过去情况的人们甚至开始表示为未来担忧[①]。但是当时在上述关系上所完成的改革还过于微小，不足以比较显著地影响俄国的社会政治制度。这一制度的基本特征仍旧是取决于贵族和农民这两个主要社会力量的对比。贵族不仅没有丧失其在国家中的统治地位；相反，他们的等级优势恰恰是在18世纪下半期才形成并终于巩固起来的。这一情况自然对农民阶层的地位有不利的影响。当贵族争取解除其对国家的强制服务时，农民也希望国家解除其对贵族的强制服务。这同旧莫斯科国家的内部关系的逻辑是完全符合的。但在新的俄罗斯国家。在“彼得堡时期”的国家里，却是另一种逻辑居主导地位。最高等级利用贵族近卫军也积极参加了的宫廷政变来

① 因为贵族的地产在我国在18世纪下半期已开始负债累累了。

准备摆脱强制服役，现在却开始把领有人烟稠密的地产看作一种与服务国家毫无因果联系的“贵族”权利。他们竭尽全力地为自己巩固这一权利，而剥夺其他等级的这一权利。的确，他们在这方面的努力，早在他们得到解放自己以前便几乎获得完全胜利。如果彼得一世时曾允许商人为工厂和作坊购买有居民的土地，那么，在伊丽莎白时则根据1746年的法令，规定“以后商人……高级僧正和寺庙执事、大贵族等，拨给商人行会的农民，以及哥萨克，驿站车夫和其他交纳人头税的平民知识分子，都在全国范围内禁止购买人口和有地和无地农民（除根据法律和命令准许保有大庄园，世袭领地和农奴者外），并不得写这种地契”。

叶卡捷琳娜二世即位时，购买带有农奴的土地的权利，几乎完全属于世袭贵族。几乎只有他们才有购买无地农奴的权利[①]。

这样一来，能够成为农奴制的主体的人们的范围，是缩小了。与这一过程相平行，能够成为农奴制对象的人们的范围，则扩大了。

第一次人口普查时，登记归各种人名下的，也就是登记为奴隶的有：1）被自由释放和过去为奴隶的人们，他们自由地生活着，但不适宜于服兵役；2）不能记忆其血统关系由十岁以下幼年（登记为收养人的奴隶）；3）地主村庄中的被遗弃者和私生子；4）无实际职位的神职人员的子女，以及多余的教堂低级职员及其子女（登记为他们居住处所的世袭领主的奴隶）。第二次人口普查时，根据塔季谢夫的见证，许多教堂执司亦依附地主为奴隶，前自地主村庄征调入伍，退伍后回归故乡的退伍士兵的子女，亦登记属于地主。最

① 见 B.И.谢梅夫斯基：《女皇叶卡捷琳娜二世朝代的农民》第1卷，第1—4页。

后，农奴数目的增加还由于俘虏的被奴役，东方异族人之被购买，以及变民之被发配为奴[①]。叶卡捷琳娜二世取消了若干奴隶的来源。例如，在她的朝代里，已不准将被遗弃者、乞丐、教堂职司子弟等等登录为奴[②]。由于保持着自由，所有这些穷人都变成"中等人"了。假定这就是叶卡捷琳娜关怀在我国建立第三等级的诺言的实行，那么，这同一女皇由于1783年的敕令却在小俄罗斯和自由居民的乌克兰奴化了大量农民[③]。不仅如此，在18世纪，地主"对于他们的奴隶的已经很大的权力，是更为加强了"。

1726年农民被剥夺了自由从事手工艺的权利。次年，他们丧失了不经地主同意而从军的权利。1732年政府准许地主得将所属农民从一县迁到另一县。1741年伊丽莎白即位后，命令不要带领农奴去宣誓，从而（根据我国一位学者的正确意见）断绝了中央

① 《女皇叶卡捷琳娜二世朝代的农民》第1卷，第616—617页。

② 同上书，第15页。

③ 在A.托尔斯泰伯爵的著作里，我们看到伏尔泰和狄德罗崇敬地写信给叶卡捷琳娜说，在她的朝代里，秩序之康盛，令人惊异：

您是人民的母亲，
人民只需要您
快点给自由，
快点给自由！
她反驳说：
"Messieurs, vous me comblez"，（先生们，你们满足我）
而且立即使乌克兰人
被束缚于土地。

事情就是这样。叶卡捷琳娜给她的宠臣赏赐了近100 000纳税人口。奥尔洛夫家族得到25 500口，Г.波将金——21 540口，扎瓦多夫斯基——8 700口，佐里奇——13 000口，П.Л.祖博夫——13 600口，鲁缅采夫-扎杜纳伊斯基——约20 000口，Н.И.帕宁——8 400口。（谢梅夫斯基：见前书，第1卷，绪论，第24页。）

政权同数百万地主所属农民的直接联系。1747 年地主获准出卖所属农奴去当新兵，但须负担义务，——国库在这里没有忘记其本身的利益，——为被出卖的农奴交纳人头税。1760 年伊丽莎白在拓殖西伯利亚的姿态下——又是公家的利益！——准许地主发配所属农民到那里定居。根据 1765 年的敕令，伏尔泰和狄德罗的自由女通信者不仅进一步肯定了这一许可，而且作了补充，给地主权力发配所属农民到那里去作苦工，而且可以随意将他们召回。由此看来，公家的利益现在是退居奴隶主利益之后了。在赏赐地主以这种难予置信的权利的同时，还禁止农民向女皇呈送请愿书。如果说这种禁令也适用于贵族及官僚，但 1767 年的敕令却只是指的农奴。根据这一敕令，对于呈送“法所不容的反对地主的请愿书，特别是呈给女皇陛下亲收的请愿书”，农奴应受笞刑，并流放到涅尔琴斯克（尼布楚）服苦役，抵消地主应送的新兵。这样，农民寻求法律保护以对付地主压迫的最后可能，也被剥夺了。应该看到，政府对 1767 年敕令的重大意义是深为了解的：它命令在一月内每逢星期日和假日，都要在教堂里宣读这一敕令[①]。

这一切同 18 世纪的启蒙哲学是自相矛盾的，当然为地主们所乐意。然而叶卡捷琳娜还要自称为启蒙哲学的拥护者呢！

叶卡捷琳娜二世在其统治的最后年代，看来力图使自己和别人相信俄国农奴的状况并不像心怀恶意的人们所说的那样坏。她对拉季谢夫写的《从彼得堡到莫斯科旅行记》一书愤怒地批评说：“比我国好地主所属农民的命运更好的，全世界再也没有了。”然而

① 谢梅夫斯基：《女皇叶卡捷琳娜二世朝代的农民》，第 375、376 页。

她最初对这一问题却有不同见解，不只一次考虑对俄国的农奴制，即使不予以消灭，也应作某种限制。这里的证明是她的敕令和她促使自由经济学会提出一个易于引起当时俄国贵族误解的问题："何者对社会更为有利？——使农民获得土地私有权或者仅仅让其获得动产私有权？农民对这两种财产的权利应达到何种程度？"这一问题完全等于问：地主对于他的"神圣私产"的权利应达到何种程度？促使研究这样的问题，意味着动摇（尽管只是理论上）农民及其地主之间业已确立的关系。叶卡捷琳娜自己承认，她在敕令里剽窃了"会长孟德斯鸠"（岂止孟德斯鸠一人！），最初本不反对略为改变这种关系，以求有利于农民的。如果她很快放弃了这一主张，那是由于贵族的反对。这位极端现实，而且同样自私的谢米拉米达由于过去多亏近卫军而取得王位，觉得采取这种可能引起实际上掌握着整个国家命运的等级的巨大不满的措施，是很不聪明的。她以讥讽的口吻批评拉季谢夫的书："他想说服地主去解放农民呢，可这谁也不愿听啊！"这"谁也不愿听"的信念，很快就在她的心里成熟了，并且决定了她以后对农民的态度[①]。由此可见，她是很轻易地放弃了改善农奴命运的意图的。

IV

自由经济学会在叶卡捷琳娜二世的倡议下提出的问题，在俄

① 已故季佳京很正确地说，叶卡捷琳娜是在"刚刚起草上谕的时候"，发布这份反对农民的残酷敕令的。对于胆敢反对地主的农民，规定"拷问是谁给他们书写和捏造请愿书的"。对于这一情况，同一季佳京痛苦地提到，叶卡捷琳娜在《上谕》里还漂亮地表示反对拷打呢！——见《俄国法学史论文集》，圣彼得堡1896年版，第363页。

国贵族及其思想代表的眼里，完全不是当前就要解决的问题。

对于这个问题，从俄国作家中只收到七个答案，就中只有一个答案获准参加评选。此外，这个答案的作者 A. Я. 波列诺夫曾留学外国，受西方思想的影响，在很大程度上抛弃了俄国贵族的观点。他写这个答案所用语言，为奉派审查参加评选著作的自由经济学会委员会所不喜欢，当然也大概为女皇本人所不欣赏。这个委员会的若干委员认为在波列诺夫的答案里“有许多过分的，并且按照当地的情况，有失体统的措辞”。当然是如此！例如，波列诺夫写道，几乎被剥夺了全部“做人的资格”的俄国农奴，甚至不能衡量自身的不幸的程度。按照他的说法，从来没有比我国农民更贫困的人，“他们没有任何法律的保护，不但在涉及财产上，而且在生活上遭受各种各样的侮辱，忍受不断的蛮横无礼、刑拷和暴力；因此，他们毫无例外地陷入这种对于他们和对于整个社会都充满灾难的状况。我们现在实际上就看到他们处于这种状况之中。”根据波列诺夫的意见，农奴制和一般奴隶制的产生是由于“战争的暴力作用”，因为人是不会自愿地遭受这种“极为残酷的命运的”。这个意见本身并不包含任何在俄国欧化贵族中闻所未闻的东西。塔季谢夫便很了解，要从“自然法”的观点来为奴隶制度辩解，是很困难的。但事情坏在波列诺夫不慎将“战争的残酷法则”与他对农民贫困状况的描写直接联系起来。更坏的是，——即对于具有奴隶主思想方式的读者更不称心的是：他向读者提示了农民暴动的可能。他写道：“许多优秀人士不是毫无理由地断言，最终的压迫对于社会不仅是有害的，而且是有危险的”。他并且指出了斯巴达奴隶以及罗马奴隶和波兰哥萨克的起义。毫不奇怪，人们要强迫他重写

他的答案，删去那些不顺眼的过于鲜明的色彩了。

但不应以为波列诺夫的实际建议有何革命的性质。他并没有提及完全消灭农奴制依附。他只是要求拨给农民足够的一块土地作为世袭财产，用法律保护农民的动产，准确地决定他们对地主的义务，给他们以对地主的压迫提出控诉的权利。此外，对于农民控诉，应由地方自治会的**贵族法庭**作出最后的裁定，而这种裁定，如В.И.谢梅夫斯基所正确指出，是不会使农民感到满意的。波列诺夫还主张在解决农民问题时应特别慎重。他自己在这里便是以保守派的语言立论的：过分快的改变是危险的，因为“许多事例证明在这种情形下，疯狂的低贱人民是一发而不可收拾的”。总而言之，波列诺夫的改良方案是完全不具有强迫性质的：它请求政府在新的基础上安排宫廷所属农民的生活，用自己的榜样去影响地主[①]。

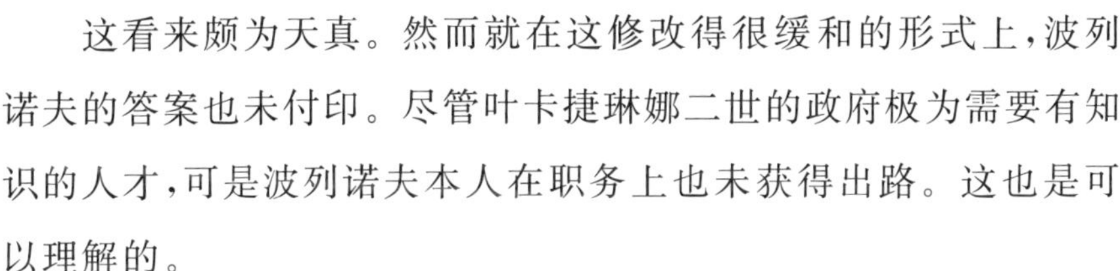

这看来颇为天真。然而就在这修改得很缓和的形式上，波列诺夫的答案也未付印。尽管叶卡捷琳娜二世的政府极为需要有知识的人才，可是波列诺夫本人在职务上也未获得出路。这也是可以理解的。

波列诺夫草拟了一个很和缓的计划。但是他的很和缓的计划理论根据，却证明他的思想方式，实际上“按照当地的情况是有失体统的”。前面已指出，波列诺夫在很大程度上抛弃了贵族的观点。他久居西方，开始像那里的有觉悟的第三等级代表人物那样

① В.И.谢梅夫斯基：《18世纪和19世纪上半期的俄国农民问题》，圣彼得堡1888年版，第1卷，第51—53页和第81—87页。

思考。他们也有些害怕“低贱人民的疯狂”，也主张在社会政治改革方面要慎重。但俄国贵族的思想代表人物还是永远不会同他们达成协议的。第三等级的理论家反对俄国贵族视为至理的东西：即农奴制的神圣不可侵犯。谢梅夫斯基引述波列诺夫的意见：不应盲目模仿西方。然而这一意见在贵族思想代表看来，也不足以抬高他的地位。法国启蒙思想家也从来不曾宣传要一个国家去盲目地模仿另一个更先进的国家。例如，他们对英国的制度和风俗，就有许多不同意的地方。但是他们一方面反对盲目模仿，同时却提出了一些原则，根据这些原则，应该予以谴责的就不只是农奴制了。波列诺夫也引用了这些原则。他写道，应该“只是立足于健全的思考和爱人类的准则，并且任何时候都不要忽视全民的利益”①。但在立足于健全的思考并注意到全民利益以后，那会很容易想出一些结论，按照这些结论，我国当时的整个社会秩序就会破裂。这一点，贵族的思想代表是感觉到了的。

为了贵族思想形态的利益，最好是“立足于”这样一种思考，其出发点应为深信保持地主对农民的权力的必要。

我在前面论文艺作品一章里，已经指出苏马罗科夫的这种信念是极为强烈的。这位把谎言当作真诚揭发的人，大声疾呼地申讨“茅屋破坏者”，辛辣地讽刺地主不要进行“人口买卖”和“剥农民的皮”，迫不及待地回答了自由经济学会提出的问题。他在答案中写道：“金丝雀觉得最好不要笼，狗觉得最好不要锁，但金丝雀会飞掉，狗会咬人。所以，对农民必须有笼，对贵族必须有锁。”因此，有

① 谢梅夫斯基：《18世纪和19世纪上半期的俄国农民问题》，第84页。

待解决的问题是为了“公共利益”何者更为需要。当然，苏马罗科夫认为为了公共利益，鸟要有笼，狗要有锁，农民要有农奴制的奴役。他在对叶卡捷琳娜二世的“上谕”的评语里，也表示了同一信念。评语之一说：“不应把俄国农奴变为自由人；那样，穷地主将无厨子、车夫和仆人。他们将要讨好仆人，让他们闲着，以期不致没有仆人和服从他们的农民；在地主和农民之间将发生可怕的分歧，为了平息这种分歧需要许多部队，国内将发生不断的内乱。同现时地主安居他们的世袭领地里相反，他们的领地将变为对他们最危险的住处，因为他们要依附农民，而不是农民依附他们。”

我想波列诺夫在“立足于健全的思考”之后，可以毫无困难地驳斥苏马罗科夫的论点。叶卡捷琳娜本人便毫不费力地在理论上对付了这些论点。对于苏马罗科夫所谓农民的自由将使地主居住在自己的村庄里有危险，而现在他们却是安居在那里等等，她很机智地作了简短然而有说服力的评语：“也有部分地主是被自己人杀掉的。”①尽管苏马罗科夫的信只是送到了自由经济学会，而且根据谢梅夫斯基的说法，并没有得到结果，然而他对地主和农民的关系的观点却是绝大多数俄罗斯贵族的观点。

在自由经济学会的档案里，谢梅夫斯基还发现了两份俄国人对该学会所提问题的未付印的答案。尊敬的学者对这两份答案极为轻视。其中一份，谢梅夫斯基说是一个叫斯捷潘诺夫的人写的，此人曾在制法委员会谈论这个问题，其值得注意之处实不仅由于它的作者在谈到农民时的那种不友好态度。另一份出自御前马厩

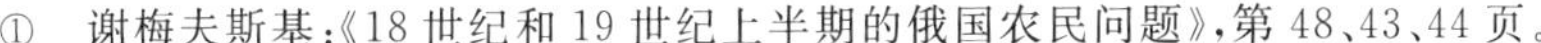

① 谢梅夫斯基：《18 世纪和 19 世纪上半期的俄国农民问题》，第 48、43、44 页。

长 C. 亚历山大罗夫的手笔，尽管文理不通，却证明其作者的比较自由的思想。据谢梅夫斯基推测，亚历山大罗夫主张给农民以世世领有其土地之权，条件是负担一些法定义务。我们有一切理由设想，自由经济学会的大多数成员认为这种办法是有害和危险的新事物。

V

苏马罗科夫理解，对于锁上链条的狗或关在笼子里的金丝雀，是说不上什么“幸福”的。但他和他的数不清的思想同道，却天真地相信农民的“幸福”就是要以被奴役为条件。他们自相矛盾，但他们显然并未察觉。他们的阶层的观点使他们不能对这一问题作逻辑的思考。这种无能的程度，可以波洛托夫为例说明。波洛托夫的著名札记包含着大量足以说明 18 世纪俄国贵族心理状态的宝贵材料。

1772 年波洛托夫在旅行中被迫住在雷瑟・戈拉的一处独院小地主村庄。他是一个善于观察的人，又是一个农村好业主，所以乘机注意这些自由的——最少免于地主压迫的农民的生活。但他在这里所看到的一切仅是引起他的愤慨和嘲笑。第一，使他深感不快的是这个村子的建筑没有任何计划。“那里是一户，这里是另一户，有些五户挤作一团，还有些十户连在一道。有些房屋都朝那边，有些朝这边，有些朝后，有些朝前，还有些朝旁侧”。个别农户的建筑物他也看不上眼。“他们的院子真正不配称为院子。到处堆着箩筐等编织物，没有板棚，没有鸡笼，而且这些编织物都已弄坏，有的横放，有的歪歪倒倒，等等”。总之，我们这位精细的地主看出这些独院小地主缺少经营能力。假定说，由于这样那样的原因，情况局部地确是如此，尽管波洛托夫告诉我们，仿佛这些坏业主都储存了大量粮食，还有用木条盖顶的房屋，就是说，都有他的农奴村子所没有的这些东西。试问，他想用什么办法为这富有和自由的村子整顿秩序呢？很简单：剥夺其自由，用荆条抽打他们。

“看到这一切，深感愤慨！我对自己说：‘啊，塔拉来伊，塔拉来伊！[①] 下流东西！谁也不来鞭打你们，使你们变得聪明些，把建设和生活搞得有秩序些。你们粮食成堆[②]，却生活得那么坏，那么穷，又那么乱！’这就是无人统领、虚有的幸福和宝贵的自由的后果。你们的剩余和你们的金钱只是用去上酒店和填满包税商的口袋，而对国家，你们却只有惭愧！”[③]

当波洛托夫偶然展望自己的情况时，他认为应该感谢上苍赐给他奴隶劳动者。“差不多600名像我一样的男女听从我的命令”。他虔诚地沉思：“他们大家都以自己的劳动和汗水养活我，给我以饮食、衣着，为我取暖，使我安逸，努力给我成千种娱乐。这难道不是我的利益，难道我不应为此感谢上帝？”[④]

利益的确是很大的，实际上为此可以感谢创业主。但是必须补充：我们的笃信上帝的作者却时常在自己的札记中谈到“下贱人”——即那些给他饮食、衣着等等，与他“一样的男女”的愚蠢、粗

① 塔拉来伊（Талалай）显然是一种地方语，表示轻视之意。

② 就是说，他们的经济并不怎么坏啊！

③ 《安德列·波洛托夫的生平和奇遇，他本人为其后代而作》，圣彼得堡1872年版，第III卷，第79—80页。

④ 《安德列·波洛托夫的生平和奇遇，他本人为其后代而作》，第103页。

野和包藏祸心啊！

波洛托夫是一个有学识的人。他通晓多种外文，对哲学有兴趣，甚至还写过一些著作，不过这些著作主要是出于误会而被称为哲学著作。姑且假定，他在哲学上是信从《克鲁兹》的学说的。他同他的老师克鲁兹一样，都觉得沃尔夫过于勇猛，而法国的百科全书派则简直是“人类的恶魔及败类。”当他知道他的一位友人读了“著名的无神论者爱尔维修”的著作时，他气得发抖。然而这仅是证明俄国贵族的彻底思想代表人物，事实上是不能同第三等级（当然是欧洲先进国家的第三等级）的思想代表人物妥协的。至于我们这位自由“塔拉来伊”的揭发者，毕竟还应承认是彼得改革，即俄国同西方精神接近的成果之一。波洛托夫比他同代的许许多多俄国贵族要开明得多。如果这一自命开明的人认为农奴制是整顿劳动群众的生活秩序的最可靠手段，那就可以想到贵族的不开明部分，那些既不读书、又除了本身幸福之外不问他事的贵族等级的无数代表的观点，该是怎样的了！

18 世纪的我国贵族，一有机会都要宣扬农奴制不可侵犯的教条。贵族派到制法委员会的代表，连**废除**农奴制的念头都不许有。更有甚者：他们甚至一点也不愿听取**限制**地主对农民的权力的话。请看几个例子：

在 1768 年 4 月 29 日的制法委员会议上，乌格利奇市的代表苏霍普鲁德斯基说：农民的逃亡有时是由地主对农奴的压迫，因此，“他认为应对于这一详细的限制（限制地主的专横。——著者）办法，进行讨论”。奥博扬市的贵族代表 M. 格拉佐夫对此所作答复，却证明地主本身的利益足以促使他们关怀所属农民的福利。

至于限制地主对农民的权力，他“通知”（按照日记的用语）：“绝顶明智的国王彼得大帝已使地主对所属农民的全面负责合法化，而且女帝陛下，现时顺利地统治着国家的绝顶明智的叶卡捷琳娜女皇，愿对此加以确认。”这就是说，地主对农民的全面负责排除了限制他们对农民的权力作任何限制的可能[①]。

苏霍普鲁德斯基的意见表达得颇不肯定。喀山省的外籍人及独院小地主代表基片斯基为农民发言，说得比他肯定。在5月2日的会议上，他写了一份书面意见，建议用法律规定农民的义务。“他把这些义务分为三类：第一，偿付国家的捐税；第二，为地主的工作；第三，为维持本身的生活及车马”。那位奥博扬的代表格拉佐夫抨击他的建议，在下次会议上断然声称这种工作分配是敌视贵族的荣誉和安宁的[②]。

贵族的“安宁”受到他们本等级的一位代表科兹洛夫县的贵族代表格里戈里·科罗宾的发言的更强烈破坏。在5月5日的会议上，他重复了苏霍普鲁德斯基的发言，也认为农民逃亡是由地主的压迫（他说：“管理”）引起的，并建议用法律保障农民的财产权。他的这一发言引起很大的惊慌。M. M. 舍尔巴托夫公爵——这可说是当时贵族思想代表中最聪明最有学识的一员了，——反对他，暗示尊敬的会议：应注意科罗宾的“仁爱和雄辩”可能造成“危害”。

---

① 《俄国皇家历史学会集刊》第32卷，第49页。参阅该卷附录（第390—391页）中的格拉佐夫所提书面意见。

② 着重点是我画的。见《俄国皇家历史学会集刊》，第400、402页。在该卷的序言里，B. 谢尔盖耶维奇说：为他们（农奴——著者）的利益而首先发言的功绩，属于宗教法庭的官吏和独院小地主（见序言第X页）。

另一贵族代表讥讽地评论科罗宾的“造福国家”的值得夸奖的意愿，还说，这种意愿必然要成为一种“单调的梦想”。还有一名贵族代表说，科罗宾企图“求得轻佻的人们的赞扬”。我们已经熟悉的奥博扬的贵族代表格拉佐夫揭发说，科罗宾代表科兹洛夫的贵族，但并不是该市贵族会议选举出来的，而是由一位真正的科兹洛夫市的代表委托出席的[①]。尽管这一揭发没有剥夺科罗宾的代表权，但这件事对于我们却在两方面具有重要意义：

第一，格拉佐夫关于科罗宾的“代表权”的侦查表明，贵族的代表对于农民的辩护人想方设法进行折磨的愿望，该有多么强烈。

第二，格拉佐夫的揭发自然引起了一个问题：科兹洛夫的贵族如果知道科罗宾的思想方式，还会选他当代表吗？格拉佐夫断言不会。他引述科兹洛夫的贵族曾请原来的那位代表——即将其代表权委托科罗宾的那位代表，——在委员会里要求“保持地主应有的特权”。也许格拉佐夫的这一引述所指示的是科兹洛夫贵族的委托书，事实上这份委托书的作者保留农奴制的意图，是无可怀疑的。

在委托书里无一语道及限制地主对农民的权力，但是说应阻止“卑贱的人们”“对高贵和有功的贵族提出控告”[②]。这已足使我们同意格拉佐夫的意见：科罗宾确乎没有表达他在委员会里所代表的贵族的观点。他在贵族当中仿佛是一名叛逆。无怪乎他在委员会的另一次会议上，发言保卫农民的利益说：“自由有益。”然而

① 《俄国皇家历史学会集刊》，第470页。

② 《俄国皇家历史学会集刊》第68卷，第420页。

科兹洛夫贵族的想法却与此完全不同[①]。

IV

但他究竟希求什么呢？他的要求又是什么呢？实质上，他的要求很少。像B.基片斯基一样，科罗宾只是想对农民的权利给予法律保障。而且就在这里，他也不彻底。

他说："必须用法律来规定，地主对其农民的财产都有哪些权力。我们所作的庄严誓言，贵族本身的利益，农民的好日子和粮食耕作的增加，都对我们提出了这一要求。"[②]

这样，农业的需要，地主本身的利益和代表所作的誓言，都要求对农奴的财产权加以法律保障。按照科罗宾的方案，农民必须向地主缴纳"适度"的贡赋，缴纳时可用货币或"产品"或"两者兼用"。同时，地主对农民的需索，应求"不使庄稼汉抛弃其房屋和经济"。但科罗宾的方案对于农民的人身保障有何主张？什么也没有。地主对农民的权力，"仍然像现在这样完整无缺。农民仍旧是地主的奴隶"[③]。这是一种显著的不彻底性，贵族的辩护者自然很快就觉察到了。舍尔巴托夫讥讽地表示他很奇怪，为什么科罗宾如此关怀农民的财产，同时却不肯"致力于解除农民可能因被惩罚

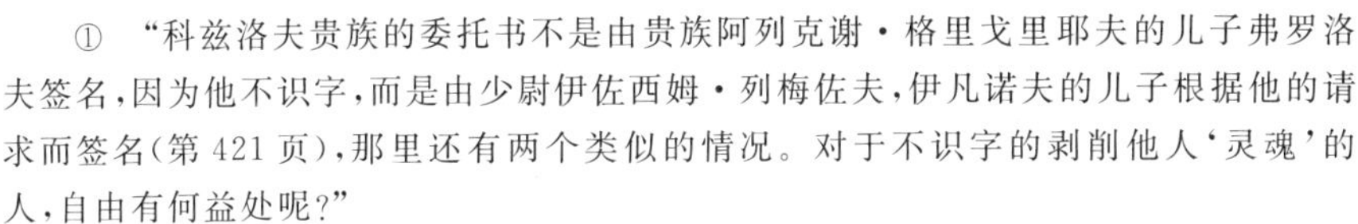

① "科兹洛夫贵族的委托书不是由贵族阿列克谢·格里戈里耶夫的儿子弗罗洛夫签名，因为他不识字，而是由少尉伊佐西姆·列梅佐夫，伊凡诺夫的儿子根据他的请求而签名(第421页)，那里还有两个类似的情况。对于不识字的剥削他人'灵魂'的人，自由有何益处呢？"

② 同上书，第32卷，第408页。

③ 《俄国皇家历史学会集刊》，第410页。科罗宾在报告中常说："农民，即奴隶"；或"奴隶，即农民"。

而受到的压迫”。按照舍尔巴托夫的意见，统治着农民身体的人，也就是统治着农民财产的人。这话是再正确也没有了。然而值得注意的是，甚至科罗宾的不彻底方案也在贵族代表中引起如此强烈的骚动：这是因为方案接触到一个贵族深信为了不破坏“公共的幸福”，谁也不应接触的问题。

也许更为值得注意的是，这种不彻底性并不是科罗宾一人的失误。农民利益的另一贵族辩护者——叶卡捷琳娜省的贵族代表雅科夫·科泽尔斯基也犯了同样的错误。

像科罗宾的意见一样，他的意见是：法律应准确规定农民对地主和对国家的义务的范围。在某些方面，科泽尔斯基的要求比科兹洛夫的代表的要求，要确定一些[①]。但科泽尔斯基也认为农民应像过去那样“忠于”自己的地主，并处于地主“监督”之下。由此可见，农民对地主的人身依附，是一个门坎，便是最先进、最倾向劳动群众的贵族代表，也会在它上面绊倒。这真是一个很典型的现象！

某些贵族代表坚决反对限制地主对农民的权力的企图，所提理由之一是：只有在“有限统治权”的国家，才给“低级世系以相当的自由”。这是发言反对科罗宾的代表普罗塔索夫说的。其他的一些代表则提出农民的愚昧为理由。例如，在讨论贵族权利时，谢尔巴托夫公爵娓娓动听地就这个问题发言说，俄国人民还需要受教育，而这种教育，他们仅能从地主那里获得。根据我国民族“思想状况”的特点而提出的理由，也起了相当重要作用。提出这一理

① 同上书，第32卷，第495页。

由的代表认为俄罗斯“思想状况”的特点在于我们的祖国一般地不适宜于采用自由制度。这些老爷们觉得，俄罗斯是一个真正“幸福的”国家！

VII

地主不仅维护他们自己对农民生命财产的权力。他们的“思想状况”一般地同农民自由的概念不能相容，哪怕这种自由很有限，哪怕这种农民并不是地主所属的农民。在这方面，温格恩-斯捷恩贝格所草拟的“国有农民”方案的某一部分的命运，是颇有教益的。

这一涉及“各种农民”的部分，附有多罗戈布日贵族雷德万斯基的注解，他在注释中表现为全俄罗斯农奴制的一个既彻底，又明显的思想代表。

根据温格恩-斯捷恩贝格的方案，自由的[①]农民完全保持其权利——“他们完全是自由人”——他们最少可以在本省的范围内从一处迁移到另一处。

方案的这一地方，同雷德万斯基的“思想状况”发生了矛盾。他在注释中写道：“他们的自由仅仅在于他们可以从一处迁移至他处。我的意见是，这个自由毫无好处，而是毁坏人民的好日子，因为为了使农业转于繁荣，必须尽力把他们直接束缚于土地上[②]。

其次，温格恩-斯德恩贝格的方案承认国有农民有权出卖并抵

① 当时在小俄罗斯、芬兰和属于俄国的某些波罗的海岛屿上的农民，还是自由的。

② 《俄国皇家历史学会集刊》第 36 卷，第 254 页。

押所种土地,“就像它们是自己的财产一样”。

这一买卖自由,受到一项决定的限制,即国有农民的土地只能出卖和抵押给同“类”的农民。但雷德万斯基对于这一限制也不满意。他证明:国有农民使用的是公地;这种农民从来没有自己的土地,也从来没有把土地留作遗产,出卖和抵押是从来就不允许的,而且在各个时期都有命令制止。因此,他们的土地不是世袭的,也不是以契据为根据的[①],而是发给他们来维持生活和繁荣农业的[②]。

同意民粹派观点和坚信公社土地所有制的优越性的读者,也许要说,雷德万斯基在这个问题上坚持了一件好事,因为他想在国有农民中防止私有制度的产生。我不想同这种读者进行争论,只请他对雷德万斯基的理由的可以嘉许的逻辑性,给以应有评价。

在温格恩-斯德恩贝格的方案里,国有农民能够进行借贷。但多罗戈布什的代表对此竭力反对。

他写道:“农民相互借钱超过五卢布时,依法应予禁止;就是5卢布的借款也须得到长官的允许,借以禁止挥霍无度。”[③]

温格恩-斯德恩贝格想给国有农民以使用自己的森林,就像使

---

① 显然,这里所指的土地,不是由于房地产买卖契约而取得的土地。

② 《俄国皇家历史学会集刊》,第249页。应该承认,早在莫斯科国家里便已对国有农民的土地牢固地确立了雷德万斯基所说的那一观点。但实际上,俄国若干地方农民直到18世纪中叶还支配着所使用的土地,就像支配自己的土地一样。1754年的土地清丈办法剥夺了农民的这一权利。(参阅《俄国皇家历史学会集刊》第123卷的序言,第3、4、14、15页。)雷德万斯基便是按照这个企图使国家对农民的剥夺达到极点的办法的精神发言的。与他相比,温格恩-斯德恩贝格便是一个自由主义的人了。

③ 《俄国皇家历史学会集刊》,第250页。

用真正的私产那样的权利，只是对于适合军舰制造厂使用的森林，应为国家的利益而予以保护。不用说，懂得逻辑的雷德万斯基对于这个问题也要从自己的观点去观察一下。他反驳说，国有农民都使用“国王的”森林，因此，他同意承认农民只有一定的森林使用权，但完全不是森林的所有权[①]。

雷德万斯基的观点在其同温格恩-斯德恩贝格关于对分制佃农问题的争论上得到极端的表现。温格恩-斯德恩贝格给国有农民以使用对分制佃农并给他们以土地的权利。雷德万斯基则断定，这种权利是同我们生活的全部制度相违反的。他写道：

“在国王权力统治下的对分制佃农，不仅国有农民，就是贵族也不能领有。每个为祖国利益着想的人，都应设法迫使这种‘浪荡（原文如此！——译者）人民有永久的居留处所，强迫他们成为业主，有自己的房屋，把自己的后代留在一个宜于从事粮食耕种的地方。”

委员会（在这个问题上是分组委员会或专题委员会）的委员，自不难同意雷德万斯基的意见，在他们当中也流行着同样的农奴制概念。所以，在专题委员会关于国有农民类别审查的最后方案规定：

“国有农民为仅仅属于（原文如此！——译者）国家的农民，他们领有国家发给他们世世代代永远占有、借以维持其本身生活的土地。”[②]

---

① 同上集刊，第250、251、252页。

② 《俄国皇家历史学会集刊》，第273、367页。

我们知道，混乱时期[①]以后，莫斯科国家的军职人员首先关切的是把农民束缚于土地并建立对他们的统治。在叶卡捷琳娜的制法委员会里，也可看到业已变为“贵族”的军职等级的这一企图，他们用一切方法保卫其对农民的权力，他们甚至想把那些尚未落到他们手中的农民群众也完全束缚于土地，并宣布这部分农民为国有财产（“只是属于国家”），不仅剥夺他们迁移的自由和对土地及森林的所有权，而且剥夺他们自由支配其动产的权利。

最后的结果，贵族派到制法委员会的代表只同意了两种有利于农奴的措施：即禁止单个出卖农奴和对过分压迫所属农民的所有的财产加以监护。实际上，就是他们这种零碎微薄的让步允诺，也无任何结果：零卖农奴和“野蛮地主”对他们的疯狂压迫，直到19世纪消灭农奴制前仍在继续。

我们已经看到，贵族等级在制法委员会里尽力贯彻了将“公家”农民完全固定给国家的思想。但他们更感兴趣的是把帝国的全部农民都交给地主统治。当教会领地“还俗”把大约一百万农民男丁“解放”的时候[②]，军职等级想将这些劳动力占为己有的旧梦，很自然地在他们当中复活了。贵族的思想家证明，“还俗”使前寺庙农民的福利大受危害。为求补救，他们当然除了将前寺庙领地出租或出卖给贵族作为私产之外，是找不到其他办法的。

某些贵族委托书的作者，早就提出了这种建议。克拉皮文县的贵族提议将还俗地产的农民以每口（男丁）30 卢布的价格出卖，

---

① 指 16 世纪末 17 世纪初俄国长年战争变乱迭起的时期。——校者

② 18 世纪 70 年代初，他们计为 991 761 口男丁。

他们认为这将使公家增加收入，使“整个社会受益”。开明和善辩的谢尔巴托夫公爵对农民丁口的价格估计得高一些。他在1787年写道，应将所有国有村庄的经济村庄[①]出卖，“每口80卢布。”为了方便贵族做成这一交易，他宽宏大量地给贵族以仅付所获地产售价一部分的权利。

时机未到，这些方案未获实现。叶卡捷琳娜二世宁愿使经济农民照旧处于对国家的直接农奴依附地位。同时，由于将几十万农民拨给同样属于贵族等级的庞臣，她有一切理由相信，为了“取悦”于这一等级，她已仁至义尽。但在保罗时又将5万农民从经济委员会管辖下划拨给俄国骑兵最高军官团的地产，在亚历山大一世时将诺夫戈罗德省的几个经济乡区变为军屯区。前已指出，教会农民的“解放”只是表明他们以前是教会的财产，现在都成为国家的财产而已。因此，国家权力的最高代表随心所欲地支配了这种财产，便是完全自然的了。

VIII

В. И. 谢梅夫斯基说，我国贵族担心“在教会管辖的农民解放后，会发生地主所属农民的解放”[②]。他认为贵族政论家所以对经济农民的命运安排抱着否定的态度，便是由于这一缘故。然而他们的否定态度，究其实只是由于前述贵族想把以前的教会领地占为己有的倾向。如果他们真是害怕“解放”将波及地主的农民，那

① 前寺庙领地的农民被称为经济农民，因为他们是由“经济委员会”管辖的。

② 谢梅夫斯基：《女皇叶卡捷琳娜二世朝代的农民》，圣彼得堡1901年版，第2卷，第274页。

这种害怕也并不大。当然，如果教会领地还俗的措施要在贵族中引起怨言，叶卡捷琳娜是不会决心实行这一措施的。但就我们对改革过程所知，贵族相反都支持了它。只是由于有了贵族的支持，所以叶卡捷琳娜才能够对宗教界的反对，充耳不闻，不加理睬。

在彼得后的俄罗斯，伊丽莎白的政府就已注意到教会财产的还俗问题，那时教会权利的最热烈保卫者是阿尔谢尼·马齐耶维奇①。他于1758年受宗教界的委托去彼得堡，想就政府所设想的措施提出反对意见。人们对此行，寄予很大希望。有的宗教界人士对他说："那里将很好地接待您这新去的显圣者，心甘情愿地听信一切。因为对您，不仅在我们这里，而且在那里也都有好感。"②如所周知，这一希望并未实现。彼得堡对于马齐耶维奇并无好感。那里不喜欢他谈论教会权利时的语调。事情发展到东正教最高会议对于这新来的显圣者的"过于大胆和渎犯女皇陛下上谕的行为"，给予警告处分③。但马齐耶维奇所受警告处分并未能使他安静下来。当教会财产还俗案送到叶卡捷琳娜二世的铁腕里的时候，这位罗斯托夫的主教还再次表示抗争。这时他就表现得非常笨拙和很不机智了。

在查封教会财产时，发生——这本在意料之中——许多不正当行为。查封常常由军官进行，这是理所当然的。最后，神职人员很不高兴军队代表所表现的放肆态度，这也是完全自然的。但马齐耶维奇是怎样表达宗教界的这种完全自然的不满呢？

① 德米特里神甫在罗斯托夫主教讲座的继任人。

② 比利巴索夫：《叶卡捷琳娜二世传》，伦敦1895年版，第2卷，第230页。

③ Н. И. 巴尔索夫：《1762—1763年的罗斯托夫主教马齐耶维奇》，《俄国旧闻》，第14卷，第751页。

他写道："这样，指定的军官一定要遍处走进祭坛，有时还要接触神器，而这却是自古以来的东正教法律……教规所禁止的。"

这种理由是很难说动女皇的，她当时还同伏尔泰保持通讯联系啊！

其次，罗斯托夫主教断言，由于寺庙的财产被收归国库，罗斯以往对宗教的诚笃信仰，荡然无存。"在许多人的记忆中，仅仅引为遗憾的是，在这样一个古老而笃信宗教的国家，这样一个世界上的光荣尊贵的国家里，忽然不是由于鞑靼人、更不是由于外国的敌人，而是由于本国人，致使教会和宗教信仰，消灭殆尽"①。

这也想得很笨拙。这样的理由只能激怒叶卡捷琳娜，而断然不能使她放弃自己的计划。

马齐耶维奇的理由，在理论方面是贫乏得惊人，对于流传在俄国欧化人民中的观念的总和，毫无补充。如果它毕竟可能、而且应该引起俄国社会思想史家的注意的话，那仅是因为它的贫乏表明宗教当局在与世俗当局冲突中的地位是极为脆弱的②。

叶卡捷琳娜放弃了改善地主所属农民的命运的任何主张，只是因为她害怕贵族。她在即位之后，开始也有些害怕僧侣的。因此，她撤销了彼得三世在 1762 年 3 月 21 日颁布的关于建立经济

① 巴尔索夫：《1762—1763 年的罗斯托夫主教马齐耶维奇》，第 745 页。

② 除笃信宗教这一条理由外，马齐耶维奇没有忘记僧侣等级的经济利益这一条理由。他在第二次"报告"里指出，夺走僧侣等级的农民，将迫使僧侣等级去用雇佣劳动。而这是同我国经济生活的条件不相适合的。我们"不是英国"。被解放的农民将以过高的价格出卖劳动力，要求"为一点小事付出两倍及三倍的工钱"。当然，如果问题涉及贵族自己的农民，他们会觉得这一理由是完全有说服力的；但既然这个理由是提出来保护僧侣等级的利益的，显然，它没有对贵族造成任何印象。

委员会掌管寺庙财产的上谕。但很快她看出了僧侣的虚弱无力，遂以其特有的毅力，断然剥夺了他们。

巴尔索夫断言，除德米特里·谢切诺夫外，俄国僧侣的所有最主要代表都支持马齐耶维奇[①]。果真如此，则东正教最高会议——按照比利巴索夫先生的说法，——向叶卡捷琳娜出卖了马齐耶维奇，便更有意义了。“东正教最高会议于3月12日收到马齐耶维奇的报告，听完之后于3月13日决定：罗斯托夫主教的报告全部是对女皇陛下的侮辱，为此，他应受最严厉的申斥”[②]。但最高宗教机关这时不想单独举动。它将马齐耶维奇移交“最高当局审查，由女皇陛下从宽发落。”

叶卡捷琳娜对此答复说：她在阿尔谢尼·马齐耶维奇的报告里看到他“对圣经和圣书的许多语句作了歪曲和令人气愤的解释”[③]。因此，伏尔泰的这位笃信宗教的女通信者“为了确保其忠实臣民的永久安宁”（也为推脱她对所愿望的事情结局的责任。——著者），便适当地决定将马齐耶维奇移送同一东正教最高会议的法庭审判！

---

① 巴尔索夫：《俄国旧闻》第15卷，第737页。

② 比利巴索夫：《叶卡捷琳娜二世传》第2卷，第230页。必须指出，叶卡捷琳娜在即位以后撤销彼得三世关于成立经济委员会的上谕时，于1762年8月提出保证说：“我们没有没收教会地产的意图和愿望，而只有上帝给我们的权力，为了上帝，制定关于更好地使用这种地产的法律。”这话既表明笃信宗教，又说明语意双关。也许，巴尔索夫是对的。他断言当阿尔谢尼·马齐耶维奇表示反对教会地产还俗时，——次年，叶卡捷琳娜便实行了这一还俗措施——他绝没想到同女皇的意向发生分歧。就女皇说，这一事实也是极为值得注意的：即她在1762年8月12日发布命令取消彼得三世关于剥夺教会领地的上谕，这个命令是“受阿尔谢尼·马齐耶维奇的指使而写的”。（巴尔索夫）

③ 比利巴索夫：《叶卡捷琳娜二世传》第2卷，第239页。

阿尔谢尼·马齐耶维奇被判处剥夺僧帽和教职，遣送到辽远的寺庙"去接受严格监督"。叶卡捷琳娜禁止给他纸墨，使他"不能书面或口头地将软弱单纯的人们引入歧途"①。

此外，还须补充指出，这位罗斯托夫的主教在法庭上态度很谦和。他声明，他没有在"报告"里对最高当局散布任何侮辱之词的任何意图，如果毕竟"有了某种对女皇陛下的侮辱"，他将"最训服和最忠诚地匍匐在女皇陛下之前，请求饶恕和宽大"②。尼空的态度却不完全是这样③。

僧侣屈服了。有远见的女皇早就料到他们不能不屈服。由于料到这一点，她认为有必要向他们说出些真理，这种真理对他们可能是辛辣的，而为了使他能够了解俄国社会力量的对比，却是很有益的。

她在给东正教最高会议的文告中说："你们是圣徒的后继者。上帝命令圣徒向人们灌输对财富的轻视，圣徒都是很贫穷的。他们的王国不在这个世界——你们懂得我的意思吗？我是从你们的嘴里听到这一真理的。你们怎能，又怎敢不破坏你们的职责，不感到良心的谴责而占有无数的财富，获得无限的领地，使你们强大到可与沙皇匹敌呢？你们是有知识的：你们不能不看到所有这些财产都是从国家掠夺来的，你们如果不是对国家不公正，便不能领有

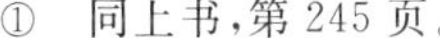

① 同上书，第 245 页。

② 巴尔索夫：《俄国旧闻》，第 244 页。

③ 其他俄国牧师的态度比罗斯托夫的主教还要谦和。他毕竟比他们所有的人都要勇敢些。马齐耶维奇据他自己在《自传》(《18 世纪》第 2 卷，第 361 页)中说，生于"波兰国"弗拉基米尔-沃伦斯克。也许，他对世俗政权保持独立的——诚然很软弱的——态度，是由于他从波兰所得到的印象。

这些财产”。如果僧侣牧师真正对女皇怀着他们所说的那种忠诚情感，那他们便应立即将他所不应占有的全部财产还给国家。叶卡捷琳娜还极尽讥讽地说，他们如不是更多地沉溺于尘世幸福的关怀，便可更方便地致力于本地区教徒群众的教育。他们的全部职责就在这里：“你们只应从事于训导人们尽忠职守，在他们心灵中重新燃起对善行的记忆。……最后，告诫他们，用来世的惩罚威胁他们，唤起他们对上帝的信仰和爱戴，用永恒的幸福的许诺来鼓舞亲近的人们，用热情的祈祷和救世主的箴言来振奋他们的心灵”，等等[①]。

世俗当局对宗教当局的这种充满智慧的嘲弄的有力说词，显然大大促进了把僧侣等级的领地剥夺归公问题的解决。东正教最高会议理解女皇的意思，不仅同意财产还俗，不仅“出卖”了马齐耶维奇，而且自己对他作了严厉的判决。

IX

劳动群众比僧侣显得更难妥协。套在农民脖子上的农奴制的绞索拉得愈紧，被奴役者的不满便愈增加。现仍保存的非常有意义的古代文献（手稿），动人地表达了人民群众的情感和部分认识。文献由 H. C. 洪吉拉沃夫在《创举》论文集中出版，标题为《上世纪的农奴泪》。其中确乎可以听到沉痛的哭泣。开篇便看到这样的诗句：

啊，我们奴隶真痛苦，

① 比利巴索夫，见前书，第 2 卷，第 246、247 页。

老爷使我们一贫如洗。
只要老爷一发怒，
祖传财产便夺走。
请问生活在今世，
可有什么比这遭遇更苦？
若说我们的生活，
生命之权不操于我，
走遍天涯和海角，
生活再找不到比这里更苦！

像苏马罗科夫和波洛托夫一类的贵族思想家，都相信农奴制不仅对贵族，而且对农民也是有利的，《农奴泪》的作者虽然只是略通文化，却显然不同意这一意见。他叹道：

难道没有老爷
我们便找不到粮食？

他表示，森林和土地都是为穷人创造的，并且完全正确地指出，老爷对农奴的权力增加极大。按照他的说法，这个权力像**涅瓦河中的流水一样增加**。当然，他对于禁止农奴控告自己的主人，是完全有理由感到十分痛心的：

大贵族把仆人像阉马一般处死，
却不准听信奴隶的控诉；
不公正的法庭制订命令，
暴虐地用鞭子折磨我们。

《农奴泪》也许是在召开制法委员会时写的。作者颇知这一委员会的成分，所以控诉：

现在他们为自己的利益而改变法律，
代表就是不选奴隶，
据说奴隶还能够在那里说点什么，
还是给他们以折磨我们至死的自由权利。

对于彼得后的罗斯，农奴作家所指示的外国对我国制度的责难，是非常有意义的：

所有的国家都在唾骂我们，
都为我们的愚蠢而惊异；
说这样的蠢人，
都在我们俄国产生。

但关于其他国家的指示并不妨碍这位识字的农奴对沙皇政权的社会作用保持旧莫斯科的看法。他愿意为沙皇服务。不过值得注意的是，他不愿以**农民**的身份，而愿以**士兵**的身份为沙皇服务。他的这一愿望表示出一种特殊的革命情绪。他写道：

唉，弟兄们！
如果有一天我们能随心所愿，
我们既不要土地，也不要田野；
弟兄们，
我们要去当兵，
相互友爱，
把一切谎言揭穿，
把万恶的老爷连根除尽！

在这些对老爷的猛烈攻击之后，再读《农奴泪》的作者在一些仿佛保护他所说的受外国“浪人”欺侮的俄国贵族的诗句，是会感到有些奇怪的。后来这些“浪人”放进俄国，是想让他们开化俄国，但他们却压迫了俄国。

这些浪人放进俄国的时候，
许诺给我们更好的管理。
但他们规定俄国贵族同独院小地主联成一气
而我们不幸的人们却是各自分立。
由于老爷们凶相毕露，
我们的想法落空了。

在作者——人民群众的思想代表——的心灵里，对贵族的愤恨更因对外国人的憎恶而趋于复杂。这种憎恨在莫斯科罗斯就已浓烈，在18世纪更受对比伦派恐怖的特别强烈支持。结果产生了一种真正意外的情况。《农奴泪》的作者一方面揭发外国浪人，同时却变为俄国贵族的辩护士。显然，作者为了反对这些“浪人”，不惜同俄国出生的“老爷”共同行动。怎样行动呢？作者的梦想在这里是同当时的俄国实际亦步亦趋。18世纪时常发生的宫廷政变都是利用军事力量来完成的。所以《农奴泪》中便说到最好是当兵去。但宫廷政变是贵族近卫军的事情。近卫军虽然讨厌外国浪人，但不仅毫不反对俄国贵族的特权，而且力求其巩固和扩大。《农奴泪》的作者懂得，人民群众不能期待贵族的军事力量作出什么好事。所以他才梦想由农奴组成这一力量。他梦想人民出身的军事力量将结束谎言，连根铲除万恶的老爷。

不过，我们的作者也许自己就不很相信实现这种梦想的可能。他的《农奴泪》遂以真正的哭泣情调而结束：

我们天上的主啊！

让我们长眠在你天堂的土地上吧！
你是我们的创世主，
请给穷人一个末日吧①！

农奴诗人的希望最后寄托于一死！人们处于这种情绪时，是很少同其压迫者进行真正斗争的意向的。但在18世纪60年代，被压迫的人民群众并非处于这种情绪。他们没有丧失"在这里，在人间"改善自己命运的希望。相反，如前所述，他们的希望曾因取消贵族的强迫服务这一事实而得到支持。

还在彼得三世时，农民骚动便已开始。政府赶忙宣布，农民应照旧服从地主，但这毫不济事。农民造反遍处爆发。装备有土炮的部队被派出镇压造反的农民，好些地方发生了农民同军队的真正战争。自然，彼得三世的逊位和叶卡捷琳娜二世的即位，都未能使农奴群众平定下来。新女皇感到不能不重申彼得三世对这些群众的**反对意见**。新女皇于1762年7月3日的敕令中写道："由于国家的幸福要求所有的人和每一个人都能保持其可靠的财产和公正的权利，任何人都不得越出其职责的范围，所以我们决意保持地主的财产和领地不受侵犯，农民对他们应保持必要的服从。"然而写这种敕令要比实行它容易得多。

农民的骚动继续着，他们使叶卡捷琳娜的政府惊惶失措，遂于1763年10月由军事委员会制订了一系列规章，为派往镇压不训服农民的部队官长所必须遵守。除造反外，叶卡捷琳娜于驳斥苏

① 见《创举》(*Почин*)，载《俄罗斯语文爱好者学会1895年度论文集》，第10—14页。

马罗科夫的反对意见时所暗示的农奴击毙地主的事件，亦为当时的一面可怕旗帜，在1764—1769年中，仅在一个莫斯科省便击毙了21名地主和9名女地主。此外，还发生了五起未遂的暗杀事件。暗杀次数最多的是1767年，即制法委员会开始活动的那一年。完全可以理解，贵族代表在委员会的会议上不能对这一“日常发生的现象”保持缄默。塞尔维亚贵族代表斯特罗加诺夫伯爵说：“对于地主被自己的农民杀死的悲惨景象，我们不能不感到恐怖”[①]。总之，委员会的召开一开始便使人民中骚动强化。显然，农奴们以为委员会将提出他们的悲惨命运问题。但是由于被剥夺了派出自己的代表参加委员会的权利，——《农奴泪》的作者对此表示不满，——他们只有“造反”才能引起委员会对他们的注意。

后来，在人民群众中渗透了仿佛另一种情绪。1770—1773年间，农民骚动即使没有完全停止也开始大为罕见了。В. И. 谢梅夫斯基说：“农民是在忍耐地等待着。”[②]等待什么呢？这位尊敬的学者以为，农民是在等候委员会关于他们的即使不是自由，也最少是减轻奴隶状况的指令。无论怎样，我们知道，1770—1773年间的宁静是暴风雨前的宁静，这一暴风雨激发了俄国的整个纳税人民。

X

为了对“普加乔夫起义”的来源和心理状态有所理解，必须看到农奴制压迫的经常加重总是同租税压迫的增加同时发生的。

① 谢梅夫斯基：《叶卡捷琳娜二世朝代的农民》第1卷，第414页。

② 《叶卡捷琳娜二世朝代的农民》，第443页。

“财政以及一般经济问题是叶卡捷琳娜朝代的最薄弱、也最暗淡的方面”[①]。国库经常感到金钱的缺乏。国家支出的增加，远远超过国家生产力的增加。根据切丘林的计算，每一纳税人所付税额在叶卡捷琳娜朝代末期要比初期多一倍半[②]。只有在彼得一世朝代，我国的租税负担才达到这种程度。

叶卡捷琳娜政府愈是在财政方面捉襟见肘，便愈少可能去打破那些束缚纳税人民和阻碍经济活动的桎梏。城市代表在制法委员会里明确地指出，商工阶层对国家的强制服务严重地影响了他们的经济状况。在“皇城圣彼得堡”居民的委托书中，我们看到：

“本城商人由于逐日都有各种公家服役而疲于奔命，他们离开自己的商业，根据多年的计算，濒于完全破产。为此，恳求最仁慈的皇帝陛下永远废除这种公家服役。”[③]

苏兹达尔人抱怨说：“我们商人由于公家支应而遭受不堪忍受的惨重破产，因为必须是每两三年中有一年寸步不离地从事这种服役。在这种情形下，商人必然落后，任何商业业务均被剥夺。”[④]

类似的怨言，数不胜数。也许在灵魂深处，女皇也承认这种怨言是有根据的。她在上谕(第 317 款)中正确地说道：“商业在受到压迫的地方必将迁离，而在其安宁不受破坏的地方则将落户。”但是满足城市居民的请求，比在这篇上谕里写明“俄国是一个欧洲大

---

① Н. Д. 切丘林：《女皇叶卡捷琳娜二世朝代的俄国财政史》，圣彼得堡 1906 年版，第 380 页。

② 切丘林：《女皇叶卡捷琳娜二世朝代的俄国财政史》，第 378 页。这个计算的根据是：国家支出增加了 3.3 倍，而人口增加不及 2 倍。

③ 《俄国历史学会集刊》第 107 卷，第 219—220 页。

④ 同上，第 18 页。

国”要困难得多。为了执行城市代表的要求，国家必须——当然要在事实上，而不是在口头上——欧化其对纳税群众的态度，就是说，必须不再把他们看作自己的私产。

然而我国 18 世纪下半期的立法，却对此未作任何严肃的暗示。

如果构成商工业上层的商人也受到束缚，则城市小市民的情况，就更坏了。他们的情况往往是无法忍受的。为了减轻痛苦，他们采用早为俄国人所尝试过的手段：像在莫斯科国家的美好旧时光一样，他们同农奴一样“分散走向四面八方”，实行“逃亡”。诺夫戈罗德省省长西韦尔斯写道：“流浪者的人数激增，监狱都被他们填满了。”然而流浪者人数的增加意味着燃料数量的增加。H. H. 斐尔索夫说得对：城市居民低层的艰难处境和不满，可以解释为什么普加乔夫那么轻而易举地获得了他所夺取的大多数城市。

H. H. 斐尔索夫接着说：“人民的社会底层对自身情况的普遍不满，在普加乔夫起义前不久，在瘟疫时期的莫斯科暴动里，就已突出地表现出来了，这次暴动不能不说是普加乔夫起义的前奏，正如 1662 年的莫斯科暴动是拉津起义的序幕一样。”①

情况正是这样。但出乎意料的是，普加乔夫起义的城市序幕比拉津起义的前奏在各方面都要弱些。第一，在阿列克谢·米哈伊洛维奇的朝代里，举行暴动的不仅有莫斯科。第二，1771 年的莫斯科瘟疫暴动及其“圣母蜡炬”荒诞集会，完全没有比较明确的思想内容，完全没有比较确定的社会政治要求。

① 《普加乔夫起义，社会心理分析》，第 170—171 页。

像在阿列克谢·米哈伊洛维奇时期一样，叶卡捷琳娜二世时期的人民运动的领导人都是哥萨克。但其间亦有值得注意的差别。拉津的“帮手”是顿河哥萨克居民中的不安分子，而支持普加乔夫的却主要是雅伊克（乌拉尔）的哥萨克，同时顿河的哥萨克还帮助过恢复秩序的人。这就是说，在拉津起义以后的一百年中，国家大大地扩充了它的保守影响的范围。

但无论如何，在起义者旗帜上写的要求，都是由哥萨克人制定的。试一窥其内容。

普加乔夫“赏赐”其拥护者以“土地、海洋、森林、十字架、蓄胡须以及一切自由”[①]。换言之，他约许将他们从一切表示贵族国家压迫的事物中解放出来。他在他的一件“命令”中写道：“对于我们的忠实臣民，只要他们记得他们给我们的誓言，我们将以慈悲和关切的心情给以自由，不要求向国家交纳人头税及其他赋税，不招募新兵；这一切国库可以自给，至于我们的由自愿投军者所组成的军队，为数将是很大的。此外，俄国贵族将不得以大量的工作和租税去压迫农民，所以每人都将重享规定的自由。”[②]

这就是在拉津的旗帜之下起义的居民所奋力以求的那个纲领。当然，在这个纲领的新版本里，也有某些新的细微差别。现在比以前更着重地谈到贵族对农民的压迫。这是可以理解的：因为从普加乔夫运动到拉津运动的这段时间里，上述贵族对农民的压迫是显然增强了，贵族获得了不少等级特权。但总的说来，纲领的

① 他的原话。见 H. 杜布罗温：《普加乔夫及其同谋者——叶卡捷琳娜二世朝代史中的一段插曲——1773 至 1774 年》，根据未刊行的资料，1884 年，第 3 卷，第 103 页。

② H. 杜布罗温：《普加乔夫及其同谋者》第 3 卷，第 53 页。

内容没有改变。像一百年前一样，现在它仍包含着很大一部分所谓《母亲——荒原》的乌托邦主义，即国王的孤儿的乌托邦主义：国王的孤儿不是在城市中心地区，而是在经济极端落后的边陲地区寻求解除其灾难的途径。普加乔夫扮演着合法国王的角色，许诺解除其“子弟们”的任何租税负担，幼稚地以为“国库可以自给”。当然，这种幼稚的许诺所以发出，部分地是为了说漂亮话。事实上，无论是普加乔夫及其同谋者，或是接受他们的宣言的那些被奴役的居民，他们主要力求达到当前的目的，而并不问问自己，他们的成就较诸遥远的后果将会怎样。他们彼此都无进行理论思考的任何意愿。尽管普加乔夫和他的“子弟们”都坚决反对当时的社会政治制度，但他们自己也浸透了莫斯科国家土壤上形成的那些农奴关系的精神，这也是显然可见的。

例如，农奴们举行集会并派遣代表晋见僭称皇帝，请求将他们从地主那里解放出来，把他们变为自由农民。普加乔夫欣然同意做这件事。但在他的脑子里，“自由的农民”一词又同什么观念联系在一起呢？对此，他的一篇文告作了答复：

“现用签名的上谕，以君主和慈父的仁爱，恩准所有以前属于地主的农民和臣民成为我们王位的忠实奴隶，赐予古代十字架和祈祷文”[①]云云。

这样，在普加乔夫的观念里，农民的自由等于对“我们王位”的“奴隶”依附。这恰好就是波索什科夫在《论贫富》一书中所发表的那种观点，认为地主并不是农民的永恒领主，他们的领主是沙

① H. 杜布罗温：《普加乔夫及其同谋者》第3卷，第112页。

皇。派代表晋见普加乔夫，请求把他们变为自由人的农民，也都完全同意这一观点。对于他们，成为自由人就是改变领主。

必须记住，普加乔夫坚持把沙皇看作奴隶主的观点。在他开始他的事业之初，当他刚刚看到雅伊克的哥萨克的时候，他同他们当中一些人进行了如下谈话：

“——是呀，孩子们，上帝命令我在12年跋涉之后同你们见面啦，这期间我可吃过多少苦头啊！”……——他说。

“——可是，老兄，老谈过去干吗，你最好把你的沙皇标记拿给我们看看。”——哥萨克卡拉瓦耶夫打断他的话说。

“——你是我的奴隶，但你却向我下命令啊，”——普加乔夫勇敢地说，生气地看了一看卡拉瓦耶夫。

哥萨克们感到不好意思，开始向他道歉。

“——老兄，我们干的是哥萨克的事业，请不要发火，我们可不会说话呀！”——希加耶夫说。[①]

谁会说话，他便应永远记住，甚至哥萨克也“应成为”沙皇的忠实奴隶，并且应该按照这一情况同他谈话。

如果这些专门反对国家压迫的人们要求普加乔夫出示他的“沙皇标记”，那只是由于他们以为沙皇是某种超人。幻想的标记应是沙皇个人的超人品质特性的证明。在这方面，他们是像小孩一般轻信的。当普加乔夫用刀子割开他的衬衣，亮出他的胸膛，指着遍体鳞伤的时候，他们——这些有阅历、而且当然看过遍体鳞伤的人——都胆怯了。其中一人“吓得手脚发抖。”

① 这一情景是杜布罗温的书中说的(见前书，第1卷，第206页)。

普加乔夫当即看出他所造成的印象，认为最好加强这一印象。

那么，我的朋友，你们什么时候在一个普通人身上看过这样的标记呢？

——没有，亲爱的国王，没有见过。——哥萨克们回答。

——现在请留意，我的朋友，怎样识别沙皇，——普加乔夫继续说，一面将头发掠到左额。

哥萨克们在所指之处看到一种仿佛由于瘰疬病造成的斑痕，但到底是什么标记，却看不清。

——那是什么，老兄，是鹰吗？——希加耶夫将普加乔夫的头发分开，问他。

——不是，我的朋友，这是沙皇的皇徽。——普加乔夫回答。

——是否一切沙皇生下来便有这种皇徽，还是后来由于上帝的意旨才做出来的呢？

——这不关你的事，我的朋友，普通人是不应当管这种事的。

这些话说完后，所有的哥萨克都害怕了，便不敢在提任何问题了[①]。

后来，普加乔夫受审时供认："我的一切坏事都是通过雅伊克的哥萨克做出来的，因为他们确切知道我不是皇帝，而是顿河的哥萨克。"（1774 年 12 月 5 日供词）事实上，雅伊克的哥萨克很快就猜到普加乔夫是一名僭王。哥萨克们怎能不看出在他们面前的是一名哥萨克——尽管是一名顿河的哥萨克呢？他们猜到这一点，却仍**有意识地**支持了他的冒充行为。

就是那个看到普加乔夫胸膛的"沙皇标记"时手脚发抖的米亚

① 杜布罗温：《普加乔夫及其同谋者》，第 207 页。

斯尼科夫后来说："我们用烂泥塑造一名公爵。即使他不能占领莫斯科王国，我们也要在雅伊克建立自己的王国[①]。但是，第一，这是后来说的。第二，雅伊克的哥萨克因为没有"公爵"他们便没有成功的希望，所以觉得必须"用烂泥塑造一名公爵"。他们立一名逃亡的哥萨克为真正沙皇的事实，丝毫没有改变哥萨克关于何谓真正沙皇以及沙皇权力无边等等概念。这一事实更不能在农民的概念里引起什么改变：农民，用鄙视农民的哥萨克的话说，是无知之辈，他们是不怀疑这种欺骗的。农民需要一个沙皇。当然，他们愿要一个仁慈的沙皇，而不愿要一个不仁慈的沙皇。由于普加乔夫比叶卡捷琳娜二世仁慈得多，所以他们欣然站在他这一边。但他们虽是站在他这一边，并请求他解放他们，而他们自己却仍旧服从自莫斯科国家遗留下来的传说，自愿地和迅速地扮演了国王的孤儿和忠诚的奴隶的角色。下面便是一个不坏的例子。

阿拉特尔县阿尔费列夫村的村长在 1774 年 7 月 23 日写给普加乔夫"彼得·费多罗维奇阁下"的申请书里，请求给他们以办事的根据，因为皇上派到他从村里的部队什么规定也未宣布。

这些解放后的村庄的代表写道："现在在我们的领地里有地主的粮食、马匹和牲口，请您皇上对此发布命令；又在您的部队到达后对地主房屋里剩余的物资（显然是经过部队掠夺以后的东西。——著者）如何处理，也请您伟大的国王下令。"

此外，村长还恭敬地报告普加乔夫，在他们的领地里，有许多

---

① 哥萨克戈尔希科夫在 1774 年 5 月 8 日的供词。引自杜布罗温：《普加乔夫及其同谋者》，第 220—221 页。

贫民不但无力交税，而且“请求您伟大的国王以慈悲为怀，命令将地主的粮食的一部分发放我们，以便维持生活和进行播种。为此，我们，您的孤儿，应永远祷祝上帝保佑伟大的国王万寿无疆”。

在同一份申请书里，参加起义的阿尔费列夫村的国王孤儿对上塔雷津村的国王孤儿（以前与他们同属一个地主）提出控诉：“这些农民过去是付代役租的，而我们则在他们的土地上为地主种粮食，他们的剩余土地已归地主。现在这些农民却不将我们为地主种的粮食发给我们，但他们是不应该得到这些粮食的，这些粮食应归我们。关于这件事，请求您伟大的国王作一决定。”[①]

对于两个邻村之间的这种细微的争议尚不能用自己的力量解决的农民，当然除了从一个领主转归另一个领主，从地主转归沙皇之外，是不能，也不希望从普加乔夫起义里期待什么的。

但他们已以此为满足了。他们经常宁愿处于对沙皇的奴隶依附地位，而不愿处于对地主的奴隶依附地位，并在一切可能的地方宣布自己是普加乔夫的拥护者。在伊谢特省，“自称班长马特维·叶夫谢维耶夫带着仅仅六名暴动者于 1 月 31 日来到捷琴斯克村，受到人民群众和举着圣像的神父们的欢迎，教堂钟声齐响，歌声四起”[②]。

边境地区的情况就是这样。在俄罗斯中部，国家的秩序比较稳固，农民没有公开起义反对地主。但在那里，他们也是焦急地等待解放者的。他们那里的情绪怎样，可从以下情况中看出。

① 《普加乔夫及其同谋者》第 3 卷，第 113—114 页。

② 《普加乔夫及其同谋者》第 2 卷，第 361 页。

A. 波洛托夫，当时做过一处宫廷直辖州的总管，奉命从所属农民中挑选一队骑兵，用长矛武装他们，将他们派到科罗姆纳去保卫社会的安宁。出发之前，他"好心"地发表了一篇适当的临别赠言。他在发表这篇赠言以后走向一名初入伍的骑兵，这人仪表堂堂，活泼麻利，对他说：

"好样的，打起仗来，你总可以一敌十啰！"

使演说家大吃一惊的是，这一个初入伍的骑兵，却"恶意地笑了一声"回答道：

"是呀，我怎会去打自己的弟兄呢！而像您这样的大贵族，我将断然用这长矛撂倒十来个的。"

当时的情况是这样，这些话没有给这位勇士立即带来惩罚。被吓呆了的长官只是对他大叫一声："你胡说些什么！"，但随即赶紧说："好嘛，好嘛，兄弟！干吧，干吧，也许你办不到啊，那时我们再看吧！"[①]

XI

普加乔夫在占领奔萨时向商人说："好吧！商人先生，现在你们和所有城市居民都可称为我的哥萨克了。我不会向你们征收人头税，也不征兵。我已命令无偿地把公家的盐发给你们，每人三

① 《安德烈·波洛托夫的生平和奇遇》第3卷，第40—41页。事实上，这事并未作到。起义没有蔓延到中部各省。而这位勇敢的骑兵却饱受灾难。波洛托夫洋洋得意地说："只要他在任何事情上表现不驯服，就要惩罚他。我就会记住他这些话，并为此给他处罚。"（《普加乔夫及其同谋者》，同页）。

磅，往后谁愿意做盐生意就做[1]，各人各自谋生计好了。”不能说，这是一种很确定的“经济政策”。此外，奔萨市居民的富有部分有一切理由为他们的财产担忧，因为普加乔夫的部队进城时抢劫，并从监牢里释放了所有戴脚镣手铐的犯人。但是国家对于我们商工业阶层的压迫既是如此之大，以致这一阶层甚至准备同普加乔夫军队对居民财产的极端“自由的”态度妥协。奔萨的居民隆重地到市郊欢迎普加乔夫，市长请他赴宴[2]。

居民大为欢乐，甚至使指挥城防的少校格拉西莫夫感到困惑。他后来在侦审时供认：“我诚恳地承认，我自己在这种情形下思想也动摇了，以为普加乔夫真是国王，他占领了许多城市和要塞，所到之处，所有无知的人都毫不怀疑地紧跟着他。”[3]

在奔萨发生的情况，在许多其他城市也发生了。普加乔夫的极不明确的经济政策，在城市居民看来，却有一个优点，即它许诺解除居民对国家的强迫服役和贵族及“小官吏”对他们的无数侮辱。商人参加哥萨克，正是表示这种压迫和侮辱的解除。当奥萨市的督军自愿向普加乔夫的一位战友——自称为车尔尼雪夫伯爵的扎鲁宾投降时，后者命令他按照哥萨克的式样剪发。

他说：“从现在起，你是哥萨克，而不是督军了。你倒是吸满了民脂民膏哟！”[4]

---

① 当时实行盐专卖。

② 普加乔夫自然没有拒绝赴宴。在宴席上，“他的食物主要是他命令带来的盛在一个深底盘子里的捣碎的蒜，加醋，加盐后吃”。

③ 杜布罗温：《普加乔夫及其同谋者》第3卷，第164、165、166页。

④ 同上书，第2卷，第201页。

在谈到商工阶层对普加乔夫的态度时，指出以下情况是很重要的。

商工阶层无时不表示反对给贵族和农民以商工业活动的自由。他们要求这一活动由他们一手包办。我们即将看到，制法委员会的商界代表极为坚决地为他们的这一要求辩护。但是这同一阶层却不反对将他们列名为哥萨克，尽管这将立即剥夺他们获取任何垄断的可能。这一矛盾是从什么地方产生的呢？

当地主或农民从事商工业活动时，他们仍旧豁免了那种落在商人身上构成沉重压迫的强迫服务。同样，他们也不履行许多其他落在商工阶层身上的义务。这使他们处于更为有利的地位，能够胜利地同录入纳税名册的商人和工业家进行竞争。为了反对这一祸害，商人和工业家除了要求给他们以经营工商业的独特权利外，别无他法。要求这一独特权利，这是国家服务和义务的阶层组织的自然结果。哥萨克的“自由”废除了这种阶层组织，从而在工商业者的心目中，垄断也失去了吸引力。他们当时是不难同意“各自谋生”的规则的。

不过，并不是所有的城市都像奔萨那样欣然地接待普加乔夫。有些城市竭力抵抗他。但这是例外。这种例外是由于各种不同的地方原因，就中害怕异族人，可能起了重大作用。

普加乔夫军队里有许多来自东部东南部边区的异族人：如巴什基尔人、卡尔梅克人、吉尔吉斯-哈萨克人等。俄罗斯国家及其军职等级极其残酷地压迫他们，所以他们早就积累了许多不满[①]

① 对于自己的灾难，他们也像俄国居民一样，不责备中央政权，而归罪于官僚。巴什基尔人谈论叶卡捷琳娜二世时说：“她是裁判公正的，但她的公正裁判未出宫廷，也没有到达我们这里。”（杜布罗温：《普加乔夫及其同谋者》第1卷，第257页）

但这些大自然的子孙一方面同普加乔夫的俄国拥护者联合，同时又在他们的新同盟者和旧压迫者之间不作任何区分。他们袭击一切落到他们手下的人，烧毁饲料干草，勒死牲口，掠夺并俘虏一些地方的已经准备起来反对彼得堡政府的俄国居民。普加乔夫的哥萨克时常不得不与异族人作真正的战斗。乌拉尔的工厂居民热烈同情造反，并且积极参加造反，但在一些地方却被迫采取认真的军事措施来反对异族人的入侵。因此，某些东部及东南部城市的商工阶层拒绝转向普加乔夫一边去，这是可以理解的了。

但我重复说，这一切都是例外。俄国的纳税群众已有一部分人在追随着普加乔夫，还有一部分人准备追随他。站在贵族一边的只有僧侣，他们的深刻保守主义迫使他们忘记由于僧侣领地的还俗而不久前加诸于他们的侮辱。教会的雄辩家轰击“一切疯狂的自由爱好者”，说他们扰乱居民心灵的安宁，激怒“国家官员”[①]。但“疯狂的自由爱好者”，在他们自己人中，即在饱受高级僧正压迫的农村神甫和教堂低级人员中，也是有的[②]。

贵族们惊惶万状！在运动波及的地方，这种恐惧几乎使他们的力量趋于瘫痪。普加乔夫起义的最积极镇压者之一，著名的米赫尔逊于1774年8月1日报告晓尔巴托夫公爵：“在萨沙兰斯

---

① 参阅喀山的主教对他的教区的教徒们的训词（杜布罗温：《普加乔夫及其同谋者》第2卷，第154—155页）。

② 我们在前面已经知道的马齐耶维奇主教曾用浸在热焦油里的一端系着铁丝钩的绳索，鞭打神父。他斥责他的属员，用猥亵的话骂他们。乌斯久日的主教瓦尔拉姆，残酷地折磨他的全体教徒。ДМ.谢切诺夫将一名神甫在监牢里戴着镣铐关了六年，把他打得死去活来，敲诈他的钱财，毁坏他的房屋，等等。（杜布罗温：《普加乔夫及其同谋者》第1卷，第361页。）

克……没有一个贵族想到自卫，他们像绵羊一样逃往森林。”高贵的贵族防务搞得极糟。将一切希望寄托于女皇部队。假如自叶卡捷琳娜二世即位到普加乔夫起义的这些年代表明，女皇多么需要贵族的支持，那么，普加乔夫的造反便表明，贵族是多么需要女皇的强大政权。贵族是没有忘记这一教训的……

贵族愈是在普加乔夫造反期间感到痛苦，便愈是在造反停息以后兴高采烈。起义的镇压者之一向女皇写道：“我们所渴望的时刻来到了，在这个时刻，陛下的智慧，俄国的安宁和伟大叶卡捷琳娜的臣民的幸福，达到了顶峰。”普加乔夫被押到莫斯科，这里为他和他的同谋者预备了一处单独的住处。被战败的僭王于 1774 年 11 月 4 日到达这里。沃尔孔斯基公爵报告叶卡捷琳娜：“在复活节大门附近，乘坐轿式马车的人们和妇女拥挤不堪，通行困难。”根据波洛托夫的证言，“整个莫斯科都为普加乔夫一人忙碌”[①]。普加乔夫是 1775 年 1 月 10 日在莫斯科被处决的。贵族们将这一血腥事件视为狂欢的节日。“由于普加乔夫的起义最主要是反对他们的，所以又将当时的这一事件和情景称为贵族对其共同敌人和凶手的胜利”[②]。

彼得堡贵族的狂欢不亚于莫斯科。彼得堡接到普加乔夫被俘的消息后，贵族们弹冠相庆，而“俄罗斯的拉辛[③]”——苏马罗科夫更写了一篇颂诗。诗里对普加乔夫说：

强盗，你抛下了剑，

① 《安德烈·波洛托夫的生平和奇遇》第 3 卷，第 486 页。

② 同上，第 488 页。

③ 拉辛，让(1839—1899)法国诗人，古典主义伟大剧作家之一。——校者

现在落到我们手里。
为了给无辜的苦难复仇，
烧死你也不足以抵罪。
你能否想象
用怎么样的痛苦来打击
才配得上你造成的永恒灾难！
你的凶恶无与伦比，
像这样的非人凶恶，
世界上还没有先例！

在普加乔夫被押送到莫斯科前，因他的被俘而欢欣鼓舞的苏马罗科夫写了《献给新比尔斯克市》一诗[①]。作者一方面歌颂这个城市抵抗了 17 世纪的拉津，现在又将“今日之拉津”关在牢房里；同时，对后者极尽辱骂之能事，主要的是对这一贵族的危险敌人的被战败，表示狂热的庆祝。

在残暴的时日过去以后，
在伏尔加河的地平线上，
红色的太阳快乐地自海面升起。
顿河·雅伊克河同伏尔加河节拍相符地汹涌欢腾，
还有里海也与伏尔加河同表欢乐。
那里的人民对叶卡捷琳娜说：
啊！臣民的慈母呀！
你从凶手那里拯救了我们。

① 普加乔夫被押解到莫斯科前，在新比尔斯克滞留了一些时候。

她答道：

我永远像现在一样准备着

搭救你们这些孤儿。

另一位俄国大文学家，不过当时尚不大有名的 Г. Р. 杰尔扎温，以军官的身份，为镇压普加乔夫的起义而努力。

贵族们是长期记得僭称彼得·费多罗维奇皇帝（普加乔夫）的。而且不仅是贵族。据说海军大将 А. С. 希什科夫当时常说保罗所以将大量公家村庄发给他的仆人，更多地是出于恐惧，而不是出于慷慨。他似乎以为“将公家的农民拨给贵族可以减少人民不安的危险”[①]。Se non e vero, e ben trovato!（这假设虽说不真，却是想得很巧！）

实际上，普加乔夫的起义对于贵族的危险，并不像贵族所想象的那么利害。人民中参加运动的各式各样分子的共同力量，要比叶卡捷琳娜二世政府的力量薄弱得多。普加乔夫和他的同谋者的军事艺术，同其敌人的很不高明的军事科学相比，也大有逊色。他的部队是经不起同正规部队的真正作战的。这一切我们现在都很知道。但当时的贵族是不知道，也不可能知道这一点的。另一方面，贵族明显看到他们的利益同纳税群众的利益有着多么大的分歧，这些群众又是怀着多么大的怨恨。因此，他们有充分的理由为自己的命运感到战栗。贵族等级因被奴役群众的起义而引起的这种战战兢兢的心情，深深地刻印在他们的等级意识里。这种心情

① 《希什科夫海军上将札记、意见和通信》，Н. 基谢列夫和 Ю. 萨马林合著，柏林 1870 年版，第 1 卷，第 22 页。

最终地巩固了他们同君主专制制度的联合。

那么,被奴役的群众呢?他们长期地安静下来了。帕宁在1774年10月底写道:"整个无知的人们现在对合法政权的卑躬屈节的服从,确乎为前所未有。"①残酷的镇压与饥馑同时发生。同一个帕宁写道:他在沃龙温什,下戈罗德及喀山等省所到之处,居民"除滨藜、槲子,在一些地方除了藓苔之外,别无其他粮食"②。

普加乔夫起义以后,在叶卡捷琳娜二世朝代里,农民骚动比在她以前要少得多③。人民将以前所有的能量储备消耗殆尽,长期无力实行有效的抗争。在紧接着普加乔夫起义的时期里,人民的不满开始主要表现在*宗教的寻求*。这在任何时候都是如此。人们在丧失了在人间求得过得去的生活和存在的希望之后,开始探求通向天堂的道路。例如,我们在19世纪80年代就看到这种情况,其时在我国知识分子中间很快地传播着Л.托尔斯泰伯爵的学说。在同现代更接近的年代里,我们也看到这一情况。

分裂派在普加乔夫起义之后大大地加强了对人民群众的影响。它并不主张什么不以暴力反对罪恶的学说。读者记得,东正教的大司祭阿瓦库姆怎样热情地劝告沙皇用残酷的暴力铲除出现在俄国教会中的新事物。普加乔夫运动得到了分裂派的大力支

① 杜布罗温:《普加乔夫及其同谋者》第3卷,第318页。

② 杜布罗温:《普加乔夫及其同谋者》第3卷,第321页。

③ 在1762—1772年间,地主所属农民的骚动共40起,但自1774年到保罗一世即位,即在22年中,只有20起。(谢梅夫斯基:《叶卡捷琳娜二世统治下的农民》第1卷,第441—456页。)

持。普加乔夫没有重犯拉津的同谋者的巨大策略错误，后者想叫人民相信，他们是拥护尼空总主教的。相反，普加乔夫准许纳税居民佩带十字架——老式八角十字架——和"蓄胡须。"他自己也用分裂派的语言来谈话，也许他是同意他们的观点的[①]。传说似乎雅伊克的哥萨克宣布，彼得・费多罗维奇（普加乔夫）命令拆毁现有的教堂，并建造七顶式教堂，不用三个手指划十字，而用两个手指。人们甚至说，这种宣示带有种种威胁："如果有人不照此划十字，则父亲（沙皇——著者）将砍断手指。"[②]这都是普加乔夫的敌人传说的，也许是出于他们的捏造。但在这里，我们也有权说：这假设虽不真实，却是很巧（Se non è vero，a ben trovato!）。旧仪派绝不同意信仰自由，一般说来，它没有给人民的意识添进任何新鲜的东西。

人民追随普加乔夫，期望从自己身上卸除地主国家的压迫，这样或那样，在这种或那种程度上恢复在这个国家完全形成和巩固以前就已存在的旧秩序。他们不是朝前看——朝18世纪下半期法国第三等级所注视的方向看，——而是朝后看，朝已逝的旧时代的黑暗深处看。就这方面说，他们的举动同他们一度痛恨的大贵族完全一样。库尔布斯基在揭发伊凡四世时不也是朝后看，而不朝前看吗！分裂派请人民为往昔的宗教信仰而死，也是朝后看的。

① 他在告顿河哥萨克的宣言里写道："在我们统治期间，已经查明由于……贵族的罪过，古代圣父留传的基督法律均被违反，并受到谩骂。代之而起的是由于他们的恶意有害的阴谋，根据德国风俗而制订的其他法律以及最渎神的剃胡须及在划十字及其他狂暴行为方面的早期基督信仰，通行俄国，"等等。（杜布罗温：《普加乔夫及其同谋者》第3卷，第225页。）我们看到，在普加乔夫的运动里，也有反对彼得改革的因素。

② 杜布罗温：《普加乔夫及其同谋者》第2卷，第81、109页。

这是一种历史的必然性，这种必然性根源于我们熟习的俄国历史过程的相对特点。我们知道，这种必然性在彼得改革后并未消失。只是经过漫长的时期以后，只是在19世纪下半期，同彼得的名字相联系的改革的深远后果，在人民群众中导致了有觉悟的分子出现，他们在争取美好未来的斗争中，能够使自己的思想视线不是朝后，而是朝前看，不是朝那些抱怨暴君的大贵族和为旧信仰而死的分裂派看，而是朝整个文明世界的劳动群众的有觉悟的阶层看。

图书在版编目(CIP)数据

俄国社会思想史.第2卷/(俄罗斯)戈·瓦·普列汉诺夫著;孙静工译.—北京:商务印书馆,2017
(汉译世界学术名著丛书:120年纪念版:珍藏本)
ISBN 978-7-100-14301-1

Ⅰ.①俄…　Ⅱ.①戈…②孙…　Ⅲ.①政治思想史—俄罗斯　Ⅳ.①D095.12

中国版本图书馆CIP数据核字(2017)第141075号

汉译世界学术名著丛书
(120年纪念版·珍藏本)
俄国社会思想史
(第二卷)
〔俄〕戈·瓦·普列汉诺夫　著
孙静工　译
郭从周　校

商　务　印　书　馆　出　版
(北京王府井大街36号　邮政编码100710)
商　务　印　书　馆　发　行
北京新华印刷有限公司印刷
ISBN 978-7-100-14301-1

2017年12月第1版　开本710×1000　1/16
2017年12月北京第1次印刷　印张22¾
定价:112.00元